近代中日關係研究 第三輯5

孫中山先生與日本友人

陳鵬仁　編著

蘭臺出版社

一九一一年十二月在香港丹佛船上。

前排左起第二人爲山田純三郎、胡漢民　國父孫中山、陳少白。

後排左起第六人爲宮崎滔天。

一九二九年在東京宮崎家

後排左起宮崎龍介、宮崎燁子、宮崎槌子、右起第二人爲李烈鈞。
前排爲宮崎智雄及其妹妹蕗芩。

一九二四年十一月於神戸（亦即　國父最後一次訪問日本）

後排左邊算起爲山田純三郎、宮崎龍介、萱野長知、宮崎震作、島田經一、季陶、菊池良一。前排左起山田純三郎夫人、宋慶齡、　國父孫中山。

晚年的古島一雄

與犬養毅合照的古島一雄

作者與太田宇之助先生合影於東京太田先生宅庭園（一九六九年三月）

目次

自序　10
再版自序　12
孫逸仙其仁如天　宮崎滔天　14
我參加了辛亥革命　萱野長知　21
辛亥革命與我　古島一雄　36
我對於辛亥革命的回憶　宮崎槌子　56
辛亥革命密話　萱野長知　80
孫逸仙是為大戰略家　「新日本」編者　108
送迎孫中山先生私記　澤村幸夫　112
嗽巖枕濤錄　池亨吉　150
孫中山先生從福州亡命日本始末　多賀宗之　160

給孫逸仙先生的詩　見玉花外　164
青幫・紅幫　平山周　171
我對於孫中山先生的回憶　萱野長加　181
現在存的孫中山回憶　太田宇之助　186
為辛亥革命而犧牲的第一位日本人山田良政　平山周　191
宮崎滔天與「三十三年之夢」　宮崎龍介　194
宮崎滔天著「三十三年之夢」解說　吉野作造　202
關於「青幫三十三年之夢」及其中譯本　陳鵬仁　226
關於萱野長知著「中華民國革命秘笈」　陳鵬仁　238
黃克強先生軼事　陳鵬仁　241
附錄　孫中山先生給日本人的文電信禮　245
附錄：有關孫中山先生的日文文獻　280
陳鵬仁先生的著書及譯書　411

自序

今年是辛亥年，亦卽中華民國建國六十周年，而爲辛亥革命，日本朋友是出了不少力的。但在這六十年中間，我們卻幾乎沒有做介紹這些日本志士所遺留下來的文獻的工作，對這個事實，我一方面覺得奇怪，另方面又覺得非常可惜，遂決心介紹我認爲値得介紹的東西，而這本書就是它的產物。

在　孫中山先生的許多日本朋友當中，本書的這幾位作者，乃是　孫先生的眞正的朋友，特別是宮崎滔天氏。這是可以從他們的文章，以及孫先生給他們的文電信札看得很淸楚的。因此，我相信，本書對於中國革命史，將有它應有的貢獻。

現在要說明的是，本書對於孫先生，有的稱　孫中山先生，有的則稱爲　孫逸仙先生，這是因爲原文是這樣，爲存眞起見，我沒有把它統一起來。

譯這些文章時，除幾篇用過陳鼎正和東方人外，皆以陳鵬仁這個筆名發表的。最後我要深謝彭震球先生幫我出版此書，並以此書紀念中華民國建國六十週年。

陳鵬仁　一九七一年十二月九日於紐約

這一本書的部份原文，係由我在東京留學時的同學駒木晃君幫我在日本國會圖書館影印的；所用照片，大多由宮崎滔天先生的孫婿智雄氏所提供；「給孫逸仙先生的詩」一文，曾請吾師母尉素秋教授修改過；宋龍江兄曾經抽空爲我整理過書稿；李雲漢學長在百忙中曾爲我看了一遍書稿。於此一併致深心的謝意。

陳鵬仁　六二、三、十七、補記於臺北

再版自序

「孫中山先生與日本友人」是我有關國父與日本的第一本書。其出版距今已經有十六年。在這期間，我因爲工作關係，由紐約到東京，從東京回到臺北。同時，日方也發表了不少有關國父的文獻，故我把它加進去，請水牛出版社再版本書。

除本書外，對於辛亥革命與日本這個主題，我曾經出版了以下好書，請各位讀者能夠參閱。「三十三年之夢」（水牛出版社）、「宮崎滔天論孫中山與黃興」（正中書局）、「宮崎滔天書信與年譜」（商務印書館）、「論中國革命與先烈」（黎明文化事業公司）、「宮崎滔天與中國革命」（高雄三信出版社）和「國父在日本」（商務印書館）。

最後，我要由衷感謝水牛出版社負責人彭誠晃先生幫我出版此書，並請各位先生、女士多予指正。

陳鵬仁

七八、十、二十五、臺北

孫逸仙其仁如天

宮崎滔天

孫逸仙先生是一代的大人物。很慚愧，在今日日本還沒有能夠跟他相比的人物。無論在學問、見識、抱負、膽力、忠誠、和操守，他都比今日的任何日本人高超一等。惟有在十數年如一日地貫徹其淸廉這一點，犬養毅始能跟他比肩。而日後的歷史家，如果要用成語來評估孫先生的話，我堅信他們將說：其仁如天，其智如地。

世上雖也有在懷疑孫先生的勇氣的人，但他的勇敢，亦決非普通人所能及。這裏有個非常有趣的證據。這是三合會的頭目鄭弼臣告訴我的。原來，三合會、哥老會等秘密結社的人，都是不學文盲之徒。俗語有言，書以能寫姓名爲已足，但這種人實在連自己的名字也都不會寫。惟其頭目裏頭，有稍微懂得作詩者而已，而鄭弼臣乃是孫先生的同學，但鄭卻從來不用功。對於鄭弼臣有一齣笑話。

鄭弼臣來日本的時候，曾經帶一個女人來找我。當時我住在東京市芝愛宕下的對陽館，而跟中國革命黨和日本的怪傑有許多來往。鄭弼臣對我說：「我帶來了小姐，請你幫幫忙找個地方住個兩三天。不管誰來找，請告訴他我不在這裏，尤其對孫先生請特別守秘密。」

我生來就是好酒好色的人，鄭弼臣大概看中了這點所以纔來找我設法。我說「好吧好吧」，而把他們帶到密室去。可是這位仁兄，把門一關竟睡了三天三夜而未出門一步。我問旅館的老板娘他怎麼吃飯的，老板娘大笑地說，他睡着吃。

到了第三天，孫先生到我這裏來找鄭弼臣。我說他不在這裏，孫先生卻說「宮崎先生，請讓我跟他見面吧」。孫先生並說，他有很重要的事要跟鄭弼臣商量，他到處找了兩三天，都找不到他；鄭弼臣的去處差不多是一定的，所以他平常都能找到鄭弼臣，惟有這次沒找到；除非到這裏，鄭弼臣是沒有旁的地方可去的。

鄭弼臣要我守秘密，但我又覺得孫先生的事情好像很重要。不得已，我便向孫先生說：「孫先生我可以告訴您，但請您不要責備鄭先生」。孫先生說：「不會的，我對於鄭先生這個人是非常瞭解的」。於是孫先生跟着我到後面那密室去。

我大聲喊「鄭先生」，他問「什麼事」，並起來開門。我的個子高大，孫先生矮小，孫先生跟着我後面，鄭弼臣起初沒看見。而當鄭弼臣起床時，忽然看見從我後面伸出頭來的孫先生，於是說了一聲「啊！」又上床並用棉被蓋住全身。

孫先生遂上來而在棉被上輕輕地敲着並喊「鄭先生」，而鄭先生則愈藏愈深，於是孫先生想從腳底那一邊把棉被掀起來，而聽見了小姐大聲喊叫。後來我們曾笑說，這時的鄭弼臣眞是可愛。總之，孫先生把鄭弼臣喊起來，鄭先生邊穿衣服，邊用中國話跟孫先生談，並匆匆忙忙地一道出去。

現在言歸正傳。我曾向這個鄭弼臣問說：「你爲什麼這樣佩服孫先生？」他說：「因爲一件事，我眞佩服他佩服得五體投地。從那件事以來，我不但願爲他效犬馬之勞，甚至把生命獻給他也在所不惜。就在一八九六年，我們曾經準備起事。當時的軍司令官是陸皓東，惟在起義前夕，機密洩漏而受淸軍圍攻，陸皓東因此被捕。陸皓東的部下，跑來報告，並要孫先生趕快逃難。陳少白先生聽了，馬上跑出去。而我也緊張得起坐不定。可是孫先生卻處之泰然，並要我們不慌不忙。他說，我們應該先把與同志們聯絡的電文和名單統統燒掉，然後把炸彈藏起來。第二天將從香港來五百援兵，如果不趕緊通知他們的話，這些同志將被一網打盡，所以遂給他們打「請勿來」的電報。打完了電報，孫先生要大家吃飯。飯後，他跟工人互換衣服穿，而悄悄地走到碼頭去跟羣衆混爲一團。中國的碼頭，人多得不得了，祇要混進這個地方，可以說已進了安全地帶。孫先生從此到澳門，由澳門再到日本，而至美國。這是孫先生二十八歲時候的事情，我實在佩服他臨大難仍能從容、機智地處置，因此相信惟有他纔能完成革命的大業。」

在今日，孫逸仙先生的聲望雖然響遍世界，境遇亦有非常的變化，惟過去因爲立場的關係非暗地策劃一切不可，所以有些人遂以爲孫先生沒有打第一線的勇氣，但這是由於不懂得一九〇八年鎮南關一役實情而有的胡說。

當時孫先生就是站在第一線指揮和參加戰鬥的。黃興親自告訴我說：「我打得很準確，當時孫先生也要射擊，我說太危險了，請您不要出去，但他卻偏偏要出去打。而且打得很準。一會兒，有人受了傷。孫先生便到離開三百多公尺的地方去打水；給負傷者裹傷，孫先生立刻又做了護士長，忙得很。」而孫先生之志在戰場，祗要看他精研中外兵書卽可瞭解。單是拿破崙傳，他就看了幾十本。當然，這些都是爲了研究戰術用的。我曾經把孫先生介紹給日本某軍官，日後這位軍官讚嘆說：「孫先生是位了不起的戰術專家。」

不特有關戰爭的書，哲學、政治、經濟等方面的書他也都看。說實在話，他每天勤於看書，除非人家向他開口，他是絕少自動啓口與人閒談的。因此就是在任何嘈雜的地方，他也照樣可以看書。好像看書是他唯一的人生嗜好似的。關於這一點，這裏有一個頗爲有趣的故事。

有一天犬養毅問孫先生說：「您最喜歡的是什麼？」孫先生毫無猶豫地答說"revolution"（革命）。「您喜歡革命，這是誰都知道的，除此而外，您最喜歡什麼？」孫先生邊看犬養毅夫人，邊笑而不答。犬養毅再催問說：「答答看罷」。孫先生答說："woman"（女人）。犬養拍着手說：「很好」，並問：「再其次呢？」"book"（書）。「這是很老實的說法。我以爲您最喜歡的是看書，結果您卻把女人排在看書前面。這是很有意思的。不過喜歡女人的並不祗是您」，犬養毅哈哈大笑，並佩服孫先生說道：「您這樣忍耐對於女人的愛好而拼命看書，實在了不起。」

到了我們要好朋友的家裏，孫先生是常說日本話的，並且有時候還會用日語說幽默話，不過他自己對於日本話沒有把握，所以對於傍的人他絕少說日本話，而喜歡講英語。我們跟孫先生談話時，大多混用日語和英語，而時或會加些中國話。現在我想舉個他用日語說的幽默話的例子。

有一次，頭山滿曾經邀請孫先生和陳少白到東京烏森桝田家。當時，新橋的一流藝妓幾乎動員在座。可是孫先生卻照常既不喝酒，也不跟藝妓談笑，而是背靠柱子開始看他的書。頭山滿大概以爲孫先生不會太有愛憎之念，因此問他說：「您覺得在座的女人那一個最漂亮？」孫先生看了看然後答說：「都很漂亮」。頭山再問：「但其中誰最漂亮？」孫先生又答道：「都一樣地漂亮」。此時頭山指着坐在他傍邊的女人說：「是不是這個最漂亮？」這個女人是鼎鼎大名的「洗髮之御妻」，是第二次做藝妓，而跟頭山滿似已有些關係。頭山似乎在期待着孫先生說「是」。然而孫先生看了許久後卻說：「十年前一定比現在更漂亮。」大家都鼓掌歡笑，而「御妻」則說：「看那樣子很老實，但卻會說那麼刻薄的話。」

關於孫先生不大懂日語的事，這裏有一個插曲。當時孫先生住在橫濱，因爲有要緊的事，所以我給他打個「請馬上來」的電報。可是孫先生通常需要遲兩三個小時纔來。陳少白問他爲什麼這樣慢，他說坐火車坐錯了（應該坐到東京的，孫先生乘了往相反方向的火車）。陳少白說：「您不學日語，因此纔會發生這種錯誤，請您學學日語罷。」孫先生對此怒說：「我不是爲學日語而來日本的！」

孫先生籌募大量的革命資金，而對於其用途又不便向所有黨員一一公佈，因而似有人懷疑孫先生假公濟私，過着奢侈的生活；其實這是不明瞭孫先生之爲人者的猜測。若是爲了幫助窮苦的朋友們，或爲達到革命的目的，孫先生是相當敢用錢的，但他自己的生活，卻非常簡單而樸素，旣不喝酒，不玩女人，更不化不必要的錢。有電車的地方，他一定坐電車；而就是要坐小包車，也是算得很精，從不隨便化。並且，不管天氣怎樣，他經常帶着大衣和洋傘走路，這樣，萬一下雨，他還是一樣可以去任何地方。

不特如此，他更關照他的朋友。當鎮南關之役失敗後，他前往新嘉坡，黃興仍然留在雲南起義。當時，孫先生非常關心黃興的家屬，因爲黃家剩下的都是女性。因此孫先生曾經從新嘉坡特別派人到國內去找黃興的家眷。起初沒找到，後來雖覓得，惟黃興太夫人不願意離開中國大陸而作罷。該時，孫先生以爲黃家都是女性，如果祇派男人去接的話，可能有許多不便，於是也加派了女同志一道去。孫先生這樣關心朋友的眷屬，更如此處心積慮各種情況，確不愧爲革命黨的大領袖。孫先生的優點長處，不勝枚舉。以上我祇列其二三，以證其爲一代的大人物。（譯自一九一一年十一月號日本「中央公論」）（原載一九七一年四月號臺北「藝文誌」）

我參加了辛亥革命

萱野長知

本來，陳英士、宋教仁、譚人鳳、居正等是準備經由香港軍事機關之援助以協助廣州起義的，惟因廣州已經潰敗，故遂轉謀武漢。

武漢的新軍，自孫中山先生得到法國軍官的幫忙，與其取得聯絡以後，其革命思想日熾，因此清吏的防範亦就隨之而日嚴。此時督辦大臣瑞方調兵四川，而湖廣總督瑞澂則將軍隊中最感染革命思想的一部份亦由瑞方指揮，這是為防患於未然的。可是，自從廣州之役後，各省已經風聲鶴唳，草木皆兵，隨時隨地有暴發革命戰爭的可能，因之清兵皆在恐怖之中。這種氣氛，尤以武昌為甚。所以為應付這種意外的局面，瑞澂便事先拜托某國領事，派艦進駐武漢，萬一革命軍起事時，則予以砲擊。

在另一方面，孫武、劉公等的活動日趨積極，軍中亦躍躍欲動，惟事機洩漏，其機關遂被破，三十二位同志被捕。該時胡瑛尚在監獄，他聞悉孫武失敗，遂設法報告陳英士，要其勿來。惟是時，砲兵、工兵之投入革命黨者已衆，其名冊且被淸吏所獲，明日這些人必被一網打盡。於是他們遂以爲這樣坐而待斃，不如下手以圖自存。如此這般，熊秉坤便首先站出來幹掉他的上司。蔡濟民等率衆進攻總督公署。瑞澂聽到砲聲，便慌忙地逃到漢口，並邀請某國領事如約砲轟革命軍。

惟依據一九〇〇年庚子條約，在中國，任何外邦不得擅自行動，於是決定召開領事團會議以採決方策。在開會過程中，各國領事皆無成見，獨跟孫先生有來往的法國領事，認爲這是依從孫中山的命令所發動的革命，係以改革政治爲目的，決非普通的暴動，因此不該與義和團相提並論而予以干涉，並力主外邦中立；而且，領事團團長俄國領事也贊成法國領事的意見，所以各國領事也贊同，決定不予干涉，同時宣言中立。

瑞澂眼看某國領事之約不可恃，遂逃至上海。總督逃亡，張彪亦跑，淸軍失去指揮官，秩序大亂。而革命軍方面，因爲孫武在製造爆彈爆炸受傷未愈；劉公謙讓不肯出面領導；本擬由上海趕到的陳英士、宋教仁、譚人鳳、居正等領導者，惟因胡瑛請他們不要來，所以蔡成濟民跟張振武等遂擁黎元洪出任湖北總督，以維秩序。爾後，黃興、宋教仁等趕到，纔正式立中華民國。

我認為，革命軍能體察孫先生之意，頒佈軍律，安撫人民；佔領漢口、漢陽後，敎練新軍，照會各國領事館以國民政府將負責保護外國人的生命財產，凡此都是使領事團承認革命黨為交戰團體的主因，同時也是使武昌起義能夠成功的主因。除此而外，瑞澂的逃亡也是個很重要的原因。因為，如果瑞澂不逃亡，張彪絕不會溜走，如果他們兩個人都能鎮靜下來，指揮有人，清軍的秩序決不會亂；況且，當時贊成革命的武昌新軍，大部份都已隨瑞方到了四川，留在武昌的祗是小部份的砲兵和工兵而已，其他的新軍大多沒有一定的態度，因此雙方如果正面打起來的話，革命軍是寡不敵衆的。所以我說偶然的一擊，窮鼠咬貓之竟能奏功，乃是天之助漢滅滿的結果。

革命軍之佔領武昌，使各省羣起響應。具體言之，在短期間內卽有十五省的光復。而響應最快和對全國影響最大的是上海。是以陳英士在上海的積極行動，使革命軍縱失武漢，但卻能攻克南京以定革命大局。在這種意義上，陳英士的功勞最大；十五省的響應決定了整個局面。

廣州起義之失敗，對武昌起義的發生有如澆水的作用。而正當黃興由廣州逃到香港時，湖北代表居正派來了專人說，已與清軍有內應的密約，且詳載所屬部隊詳細姓名的報告書，並謂近日將要起事，請能電滙二、三十萬元，如果不方便，五、六萬元也可以，同時更邀請黃興即時來武昌。於是黃興便經由上海往武昌出發。同時給孫先生打了電報，請他能電滙軍費。另外有一電報，從船裏打給我，它用密碼告我將在武昌起義，並要我盡量多購炸藥携往武昌。

我接到這個電報，雀躍若狂，但卻不能隨時前往。因爲同志古島一雄正在東京參加由鳩山和夫出缺的衆議院議員的競選。佐木冢山、田中舍身和伊東知也等以爲我們旣強把古島抬出來參加角逐，我自不應在其競選中跑到大陸去。惟這些人都是孫先生的直接或間接的同情者，所以我便將黃興打給我的電報的內容老實告訴他們。那時剛好距離投票日期祗有四、五天，因此遂決定一邊準備行李，一邊與水野梅曉和貴州的尹霽等商量搬運炸藥事宜。俟選舉結束，同志們爲古島祝賀當選，同時爲我送行，爾後我則馬上搭乘開往下關的快車，向中國大陸出發。

在我動身稍前，從宮崎滔天處來了一個名叫龜井祥晃的怪僧，無論如何要我把他帶到中國大陸去。我同意帶他，於是他遂回去整理行李。這位和尙是宮崎滔天的朋友，跟孫先生、黃興和其他志士都很熟，因此對於中國的革命也很有瞭解。他好酒、好色和好打漁，尤其對於打漁有特別的本事。他曾經乘坐秘密船到北海堪察加（Kamchatka）去盜漁，而被人家抓到並遣回日本，受日本政府當局的審問，結果發現他是籍隸曹洞宗之僧侶，而惹起種種問題，他可說是明治時代的「魯智深」。龜井和尚具有能夠斷言在這個洞的鰻魚向西，在那個洞的鰻魚向東睡覺的本事。而他跟我抵達武昌時，把行李一打開，竟盡是鰻魚的投網。這個體軀魁偉的和尚，曾在漢陽的前線作戰。可惜，十年前因喝冷酒過度，而死在上海。

到達下關的我，遂下塌川卯旅館，隨則電招金子克己、布施茂、三原千尋、龜井祥晃、岩田愛之助、加納清藏和大松源藏等上船前往大陸。在上海，日本的陸軍武官本庄繁給我們許多方便，並給我們軍事上的種種指導。在漢口，寺西陸軍武官很同情革命軍，並給革命軍各種幫忙。我們一行，馬上到武昌，在黃昏時，即趕到漢陽的革命軍總司令部，會見黃興總司令。

司令部設在漢陽第一古蹟的歸元寺。而在此役數年前，我曾經跟黃興在香港靠山的隱匿處一起住過。那座房子設備不全，牀舖也不夠。我跟黃興都是大胖子，兩個大胖子睡在同一張牀，幾乎掉了下來。日後來了位女同志，所以我們把牀舖讓給她，而打地舖睡，以爲這樣就不會從牀上掉下來而哈哈大笑。此次，在司令部也祗有一張牀，兩個大胖子又不得不睡在一張牀上，這實在可以說是一種不可思議的因緣。枕頭一邊有電話，整夜響個不停，是前線的報告和跟武昌方面的聯絡。因此住在大本營的期間，我幾乎沒有安眠過。

武昌起義時，孫先生正在美國科羅拉多州的丹佛市。而在這十數日前，在旅途上，孫先生接到黃興從香港打來的電報，無奈，孫先生把密碼簿排在行李裏，無法翻譯，俟到達丹佛，取出密碼簿，才得翻譯它。它說：「居正以湖北代表的身份來上海；湖北的新軍鐵定起事，請隨時賜滙軍費。」不過孫先生以為在丹佛實在束手無策，因此準備回電要他們萬勿輕舉妄動，惟該時已是深夜，且終日在車中，身心困憊，思路有些紛亂，所以決定明晨精神爽朗，經過愼重考慮後再給他們回電，於是馬上就寢。

第二天睡到上午十一點左右，因覺饑餓，遂起床擬進餐廳，而在走廊上賣有報紙，隨手買一份，進餐廳一看，電報欄竟說革命軍已經佔領了武昌，因此卽刻給國內回電。電報的內容是，首先向黃興說明他爲何遲遲未能覆電；如果橫渡太平洋回去的話，二十幾天就可抵達上海，並能參加革命戰爭，這自是平生最愉快的事，但今日他能爲革命效更大之力者當不在沙場，而在樽俎之間，因此擬解決外交方面的問題之後再回國。

按：當時各國的情勢是，美國政府對中國主張開放門戶，機會均等，保證領土完整之政策，對於革命並無成見，所以一般輿論都同情革命；法國政府和民間對於中國革命皆具有好感；英國是民間同情；日本爲政府的馬首是瞻；而德國和俄國則趨於幫助淸朝政府，革命黨跟德國和俄國，不管其政府或民間，皆毫無關係，因而沒有促其改變政策之途徑。

綜上所述，日本跟中國的關係最爲密切，其民間志士對於中國革命，不僅支持，而且出錢出力，犧牲奮鬥，但其政府的方針卻始終不可捉摸。是卽在跟中國最有關係的六個國家當中，美法係同情革命；德俄反對；日本的民間同情，政府反對；英國的民間同情，但政府的態度未定。因此革命黨的外交關鍵繫於英國，如能使英國幫助革命黨，則日本政府的反對亦不足慮。

於是擬赴紐約，橫渡大西洋到英國，路過聖路易時，得知報紙在論武昌革命係奉孫逸仙之命而發動，並擬建立共和政體者，其大總統當然是孫逸仙等等。看了這種報導之後，爲了特別慎重起見，孫先生迴避了一切新聞記者的訪問。經過芝加哥時，孫先生帶了朱卓文同志赴英。而路過紐約的時候，得悉廣東的同志們正在焦慮於能早日收復廣東，而爲了避免流血，孫先生遂打電報給兩廣總督張鳴歧，請其開城投誠革命軍，同時並囑同志保障張的生命安全，結果完全達到了上述的目的。

到了英國之後，經由美國同志荷馬李（Homer Lea）的安排，孫先生與四國銀行團主任會談，磋商有關停止貸款清廷之事。是以清廷與四國銀行團之間已訂有川漢鐵路借款一億元，幣制借款一億元的契約，前者且已發行債券，後者則止於契約。孫先生請求其已發行者停止交付，未發行者停止發行，可是銀行團主任卻說，主持這件事者乃是外務大臣，他們祇是奉外務大臣之命行事而已，不能隨便作主，因此孫先生遂委托維加砲廠總理，代表孫先生與英國外相葛雷磋商，並向英國提出以下三項要求：

一、停止對於清廷的一切貸款；

二、阻止日本援助清廷；

三、取消英國殖民地政府所發佈的驅逐孫先生之命令，並准許他自由經由英國領土回國。

以上三項要求皆獲得英國政府的允諾，所以孫先生遂進而提出革命政府對於銀行團借款的交涉，銀行團以爲他們既然停止了對清廷的貸款，嗣後的貸款對象當然將是新的中國政府。他們要孫先生趕快回國組織新政府，並派代表與孫先生同行。

在英國完成了外交任務的孫先生，遂取道法國踏上回國之途。而路經巴黎時，法國的朋友們皆很歡喜革命黨的此次壯舉，尤其是跟首相克雷孟梭（Georges E. B.Clemenceau）等握別後二十幾日，將抵達上海時，南北和議已開，國體猶未定，輿論喧囂之至，中外報紙且報導說，孫中山將携巨款回國接濟革命軍，因此一到上海，報館記者便問孫先生有關此事。對此，孫先生則答說：「這次我一個錢也沒帶，我帶回來的祇是革命精神。除非達到革命目的，實無所謂和議可言。」

孫先生在上海下船時，碼頭是人山人海。革命黨同志如潮水般地湧來；國內外人士皆以歡迎凱旋將軍的情緒歡迎了這位建國的偉人。其中，從日本特地趕來的有頭山、犬養、小川、古島、寺尾、副島、宮崎、美和、柴田、浦上、尾崎、伊東、居田、島田、野中和岡等，住在上海的日本官民，尤其是外交官和陸海軍的軍人，孫先生多年來的朋友，都並肩站在碼頭，其光景，實在令人感動不已。

這時，跟着孫先生下船的有位洋人。犬養毅首先發現他，半開玩笑地對我說：「噢，來了一個外國的籠手川！」而這個洋人，就是美國的荷馬李將軍，身材傴僂。由於他跟日本政界籠手川某的駝背類似，所以犬養纔這樣形容他。而犬養的這一妙語，引起了大家的哄堂大笑。

在武漢，黃興被推薦為大元帥，而已經獨立的各省代表則集合在武昌召開代表會議以研究今後的大策，可是大家卻意見紛紛，莫衷一是。束手無策的黃興，終於托我把孫先生找回來。一切破壞易，建設難，宋教仁雖然在起草憲法，但他不是專家，非「另請高明」不可。於是他們要我找寺尾博士來幫忙。因此我遂由漢陽到武昌，雇小船抵漢口，從漢口電信局，打電報給頭山，由頭山請寺尾亨博士來出力；同時請住在芝加哥的日本人大塚太郎轉告孫先生趕緊回來。大塚是作者（萱野）的親戚，在美國住了數十年，萱野曾介紹孫先生給他，所以他知道孫先生的地址。孫先生給大塚的回電是「萱野的電報確已收到，謝謝您。孫文」。而今日，大塚仍保存着孫先生給他的這封電文。

武漢的戰事一起，老同志末永節遂帶同吉田、川村等到漢口去為中國的外交盡力；而小山田劍南、神尾茂、澤村幸夫、中久喜信周等日本各大報的特派員則異口同聲地報導了對於革命黨非常有利的消息，尤其是大阪每日新聞社特派員小山田更直截了當地報導說吾黨奮戰獲大勝，由此可見其如何地同情革命黨的一斑。

在武昌，大原武慶跟原二吉在都督府附近設立了辦事處，為革命黨軍做軍師；陸軍步兵少尉野中保教化名林一郎，與小鷹某並肩在第一線作戰；金子陸軍步兵上尉在琴斷溝一帶中敵彈而戰死；陸軍步兵中尉甲斐靖負了子彈貫穿身體的重傷；最年輕而最勇敢的岩田愛之助的大腿，也負了同樣的傷，並在子彈如雨的情況下被後送渡江；醫生垣內喜代松日以繼夜地爲負傷者工作；石間某爲敵人的內應所欺，半夜被殺於漢水碼頭船中。

日本人之感動於孫先生、黃興等的革命精神而不惜犧牲自己生命的態度，實惟有當年的同志纔能瞭解。而中國的同志也都非常認眞。漢陽之戰，在橋口、兵工廠、美娘山、三眼橋、梅子山、雨林山、龜山、黑山等地皆展開得很順利；而從琴斷溝渡漢水的夜襲（夜間攻擊）計劃，係由日本工兵上士齊藤某以空船趕造船橋，黃興親自率大軍渡河，惟是夜天黑，方向難辨，加以下小雨，路上滿是泥濘，實在寸步難行，因此接近敵人時，已是天明，夜襲變成晝襲，於是受敵人機關鎗部隊的直接攻擊，革命軍死者衆，雖越屍百戰，努力不懈，但黃興所部湘軍卻幾乎被消滅，地上毫無東西可爲隱蔽，我以爲這樣戰法，祇有全軍滅頂，所以遂與林一郎勸黃興撤退，並退到本營花園的陣地。在花園陣地庭前潛入了一個敵方的便衣人員，並拿着手槍對準黃興的側背，我喊一聲「危險！」（用日本話——譯者），頓時黃興拔刀把對方的頭砍成兩塊了。黃興在東京牛込時曾習劍道，而井上上將的公子，井上義雄送給他的這支古刀眞是銳利。

此時，敵軍已很迫近，且迂迴進到革命軍的退路，因此我建議黃興後退到漢陽。撤退時前，副官長王孝縝和經理部長曾昭文放火燒燬花園本營，檢起步槍背上，邊抽香烟悠悠然地離開花園陣地。而我對於他倆的這種鎮靜態度，實在由衷欽佩。在路上，我們受了敵軍的側面射擊，過黃昏，我們纔抵達漢陽。

漢陽淪陷的一夜，有許多事值得我回憶。是晚，從黑暗處，槍聲四起，喊聲在靜夜中從遠處傳過來，殺氣充滿於城內外，在羶風腥雨的城裏，精疲力盡的敗卒，在拼命地捍衛着城門並照顧着負傷的官兵。而在漢陽衙門後頭的一室，以總司令黃興爲中心，參謀長李書城、副官長王孝縝、經理部長曾昭文等，正日以繼夜地在那裏鼓着最後的力氣召開軍議。黃興以悲愴的聲調，眼裏帶着血淚，慨嘆這幾天來犧牲了那麼多湖南的子弟，自己一人生還，那裏有面子見其他同志，因欲自盡，而如石佛不動；夜已至深更，李書城、王孝縝和曾昭文等，則以爲勝敗係兵家之常，何況目前已十餘省起而響應，革命可謂已經成功三分之二，滿清之必倒，民國之創立指日可期，漢陽之得失實不足憂，且先生之一身關係大局者大，因此力勸黃興自重。此時，林一郎跑來報告說，敵人似已在大利山布置了砲陣，現在如不趕緊撤退，到天亮時，大家將遭炮擊；同時徐女士領着看護隊來要求撤退，於是不問黃興的意向，李、王、曾便協力硬把黃興從漢陽拖出來上船。

黃興在船上曾經想跳水，惟爲王孝縝和劉揆一等所阻止。黎明時分，訪問了武昌都督府的黎元洪，但不知何故衛兵不肯開門，無奈，到附近的大原武慶處打電話給黎元洪，纔得進都督府樓上與黎協議。是時，清兵已佔領大別山，且布置了砲陣，武昌自不能保，所以大家便開始研究應該下江抑或撤退以繼續抵抗。起初決定下江，後來又變更，這樣反來覆去數次，至下午三時尙得不出結論，於是黃興遂與黎分手去武昌渡江至漢口，在松之屋旅館住一夜，隔天早晨搭乘日船岳陽丸，率數十人馬往上海出發。抵達上海時，經由大原武慶的介紹，宿於勝田舘，而大原與我也跟他們住在一起。

當黃興要到武昌時，他曾授陳其美、鈕永建、冷遹、林述慶、于右任、李燮和、黃郛、劉基炎、黎天才、黃漢湘、陳漢鄉、劉虎標等以攻取上海和南京的方法，並帶同宋教仁、李書城和劉揆一等抵武昌；但現在，陳其美、鈕永建等卻已佔領了南京，滬寧已是革命軍的根據地了。而當革命軍攻擊上海和南京時，是時祇有十九歲的黃興兒子一歐，也有過很大的貢獻。

於是各省代表便集會南京以選舉大總統。此時，黃興則向各省代表大力勸說要他們選舉孫中山先生。因爲有許多代表以爲黃興對於革命有過實際的偉大貢獻，準備推擧他，可是黃興卻一再辭退而擁護孫先生，因此，祇有湖南代表譚人鳳一人，無論黃興怎樣求他，甚至流淚哀求也不答應，而投黃興以神聖的一票。所以孫先生幾乎獲得全體代表一致的擁戴，當選爲中華民國首任大總統。

一九一二年壬子元月一日，孫先生將在南京就任大總統職。曾向新聞記者說「我一個錢也沒帶回來，而祇帶回來革命精神」的孫先生，當然空手到南京。而黃興也一無所有，可是做爲新共和國的大總統，馬上要錢，於是遂不得不向三井洋行上海分公司告貸一百萬元。三井洋行上海分公司負責人藤瀨政次郎是個很富於人情味的人。

藤瀨很想爲孫先生効力，惟一百萬元的金額過於龐大，因而遂派其職員森恪來商量其他辦法。據森說，一百萬元以上的借款，需要總公司的批准，而總公司的董事大多是老人，這樣冷的季節，不容易到齊開會，所以在爭取時間上恐怕有問題。但如果三十萬元的話，分公司有權可以決定。因此，我遂下決心，請其設法先借三十萬元。不久，森遂送來三十萬元，而且沒要收據就回去了。

孫先生、黃興以及其他要人意氣揚揚踏進來的南京，其天地因爲歡聲而沸騰。跟我同車而高聲唱着法國國歌的張繼的背影，現在猶顯現我的眼前。一九一二年元旦下午十時，孫先生穿着平常裝束的立領西服，在各省和陸海軍代表齊集，軍樂奏樂聲中宣誓就任大總統，將國號改爲中華民國，改元中華民國元年，並採取陽曆。於茲，同志們三十年如一日所從事之恢復中華，創立民國的大志，終於竟成。（譯自「中華民國革命祕笈」一書）（原載一九七一年十二月卅一日紐約「中華青年」）

宮崎寅藏與平山周

古島一雄

一八九七年，松隈內閣（松方正義和大隈重信聯合內閣的簡稱——譯者）成立的時候，犬養毅以爲內政問題誰都可以幹，所以主張建立對中國的政策，於是遂建議大隈支出機密費以調查中國問題，並以可兒長一、平山周和宮崎寅藏（滔天）爲外務省囑託（兼任職員之謂——譯者）要其探查南方革命黨的內情。

宮崎是熊本人，其長兄八郎是參加明治十年之役（亦卽西南戰爭——譯者）而跟西鄉隆盛同歸於盡的豪傑。剩下的彌藏、民藏和寅藏三兄弟，也都是相當激進的自由主義者，因此起初並不喜歡與改進黨的犬養見面，惟因受寄食於犬養家的同鄉可兒的勸告，纔與犬養晤見。見面之後，發現犬養與其他改進黨黨員大異其趣，爲人純樸而誠實，因此遂開始喜歡犬養。這是宮崎在其所著「三十三年之夢」中所寫的。

在這以前，宮崎曾想做移民事業而到泰國，企圖輸入紫檀，但缺乏資本，無可奈何，惟有束裝回國。

前述三人決定到中國時，宇都宮太郎少校（以後升任上將）曾向平山勸告說，中國南方革命黨的領袖是孫逸仙先生，所以到上海以後，請先跟他打交道。於是平山先可兒和宮崎走一步到上海去找孫先生的消息。孫先生的同志始終不肯告訴孫先生在那裏，俟平山說他在英文報紙上看到「孫先生正由利物浦趕回中國」的消息後，他們纔放心說：「孫先生想回國也不能回到故土來，如果可能，請日本庇護他」。平山卽時予以承諾，而這就是日本志士與中國革命黨員建立關係的開始。宮崎與可兒稍遲到中國，而以前他們曾由曾根俊虎的介紹認識在橫濱的中國革命黨陳少白，因此爲迎接孫先生，聽了平山的話他倆便卽時回到日本來。抵達橫濱一到陳少白處，孫先生已經住在他那裏。宮崎向孫先生說明平山與孫先生的同志所訂的約束，並勸孫先生留在日本；惟可能因爲孫先生與宮崎是初次見面，不能放心，於是向宮崎說他要到越南。可是，第二天，孫先生卻往訪住在東京市麴町有樂町菜舖樓上的平山，並說：「昨天晚上想了一夜，決定留在日本，請多多關照」。平山遂陪孫先生造訪牛込馬場下的犬養邸，將孫先生介紹給犬養。在此以前，孫先生並未與日人來往，爾後經由犬養之介紹，與大隈、大石正巳、尾崎行雄見面，更認識了副島種臣、頭山滿和平岡浩太郎等等。此時，犬養就此事會說：

「到中國去調查革命運動的宮崎，在橫濱遇到孫先生，並把他請到東京來。宮崎到外務省說『我並未帶來報告書而帶回人』，使外務省的官員發呆無言。那時我窮得要命，元旦以人家送來的一條鹽鮭請五十個人的客，不得已遂與頭山、古島（一雄）和平山商量金錢的問題」。

結果平岡負擔了孫先生一年的生活費，而岡山的坂本金彌也出了不少錢。但最困難的還是向日本政府取得准許孫先生居留東京的許可這件事。平山去向當時的外務次官小村壽太郎說：「我們想請孫先生留在東京」，但小村卻答說：「中日戰後，正想恢復邦交之際，恐對方誤解日本在援助革命黨，故請作罷」。最後犬養與大隈商量結果，以平山的用人的名義獲得許可。

犬養、孫先生與康有爲

孫先生以爲他所住的房子靠近淸國公使館，覺得不方便，正在另找房子時，早稻田鶴卷町的高橋琢也的房子空了出來。高橋做過山林局長，惟在松隈內閣時被免職，因此擬將房屋出租，自己搬到後頭。他的房屋有七百來坪，更有庭院，非常之大。犬養派人去租，高橋卻不租給犬養。當然這是對於被免職的怒憤，而犬養有一怪癖，「你不租給我，我偏偏要租你的」，於是將他的書生（在人家家裏幫做事而得住食以硏究學問者之謂——譯者）假說是關博直（舊岡山新見藩主，子爵）的會計，要其向高橋租借，談妥隨搬進去。犬養租到這座房子，「祇要搬進來了，就不會有問題」，犬養便也把太太帶來。高橋所住的房子與這座房屋之間沒有圍墻，所以能夠看得淸淸楚楚。而犬養則故意向高橋的房子那邊說：「既已租到而且搬進來了，我們也就不怕了」等等。這個時候，孫先生常常到犬養家去洗澡，他既不喝酒，也不嫌粗食。有一天，犬養家正在燒沙丁魚，平常一天到晚在犬養家吃蔬菜的孫先生遂大睜眼睛說客氣話：「老板娘，今天有好東西可吃呀！」犬養夫人祇笑着，但犬養卻開孫先生的玩笑說：「我知道您的日本話在什麼地方學的。」（意思是從藝妓學的——譯者）自此以後，孫先生從不再說日本話。

一八九九年，保皇派的康有爲和梁啓超也亡命日本。顧保皇之名可以思其義，康、梁是欲以立憲君主主義從裏頭改革淸朝者。反此，孫先生一派是企求興漢排滿的一羣。犬養對此兩派均加照顧，並力勸這兩者合作，但康派以孫派是不學無術之徒；而孫派則視康、梁爲不識時務的腐儒，根本水火不相容。

布引丸事件（譯註一）對於孫先生的革命運動打擊很大。菲律賓革命以及惠州之起義皆直接因此事件而蹉跌，其結果，宮崎和內田（良平）不得不在犬養邸大顯身手，由之浪人之間發生內訌，頓時予革命運動以黑暗的前途。而宮崎之著「三十三年之夢」以向同志謝其不明之罪，從而爲桃中軒雲右衛門之徒弟，命名牛右衛門，在九州說「浪花節」（譯註二）過日也是正在此時。

福岡——浪人之天堂

談到宮崎，使我不得不回憶我的福岡時代。以前，我曾受平岡浩太郎之託，到九州日報社去幫忙過。當時，宮崎也受該報社長的野半介之請在該報擔任客座。後來宮崎把雲右衛門帶到博多來就是爲了這個緣故，那時宮崎專改戲本和專做調整「浪花節」的音調的工作。是則把「浪花節」從小戲台藝術變成大戲場事業固然是雲右衛門的天禀，但宮崎的功勞也很大。而我認識化名服部二郎的陳少白也正在這個時候。

福岡與中國革命具有深厚的因緣。頭山和犬養之始終庇護孫先生等中國革命志士是無人不曉的，但用於庇護這些革命志士的費用卻大多出於筑豐煤鑛的鑛主。孫先生來東京時，如前所述，平岡負擔了他最初一年的生活費，而平岡潦倒以後，以迄辛亥革命，安川敬一郎負擔了其大部份。在當時的許多筑豐煤鑛鑛主中，除三井、三菱外，出名的還有貝島太助、安川敬一郎、松本潛、麻生太吉、平岡浩太郎、山本貴三郎、中野德次郎、許斐鷹助和堀三太郎等等，其中人品超羣者就是安川敬一郎。煤鑛主這個名稱使人聯想「着炭」（似爲代代從事煤鑛業之謂——譯者），但安川家卻是具有承繼龜井昭陽（譯註三）之學問的正統的家庭，而安川本身在明治維新後則曾到靜岡去跟勝海舟研究過學問，尤其對於中國有獨特的見解。在事業上，安川雖然失敗，但其捐出大筆資產經營採掘大客溝煤炭的中日合辦的事業，確使中國人士非常的感激。

平岡、的野、末永和島田

平岡也是一代的人物。平岡之所以承受頭山的福陵新報而創辦九州日報，乃是爲了鞏固他做爲國會議員而能在中央政界見重的地盤。平岡既有膽量，又能善辯，他在羣雄中發揮其三寸不爛之舌時的英姿，實大有千里名駒鳴於朝風之慨，是則連大隈也不惜讚揚其爲「鎭西的好漢子」。他之創立憲政黨的確是一天半夜弄成的把戲，但這種把戲也實在惟有平岡才能導演。當時，平岡每天寫給報舘做新聞材料的書信，確有如眞情實景，歷歷似在眼前。有時候他甚至寫完一卷長達大約三公尺的信紙，裏頭更寫着「上午二時寫畢」者，凡此眞令我不得不驚嘆其精力之絕倫。惟其自我宣傳的氣味太重，所以我常常予以「割愛」。

的野是平岡的內弟，無論對於任何人，他都非常關照。在表面上，他的職業是米穀商，而以「米半，米半」（賣米的野半介之簡稱——譯者）這個綽號爲人們所敬愛的他，對於中日戰爭當時的天佑俠，日俄戰爭時的東北義勇軍，以及中國革命的援助皆有過極大的貢獻。日後，的野做了國會議員，籍隸於國民黨（譯註四），當其中了大隈內閣大浪兼武的魔手，準備脫離國民黨的前夜，曾來向我說：「因爲某某原因，明日我將跟張三李四去見大隈。我只告訴你，請你諒解。」當晚十二時許，我接到大浪停止收買這批議員的情報。的野等不知實情，照約去見大隈，但大隈對於收買的事卻隻字不提。可是他們又不敢向大隈開口要錢，所以的野遂向大隈說他們在此次大典政府決定贈江藤新平以爵位，因此他們才願意加入政府黨。但是等了幾天，政府又不實踐諾言，所以又到我這裏來要我幫他寫「哀的美敦書」，當然我沒有理他，不過的野是這種變節而又不便譴責的人。

談到的野，使我想起了末永節、島田經一和大原義剛等人。末永是末永鐵嚴的弟弟，是天生的詩人，更是個怪人。甲午戰爭時，曾爲報紙「日本」的記者並搭乘軍艦扶桑前往前線採訪，早與宮崎締交，犧牲小我周旋於隣邦志士之間。日後，第二次革命時，曾與胡瑛援助袁世凱，同時又組織名叫肇國會的團體想在東北建設自由高麗國等等，末永的想法和做法恆常出人意表，現今（一九五一年）尙爲健康，他八十幾年的生涯，眞是獨步孤笻。島田是末永的至友，棄其家統的旅館業而獻身中國革命，徑行直情，從不謀不正，實爲宮崎、末永輩的好搭擋。大原是天生的一條好漢，與我同年（古島氏出生於一八六五年——譯者），中國革命和其他事體，他也都一一參加。

在這種氣氛之下，當時的福岡宛若是浪人的天堂。在飯舘他們從不向金權低頭。博多有一家叫做常盤舘的大飯店，這裏有個名叫「御常」的老下女，她爲人豪爽，很會關照窮光蛋。當時剛值甲午戰爭之後，爲煤鑛業鼎盛的時代，尤其是煤鑛主貝島太助的威力眞是不可一世，但「御常」卻敢對這位煤鑛主說：

「喂！老貝島，自從你在提礦燈的時候我就認得你呀」

她就是這樣不屈於權勢，不把錢當做錢的女傑。因嚮往於頭山，她對犬養和我都非常客氣。她七十歲時，犬養曾贈她如下一首詩：

磊磊胸襟無一塵　不阿富貴不憂貧　居然傴骨眞難老　五十年前俠美人

我是在東京期間因犬養的關係而認識孫先生，爾後以孫先生爲中心的革命動態我是知道的，但與中國浪人深交，日後更與犬養、頭山等從事中國革命的契機，大多似淵源於我在福岡的時代。

萱野長知的奮鬪

記得是在一九〇八年的夏天，孫先生於日本亡命期間在東京創立的中國革命同盟會在河內成立支部，並籌劃進攻雲南、廣東和廣西的計劃時，萱野長知受了孫先生的懇請偷偷地回到日本來策劃援助。在神戶，跟來相迎的宮崎等見面以後，跟神戶的義俠商人三上豐夷商量結果，武器彈藥的採購，以及輪船幸運丸的租用等等，一切計劃悉由三上來負責，同時擬請孫先生與兒玉源太郎上將在臺灣訂密約時曾參與其事的參謀次長福島安正幫忙，惟福島怕事不肯動，所以萱野遂向犬養報告詳情並向其求援。犬養說：「要他們幫忙，那是不可能的。日本的官員沒有這種膽量，他們是以外國的鼻息唯仰的，我們應該用潛水艇的方式」（亦即用秘密方式——譯者）。萱野答說：

「說實在話，我們已經託三上在神戶買了槍械和彈藥，船亦都預備好了，且有許多同志在準備參加這次的革命戰爭。」

犬養說：「此外你們還需要中日軍官的指揮刀，這些準備好了沒有？」

萱野說：「這次祇有一萬元的契約金，所以還需要很多錢，不過三上已替我們解決了這個問題，因此已經勉勉強強可以出發，但沒有刀的準備。」

犬養說：「那麼刀劍我給你們好了。惟給人家看到不好，所以請你擺脫刑警的跟踪後今天晚上偷偷地到我家裏來。」

糟糕的是犬養邸門前是警察派出所。當夜，萱野費盡苦心纔混進牛込馬場下的犬養邸。犬養親自往還於客廳和內室而搬出來四十幾支長短不一的日本刀，而萱野則用毛毡把這些包起來以洋車乘黑夜很順利地通過派出所前面。做爲國民黨總理和政界之重鎮的犬養，敢冒這種險供給武器的熱心和膽量是任何人所不及的，而肯毫無保留地將多年來珍藏的名刀捐出來的精神更是難能而可貴。

辛亥革命與犬養和頭山

一九一一年十二月底，辛亥革命起於武漢，犬養隨時到中國。我和頭山遲一步到上海，住豐陽舘。這是南京臨時政府成立，孫先生就任大總統，黃興做大元帥之時。

而頭山之所以動身，乃因爲當時有許多中國浪人在那裏混水摸魚，因而可能有失日本的體面。爲控制這些人，非推頭山出來不可。而政治方面的事，則由犬養去管。

當時，爲聽取日本政府對中國的方針，犬養特往訪西園寺公望而問說：「政府是否絕對不許中國行共和政治？」

西園寺答說：「沒有這回事。鄰國採取何種政體與日本無關；因爲我們有外交部長，跟他商量後我再給您答覆。」他好像很懂事的樣子。但是，過了兩三天，外交部長內田康哉說想跟犬養見面。犬養往見內田，內田卻說：

「中國行共和政治對日本不利，所以我們反對。必要時，日本或將以武力維持中國的君主政體。請您將這種方針轉達南方革命黨的領袖。」眞是豈有此理。因此犬養遂說：「我怎

了。」內田受山縣有朋的控制而不能有所動麼能轉達這樣毫無道理的話呢，請您再考慮考慮。」內田受山縣有朋的控制而不能有所動

此時都築馨六說希望跟我見面。我去看他，他竟說：

「聽說這次您將跟犬養和頭山到中國去，現在東邊已經有一個美利堅共和國，西邊如果在中國來個共和國的話，夾在其中的日本帝國的前途將是怎樣請您想想。」我直覺他受了山縣的拜託，所以遂答說：

「您不必操心那麼愚蠢的事。」

犬養既試探了政府的方針，不過說要到中國，他是不能空手去的。因爲革命政府馬上將遭遇到的是國際問題和法制問題，因此犬養請了寺尾亨（東京帝大教授）和副島義一（早稻田大學教授）擔任其事，另外請松平康國（早稻田大學教授）撰寫宣言和其他文書等等。寺尾向東京大學當局說想利用暑假到中國，但實際上他改姓換了名，而在下關給新聞記者探悉且被公開出來，結果被東京大學免職。

犬養的孫、岑、康連衡論

抵達上海的犬養，認爲孫先生欲達到革命的目的，和形成強大的對抗北方的袁世凱的力量，惟有跟兩廣總督岑春煊和當代的學者康有爲團結一致以對抗，可是孫先生卻說：「岑春煊在湖南總督時代，曾經殺了很多的同志。康有爲是西太后的部下，他希望在西太后指導下改革清朝的，所以我們不能跟這兩個人合作。」於是具有先見之明的犬養遂說：

「這樣不行的，他們必定會失敗的。」

此時孫先生任命犬養做革命政府的顧問。

犬養怒說：「這是什麼話。能夠任命我的祇有日本的天皇。這種做法是不禮貌的」（譯註五）同時馬上回國。那時日本國會正在開會期間，犬養出席預算委員會並要求開秘密會議而質問說：

「我們政府對於中國的方針，好像中途發生變化，而企圖強制中國以君主制，這是什麼道理呢？」

內田外交部長裝傻說：

「帝國政府對中國的方針是始終一貫的。」

犬養大聲怒說：

「在我還沒死之前，我是絕不許你詭辯的。在帝國議會，部長且膽敢撒謊，眞是豈有此理！」

內田臉色蒼白，身子發抖。

這時，我尙留在上海工作。於是犬養寫信來說：「你在那裏幹什麼，趕快回來。做了議員還不出席第一次會議，而在那裏幫根本幫不上的他國的革命，是對不起選民的。請你轉告岑春煊和唐繼堯說我實在失望於他們的私心。」因此我告訴頭山此事，並先他回國。

這次革命，如犬養所料，最後孫先生因不得不跟袁世凱妥協而失敗。

孫先生與桂太郎

第一次革命失敗以後，急事功的孫先生因秋山定輔的勸說而秘密地來到日本，跟當時由皇宮出來組織第三次內閣，並因擁護憲政之勢力而四面楚歌的桂太郎見面談論亞洲的解放問題。這似乎是當桂準備組織同志會之際，秋山獻給桂以日德合作代替日英同盟，跟孫先生携手以解放亞洲的計謀。而它的眞正目的，或許秋山想利用第一次革命失敗的機會，來把孫先生與頭山和犬養的關係切斷，而代之以桂跟孫先生合作。當時孫先生因爲革命失敗正是寂寞之時，尤其孫先生從小就討厭英國的性格更容易使他同意秋山和宮崎的游說也說不定。這時適値擁護憲政的時期，加以因爲桂的爲人，在日本滯留的一個月，孫先生始終沒有跟我們聯絡。根據當日擔任翻譯的戴季陶的說法，在明治天皇逝世前，桂之所以擬往俄都，爾後再到柏林，就是爲了想製造實行這項世界政策的機會。戴季陶說：「在政治道德上，中山先生和我始終保持這個秘密，惟桂太郎已死，歐洲大戰發生，日本對德宣戰，所以中山先生纔告訴親近的同志。」

孫先生之亡命日本

可是巧得很，孫先生抵達東京之日，竟是桂內閣提出總辭職之時，不久，桂更去世，於是孫先生祗有停止與桂來往。不過，桂的說服，對於討厭英國的孫先生似亦有些效果，自是以後，孫先生的解放亞洲論日趨熱烈。一九二三年，犬養入山本權兵衛內閣時，身在廣東的孫先生，以爲不入大隈內閣的犬養今日竟入閣，一定是已具有能夠實行他平日的主張的自信，因此遂給犬養寫了一封數千言的信以表明孫先生擬達到經綸大亞洲的願望。它說：「日本因併吞朝鮮而誤了亞洲的政策，但今日因世界大戰的結果，以英國爲首的列強皆困憊不堪，世界大勢為之一變。此時此地，日本不能一誤再誤，而應為『亞洲受屈民族』斷然站起來解放亞洲」，同時暗示將跟俄國和德國合作，並以為革命後的俄國是孔子的所謂「大同」，不必懼怕，日本應率先承認俄國，孫先生之期望於桂而未成者，今似欲期待於犬養。惟犬養未給孫先生回信之前，不幾日山本內閣就倒台了。

而這是以後的事，失望於桂之倒台的孫先生，遂不得不變更方針準備討袁的第二次革命，惟因陳烱明的叛變，黃興的廣東獨立計劃終於失敗，八月，孫先生又不得不再度亡命日本。可是，繼桂內閣而起的山本內閣，卻顧忌於袁世凱政府而拒絕孫先生亡命入國，因此在神戶日本憲警不許孫先生上岸。犬養是窮鳥入吾懷抱時則不予殺害的人。他以為第一次革命成功時大家那麼歡迎孫先生，今日革命失敗卻這樣冷待他實在太不應該，於是要我到神戶去接孫先生。當時，頭山對我說：「準備犧牲地去幹。其他的事我可以負責」。他的意思是說：必要時請跟孫先生跳進海裏去。不過犬養卻說：「現在我要去跟山本權兵衛（首相）和牧野伸顯（外相）交涉，請不要胡來。我有自信說服他們。」我跟島田經一和菊地良一等同志遂向神戶動身。

松方幸次郎與三上豐夷

在神戶的諏訪山，有家名曰「一力」的我們同志的旅館，我們遂跟住在上面的西春旅館而跟孫先生已取得聯絡的萱野長知協商。而我正在準備上船時，旅館的佣人趕送來了一封電報。它說：「山本已同意，請轉告孫先生」。是犬養打來的後來據犬養說，山本雖然勉強同意了，但到門口送犬養的山本，卻在穿鞋子的犬養毅後面說：「麻煩是麻煩」。好像孫先生之來日，是非常麻煩的樣子。

接到電報後，我馬上到船上去向孫先生報告這個消息，同時向服部兵庫縣長（神戶是兵庫縣縣政府所在地——譯者）交涉孫先生上岸的事，而服部卻說：「不要太公開，請秘密地去進行」。但最大問題是怎樣使孫先生上岸來。因爲在孫先生乘坐的船伊豫丸裏有刑警和新聞記者到處在找他。加以有更多的記者來我住的旅館找我，因此除非設法應付這些仁兄，實在動也不能動。商量結果，新聞記者由我來負責應付，而乘我在應付這些記者先生時，由萱野去設法請孫先生上岸。當時，松方幸次郎是川崎造船公司董事長，所以我們便跟他和三上豐夷商量。這時，松方正在替袁政府製造數隻値幾百萬元的軍艦，因此幫忙孫先生的事如果給袁政府知道的話，他的事業一定會受到莫大的損失。但是，一片義俠之心卻使松方不忍坐視，於是毅然答應負責領孫先生上岸。並且，跟三上兩個人，在諏訪山鑛泉浴場上該山山腰準備了一座別墅。

那一天晚上，乘黑夜，有一條小艇靠近了伊豫丸的船梯。一會兒，該小艇又回來，爾後向川崎造船公司的海面很快地消逝。如此這般，松方和萱野領孫先生在造船公司上岸，並把孫先生藏在前面所說諏訪山的別墅。由於這種原因，除我們幾個人外，沒有人知道孫先生已在神戶的山上。因此，許許多多的新聞記者（包括大阪朝日新聞總編輯鳥居素川）陸陸續續來質問我說：「孫先生什麼時候可以上岸？」而我則從頭到尾一概答說：「不知道。」幾天之後，孫先生跟同樣亡命日本的胡漢民和廖仲愷見面，並偷偷地到東京而在頭山家住一個時期。隔年，孫先生跟宋慶齡女士結婚。

孫先生的大亞細亞主義

一九一七年，孫先生回到廣東，組織軍政府為中國革命而奮鬥。一九二四年，在廣東召開全國代表大會，發表中國國民黨宣言，制定建國大綱。同年，北伐成功，而在南北勢力妥協下，段祺瑞做了臨時執政。孫先生發表宣言，主張召開國民會議和廢止不平等條約；十一月，應革命軍和段祺瑞之邀請，孫先生把軍事統統交給蔣中正先生後，爲協議國事經由日本前往天津，在這途中曾在長崎和神戶停留。當時，我曾代表犬養和頭山去接孫先生，孫先生曾透過翻譯戴季陶，要我把孫先生的意思轉達犬養和頭山兩人；孫先生同時在神戶發表主張中日携手的大亞細亞主義。抵達天津後，孫先生多年的肝臟病重新發作，遂住進北平的協和醫院。開刀後病況没有進展，萱野遂疾馳北平。據萱野說，他到達醫院時，孫先生憔悴非常，躺在牀上。一看萱野，孫先生起身問說：「犬養先生和頭山先生好不好？」萱野答說，兩個人都很好。孫先生祇點着頭，並問對於他在神戶所做的演講日本人有何反應。萱野說，曾由收音機和報紙帶到日本的每一個角落。孫先生聽到這個消息，覺得非常滿意，他的臉色由之一時顯現粉紅色。

這次在神戶的演講，乃是孫先生留給日本的遺囑。孫先生跟犬養的友誼是相當長久的，但孫先生卻終於未能恢復其健康，並於一九二五年三月十二日，以六十之高齡，與世長辭。

(譯註六)

（譯註一）菲律賓革命黨托孫先生，而孫先生又托犬養幫忙購買武器，但卻因中村彌六的不道義行爲，買些不能用的武器和彈藥，且裝於破爛船而該船遇颱風致沉於大海的事件。

（譯註二）「浪花節」念成 naniwabushi，又稱浪曲 rokyoku。在性質上有如中國的相聲，不過不是由兩個人對談，而是由一個人講故事。

（譯註三）古學派萩生徂徠系統的一位學者，儒學家龜井南冥的兒子。

（譯註四）是以犬養爲總裁的日本政黨，不是中國國民黨。

（譯註五）原文說是「任命」，但我想這是一種誤解。應該是邀請犬養做革命政府的顧問。

（譯註六）本文譯自古島氏之「一老政治家的回想」一書第六章「與中國革命的因緣」。該書係由古島氏談，速記而成的。由於不是正式的著作，故文字散漫，非常難譯。又，文中對於國父，皆用孫文二字，譯者譯爲孫先生，這樣似乎比較自然。（原載一九七〇年十月號臺北「東方雜誌」）

我對於辛亥革命的回憶

宮崎槌子

一

一八九七年，抵達橫濱的孫中山先生，不久便跟滔天到九州熊本縣的荒尾村，一個有名海邊的一座小村落，所以我跟嫂嫂（滔天之兄民藏夫人）非常操心應該如何款待這位遠來的賓客。我們給孫先生燒洗澡水，鋪地毯於客廳給他坐；至於吃，那時更不知道中國菜的做法，因此祇有請他吃鄉下的日本菜。

生魚、味噌湯、煮魚、壽司、鰻魚等等，我們想盡了辦法款待他。我們更幾乎每天殺鷄給他吃。孫先生似乎最喜歡鰻魚和鷄肉。而縱令我們請他吃他不大喜歡的東西，他也滿面笑容而邊說「好、好」（all right,all right）邊吃。他吃了沒吃慣的生魚，結果似乎瀉了肚子。日後第一次革命（亦卽辛亥革命——譯者）成功，他就任臨時大總統，我前往爲他祝賀時，孫先生之說「荒尾的生魚很好吃」，也許是他回想當年勞神焦思的肺腑之言。而身在荒尾村的孫先生的頭，滿清政府曾經給它懸獎一萬元。我曾將此事告訴同村的平川老先生，他卻眨眨眼睛說：「呀！一萬塊錢。眞是了不得！」其他的村人也來，並從籬笆偷看這位稀客。

孫先生是位寡言的人，而且一天到晚祇要有空則手不釋卷，所以在我們家的一星期左右，一直在看我們家裏的書。而要跟滔天到福岡方面去設法軍事費用時，則說「這裏的書我都很喜歡」，並把行李裝得滿滿地帶去。

回到橫濱以後的孫先生，則搬到東京去，而跟犬養毅先生共同策命革命的實行。滔天開始東奔西走，因而一點也不顧我們的生活。有一次我跟滔天商量家庭的經濟，而他竟說：「我有可用於革命的錢，但沒有可以養活妻、子的鈔票，妳應該自己想想辦法」，完全不理，因此我和孩子們的生活遂陷於絕境。所以我不得不開始工作，於是遂進行從海邊地下挖出貝殼燒成石灰來販賣的計劃。在荒尾一帶，有許多人在幹這一行。在娘家原爲「千金」的我，來到宮崎家以後，則不得不從事這樣的工作。而大概由於間接地聽到我們生活的困苦，孫先生曾經暗中時或給我們寄錢來。

二

一九〇〇年，孫先生在廣東立了革命的計劃，因此決定從日本偷渡廣東。孫先生先走一步，而在當時玄洋社（譯註一）俱樂部的青柳先生處，則有擬參加這次革命的末永節、平山周和島田經一等等，以及直接間接幫忙革命的犬養、福本日南等先生在那裏商討此項計劃。

那時，由於没做慣的工作，我在荒尾害了胸部的病，因此把龍介和震作交給家父，而帶着幼女節子在福岡醫院養病。

關於連天的協商和計劃的內容，我是不清楚的，不過有一天，滔天曾經把這些人和我帶到福岡郊外名島的島田經一先生家裏。島田先生家是座沿着海岸山的很好的房子，猶如仙境。這時我親自聽到跟滔天喝酒的島田先生說：「這座很舒適的房子亦不得不賣了，賣來打仗。」四、五天後，滔天將我留在福岡，而跟其他同志由門司往廣東出發。而賣出去的島田的家產，則用於惠州起義的一部份軍費。

惟孫先生的第二次起義又歸於失敗，所以孫先生和日本的同志們也就重新回到日本來了。

而幫助中國革命運動之家庭的悲慘，實在是非筆墨所能形容的，這不祇是我們的辛酸，也是其他同志的家庭所共同遭遇到的命運。

這的確是有如流着血淚而坐在滿車火焰的車子上面的情景　，我們既將大部份的田地賣光，並將其金錢統統用於滔天的活動費。而在這苦況中，聽到孫先生計劃的失敗，我們當然失望萬分。這時我接到從中國大陸回來的滔天患了脚氣症之消息，因此遂到東京去看他，是時孫先生正住在橫濱市山下町的舊屋子裏。

見了小康的滔天之後，我和滔天跟那時正在華僑學校（大同學校）教書的民藏一起去看孫先生。旋卽孫先生以敗軍之將的神態並用不知什麼時候學會的日語說「歡迎你們來。」

當天晚上，我們三個人在孫先生家過夜。而正當我們坐上桌椅準備吃晚餐的時候，透過滔天的翻譯，孫先生問我說：「妳是來做什麼的？」我答說：「因爲滔天生病，以及家族生活困苦，我把小孩托在娘家，因此想趁這個機會跟滔天好好地商量商量」，於是孫先生邊說「是的，是的」，並從皮包拿出一張照片給我看。

這是一張孫先生的母親、胞兄、四位侄子和十二、三歲左右的孫科先生一起合照的像片。孫先生邊讓我看這張照片，邊說：

「我的家人在夏威夷也正流着眼淚跟窮苦搏鬥中。家人之能夠打勝眼淚意味着革命之將成功。凡是從事於革命運動的人，都得戰勝眼淚。」

並流着淚珠。這是我和滔天看到孫先生眼上有淚的第一次。

在山下町先生家過一夜的我們，第二天便到民藏執教的大同學校。我們三個人則在民藏的客廳談話。一坐下，民藏便向我並用純粹的肥後口腔（亦卽宮崎鄉下土話—譯者）大張眼睛並回想昨天晚上的事，邊稱讚那位中國革命婦人，邊鼓勵我說：

「在照顧孫先生日常生活的那位中國婦女同志，眞是個女傑。她那用長筷子，張着很大的眼睛，像男人在吃飯的樣子，革命家的女性祇有這樣纔能擔當大事。妳看她聲音之大。妳應該向她看齊纔對」。

而正當我跟滔天再三商量故里的事情，並且大致商量完了的時候，滔天突然向民藏和我說：

「到現在爲止，我都還沒向任何人說過，不過我現在卻決心要做說浪花節的（譯註二）。那是因爲，做爲一個浪人（譯註三），實在很不容易不依靠別人而能養活家眷。既不能生活，而又不會做生意；而就是做生意，以士族（譯註四）的生意經，也絕對賺不到錢。何況談浪花節以得之於客人的好意亦並不下賤，這有若出家者讀經以得布施同樣的道理。惠州起義雖失敗，但革命的進行刻不容緩。並且，唱浪花節還可以澄清心神的憂愁。我想暫時以做了和尙的心情去叩浪花節師之門。哥哥請您能瞭解，也請妳能同意。」

滔天以很大的決心，並很熱心地向民藏和我訴說。因此民藏和我大嚇一跳。頓時，我的心頭充滿了失望和黑暗。我爲我丈夫將棄經世之大望且或將墮落而大爲震驚。所以我拼命努力去勸阻他的念頭。我甚至建議他跟孫先生一起到歐美去研究和宣傳革命。我以爲用這樣的方法去糾合同志，籌措軍費乃是此時斯地所應該遵循的惟一途徑。與此同時我請問了民藏的意見，而他也贊成我的說法，並跟我諄諄告誡滔天，要他回心轉意。

可是，滔天卻完全不聽我倆的勸告。他說「籌措軍費，糾合同志，還是以唱浪花節的方法來做最爲有效」；是卽他似乎想以唱浪花節的方法來籌募金錢和糾合日本各地的同志。民藏和我終於精疲力盡，再無法勸阻他了。於是滔天和我遂與民藏分手而回到東京。

爾後，孫先生前往東南亞，而滔天則拜師桃中軒雲右衛門，遊歷日本各地。但是，滔天欲做講浪花節者時所期待的糾合同志，宣傳主義，籌措資金等事則統統成爲畫餅，因此家庭生活的困苦與日俱增。

一九〇五年元月，由於極端的貧窮，我母子四人終於再也無法棲身故里，於是遂遷居東京，而租屋於新宿區番衆町。

惠州起義失敗以後，孫先生則離開日本，革命氣氛爲之消沉，祇是有內面的運動而已。(譯註五) 不過自我們搬到番衆町以後，簡直令人不敢相信地，中國留學生源源而來。因此我彷彿覺得革命運動已有相當的進展。那時候常到我家的，有革命元老的黃興、胡漢民、汪精衛、張繼、宋敎仁和何天炯諸位先生。此外還有很多，幾乎每天來的，現在我已經記不得他們的名字了。

其中有想研究製造手鎗者，他們則穿着滿身油污的工作服，到東京郊外滔天的朋友小室友次郎所經營的手鎗工廠去學，這一羣眞是個個都是富於實行力的人。

不特此，連領取淸朝官費的留學生也一個一個地變成革命黨員；而在日本人中，像末永節先生，則跟黃興先生住在一起，以策劃種種活動。

四

記得在一九〇五年初夏，孫先生再度來到日本，並下榻橫濱。有時候他則從橫濱帶着皮箱到我們並不寬闊的家，而把其中狹小的六個榻榻米的房間當做他在東京的「事務所」。當時，我們雖窮，我卻把我的衣服拿到當舖去，而爲孫先生做了兩件「浴衣」。（譯註六）孫先生很喜歡穿我給他做的浴衣，而一九一〇年又來日本時，他更還穿着它，因而使我驚喜萬分。孫先生是位非常節省和樸素的人，而他之一直穿着那兩件浴衣就是它的明證。

祇要有時間，孫先生便從皮箱拿出許多書本來閱讀，所以他的行李盡是書刊。就中最多的是英文書，而這些大多似乎是政治、經濟、哲學方面的書籍。當時，滔天的鄉友，姓勝木的夫婦恰巧也住在我們家裏。有一天，孫先生正在走廊看書的時候，勝木先生走近孫先生想跟孫先生聊天，可是孫先生卻祇連聲答說「哼哼」，而一直在看他的書，以這樣的態度聽勝木先生的話。

於是勝木先生大爲憤慨，並以肥後的口腔說：

「這是什麼話！說孫文是個豪傑，這樣簡慢待人怎麼……」

因而非常生氣。而這卻也是孫先生之如何愛看書的一個插曲。

有一天，從外面回來的孫先生，因爲累而正在睡午覺，這時剛好來了四、五個年青的中國留學生。

他們恐怕打擾孫先生的睡眠，所以在隔壁房間用很小的聲音說話，隨即一個比較年輕的站起來輕輕地把「竹紙」（譯註七）開一點點，以偷看孫先生睡覺的樣子。爾後那個學生卻把眼睛張得大大地回來坐下去，並以好像受驚的語氣用中國話向其他的人在說什麼。我覺得奇怪，所以遂問最會說日本話的一位學生說：

「怎麼啦？」

「孫先生好像獅子。他的臉和頭髮簡直像是隻獅子，革命一定能成功。」

他加重語氣這樣答說。因此我也去看看，果然睡得很甜的孫先生的臉，的確擁有不可侵犯的威嚴。

中國留學生對於孫先生非常尊敬，所以那時候我就一直相信中國革命必有成功的一天。

五

當時，最喜歡調皮的龍介和震作，常常一從學校下課回家便到窗戶店（譯註八）去買些隔扇（譯註九）的碎木頭，來造成鐵路，架設於庭園，並用線軸的車輪和小箱子製成火車，使其在鐵路上跑，他倆就這樣玩到天黑。

有一天，停止看書的孫先生正在看孩子們玩火車的時候，何天炯先生剛剛趕到。他看見孫先生在注視孩子們玩，因此遂問孫先生說：

「您在看什麼？」

孫先生答說：

「這眞好玩。他們把鐵路造得很好。」

同時透過何先生的翻譯而跟龍介和震作握手並說：

「革命成功以後，中國首先需要建設鐵路，那個時候我就請你們兩個人來做。」

婦女的我，當然不可能知道每件革命大事，不過從同志們的動靜，我卻可以判斷革命運動之如何急速地正在進展

六

在孫先生還沒有來到日本以前，留日中國同學的中心人物是黃興先生，而自孫先生從歐洲來到日本以後，他們兩位便携手，因而完成了革命黨的大同團結。而促使孫先生和黃先生合作的，就是滔天和末永節先生。大同團結而成的革命黨叫做中國革命同盟會，且一下子就有大約三千人參加爲會員。同盟會成立後，則在東京市牛込區新小川町創設民報社，以發行同盟會機關報「民報」，而其幹部則統統在報舘共起居同飲食。

與同盟會成立的同時，孫先生則從橫濱搬到租在牛込區築地八幡傍邊的房子，並把它命名爲「高野寓」。爾後許許多多的人曾經出入於高野寓，其中最值得我們一提的賓客，就是俄國革命領袖格爾雪尼和比利斯茲基兩位先生。

比利斯茲基先生是從西伯利亞的監獄逃出，並逃到長崎來的。而正在此時，格爾雪尼先生於一九〇四年受了死刑的判決，並被送至西伯利亞。

格爾雪尼是俄國革命時社會革命派的元老，而據說，他是使用奇計逃出監獄亡命日本的。比利斯茲基先生有天晚上陪同格爾雪尼先生訪問高野寓。

那個時候，滔天與萱野長知、和和田三郎等諸位先生在辦「革命評論」（譯註一〇），是時比利斯茲基先生帶格爾雪尼先生拜訪了革命評論社。於是滔天和萱野先生便把這兩位先生帶到孫先生那裏去。而在高野寓聚首的東西方的先知先覺者，遂就俄國和中國的革命發表高論，交換意見。爾後格爾雪尼離開日本前往歐洲，擬再回到俄國時，在路上因病而與世長辭。

當時，「民報」的銷路非常好，在東京的中國留生之間當然不必講，據說在大陸也有很多的人在看。而要把這些「民報」寄到大陸去確是談何容易，因此民報社的同人個個都日以繼夜地在工作。而隨中國革命同盟會之日趨壯大，清朝官吏的監視日嚴，日本官方的壓迫亦日甚，其結果，孫先生不得不棄築地的高野寓，民報社亦難於維持，從而終於不得不「關門大吉」。

成立中國革命同盟會的前後，似乎需用不少錢，而為孫先生慷解其囊者就是鈴木久兵衛先生。民報社解散後，黃興先生則在小石川區水道町創辦勤學舍，與同志們共策革命。

中國革命同盟會成立以後，我們又得從番衆町搬家。這是因為欠人家房租、米店和酒店的錢太多所致。對於米店和酒店，我們各寫了一張將來有錢一定要清還的保證書，至於房租，請允許我們免交，這樣我們纔勉勉強強能夠搬出去。

其次我們在小石川區的第六天町找到新房子。這座房子相當大，所以來的人也就比較多。

禪寺和尚龜井一郎先生、早稻田大學學生長江清介氏、黃興先生的大公子黃一歐、龍介和震作等年青的朋友們經常在院子裏練習劍術，還有許多中國留學生也常常來參加，因此我們家裏非常熱鬧。汪精衛夫人陳璧君女士携帶她的朋友來練習劍術，也正是在這個時候。

自民報社解散以後，中國革命運動便採取地下活動的方式，革命黨的人秘密來往因而增加，並且需要更多的武器。有時候甚至要把武器運到四川省一帶，其用心之苦，實在難以筆墨形容。更有用胃散藥罐裝上火藥帶回中國者。

而何天炯先生之計劃購買日本政府擬轉讓給民間的武器，惟沒有錢，因此遂把我娘家的古董統統賣掉以爲其費用也正在此時。由於秘密活動之如火如荼，日本政府當局的干涉也就愈來愈兇。有一次，東京神樂坂警察所所長忽然竟說要請滔天在日本餐館聚餐。滔天雖然去了，可是卻非常慨嘆警察所長之愚笨作法。

而聽到這樁事的孫先生，遂給滔天寫了如左的書信：

「滔天先生足下：久未通問，夢想爲勞。此接克強兄來書，述足下近況，窮困非常，然而警吏欲賄足下，足下反迎頭痛擊之。克兄謂足下爲血性男子，困窮不濫，廉節可風，要弟作書慰謝。弟素知此種行爲，固是足下天性，無足爲異。然足下爲他人國事，堅貞自操，艱苦備嘗如此，吾人自問，慚愧不如。弟以此事宣之同志，人人皆爲感激奮勵，則此足下天性流露之微，已有造於吾人多矣。（後略）弟孫文謹啓。」

七

一九〇八年，時機大概相當成熟，黃興先生遂帶三百支手鎗和某某先生所贈送的七十把日本刀到廣西去籌劃起義。同時，日本方面的同志也設法獲得了一千支步鎗，慢黃先生一步動身。他們是準備在廣東跟攻下廣西後將來和廣東的黃先生會師的。當時裝載那些步鎗的船叫做幸運丸，是承三上豐夷先生的好意借用的。而幫忙設法這些步鎗的就是被人譽爲革命黨之天野屋利兵衛的倉地鈴吉先生。又，跟這些武器乘船到香港的有金子克己、萱野長知、前田九二四郎、三原千尋、定平吾一和吉田正平等諸位先生。

這一羣，可以說是革命黨的敢死隊，他們都是以死不生還的決心出發的。並且在航行中，兩隻鷹飛到船裏，他們把鷹抓到，以爲此行或將成功，惟天機似尙未成熟，很可惜地，這次計劃又歸於失敗了。

本來，據說幸運丸所載的武器是預定在大亞灣附近起貨的，而且跟黃興先生方面的人早已連絡好，惟打來的電報祇說六時，不知道是上午六時或下午六時，所以船裏的同志們遂爲此事而終於分成了兩派。前田、定平兩位先生說是下午六時；萱野、金子兩位先生以爲是上午六時。彼此議論很久，結果假定它是上午六時，並把船停下來，以等天明。但在天還沒亮以前，英國軍艦來了，於是他們遂把所有的武器統統丟到海裏去。計劃之失敗，往往來自毫厘之差。而後來據說，那封電報的意思是下午六時。

這個時候，孫先生正在南洋專心從事於糾合同志籌募革命資金。因此在日本的活動一切皆由黃興先生來負責。不久，孫先生雖然接到革命軍佔領了廣東一帶的電報，但似又失敗，所以孫先生又不得不再亡命歐洲。

八

在這前後，我們的生活又日趨窮困，革命運動也沒什麼進展。有一天，滔天和黃興先生忽然到九州去設法籌銀根。而當他們在九州的期間，我跟房東談妥，於是我們便再從第六天町搬到小石川區的原町。搬家時，所有行李都是由小兒龍介、震作和黃一歐三人拉車搬過去的。搬到原町以後，滔天和黃興先生便回到東京來。而黃先生則在新大久保租了很小的房子跟宋教仁先生一起住。他們的名牌用「桃原宅」三個字。而這似乎取自武陵桃原。

黃先生在新大久保時，發生了所謂「紙幣事件」。這是黃先生想爲中國革命使用而印的。爲了此事，黃先生曾經向橫濱的高利貸借了一萬塊錢，並托某日本人來印，結果不但紙幣沒有印成，錢又不能還，把黃先生弄得毫無辦法，而終於逃到香港去。不過這一萬塊錢，第一次革命後，黃先生卻把它還淸了。

這一年（一九〇八——譯者）十二月，滔天的母親在故里去世，滔天遂回鄉奔喪。而爲了生活，我邊鼎勵兒子們用功，邊借了縫衣機來爲海軍做軍服。此時突然由香港的黃興先生來了重要而機密的書信，我跟侄子宣雄商量結果，便給滔天打了「槌子病危速回來」的電報。接到我的電報的滔天，大概給山科多久馬先生（他是一直爲革命黨人義診的一位仁醫）打了電報，所以山科先生馬上就來看我。山科先生看我非常健康而大驚一跳，我把底細告訴他，他終於哈哈大笑。

在這裏，我必須談談倉地鈴吉先生的事。因為他是參與辛亥革命秘密運動且大家都不知道的一大功勞者。是即辛亥革命所用的武器彈藥幾乎都是由他來的。當革命黨人與滔天商量武器彈藥的事時，滔天實在是束手無策的，絞盡腦汁思索的結果，終於跟以前日本出兵西伯利亞時的司令立花小一郎上將商量。立花上將是滔天的哥哥民藏的太太的哥哥。立花上將以「身為官員，難以為力，願意介紹可靠的朋友」，於是為滔天介紹了以遠征千島列島馳名的海軍上尉郡司成忠氏。當時郡司氏已經退役，而他介紹給滔天的就是倉地先生。如此這般，孫先生、郡司、倉地兩位先生以及滔天四個人再三互相研究的結果，倉地先生終於成為辛亥革命的所謂天野屋利兵衛。（往年大阪的義商——譯者）

九

自我們從第六天町搬到小石川區的原町大約一年以後，孫先生跟乃兄孫德彰先生忽然從夏威夷來到日本。記得這是一九一〇年初夏的事情。此時，孫德彰先生在夏威夷的事業已失敗，故與孫先生一起來日本，並住在我家裏。這時孫先生特地為我帶來了佔領廣東時所發行的銀幣兩張和軍票。孫先生脫下因汗而略濕的立領西服而換上的竟是五、六年前我千方百計設法給他做的現在已經變成很舊的浴衣。

一生貧困是中國革命家之常，孫先生既窮，我們也窮，因此爲了要給遠來的賓客洗塵，想燒洗澡水，我們竟連煤炭和劈柴也沒有。不得已，用小兒們從隔壁的空房子撿來的木片燒熱水給孫先生和他的哥哥洗澡。

一〇

有一天黃昏，一個中國人來看孫先生。他的名子叫做孫竹丹，也是同志。惟由於種種理由，許多人說他有間諜的嫌疑，並非常警戒他。因此孫竹丹一進門，我便耳語孫先生，並要龍介陪他而從後門出去。那時正値每七十六年會出現一次的所謂哈勒大彗星（Halley's comet）出現的時候，而孫先生和龍介兩人則在小石川區附近後街盡量避免行人，逍遙到晚上十一點多鐘纔回來，爾後不久，則有孫竹丹被同志所殺的傳說。

孫先生來原町的我們家前後，從小石川區富坂署常來一位名叫北村利吉的高等刑事警察。這位警察看到我們那麼窮，每次來我家時都帶茶葉來給我們。因爲我們連客人來時也沒有茶葉可泡。

孫先生跟孫德彰先生在我家住了大約十天，在這期間有些插話可述。其中最使我難忘的是，不知道爲了什麼事，孫德彰先生在大罵孫先生。孫先生被乃兄責駡，一言不發，一直默默地在恭聽乃兄的話。個性很強的孫先生，也有這一面，這個事實使我非常地感動。

孫竹丹到我家兩三天以後，富坂署的警察部長前田佐門和前述的刑警北村，送來了勒令孫先生出境的命令。此時孫先生跟滔天等剛剛開始秘密計劃，因此接到這種命令後非常失望。二、三天後，孫先生和乃兄便往南洋動身。這時我們全家把孫先生昆仲送到新橋車站。離開日本的孫德彰先生，據說不久便病逝。

二

一九一〇年四月，汪精衛先生和黃復生先生到北京去準備暗殺醇親王。而其所携帶的炸彈就是從倉地先生那裏來的。汪先生的計劃因事先被發覺而沒成功，汪、黃兩位先生且被捕，並被判死刑，惟被肅親王所救，改爲無期徒刑，而關在北京的監獄。汪夫人陳璧君女士，趕赴北京，爲救汪黃兩位先生的生命而做最大的努力。

迨至第一次革命成功，南京的革命政府和北京的袁世凱開始南北和平會議時，汪、黃兩位先生始獲釋，汪先生並與唐紹儀先生任特使由南京到北京。

一九一一年四月，以黃興先生爲首的一羣在廣東起事，這是在檳榔孫先生的居所，由以前的中國革命同盟會的同志們所策劃的。而這次起事所使用的武器，也都是得自前述的倉地先生。是卽倉地先生秘密地所攜來的武器，皆托輪船中由革命黨人充當的火伕帶去的。惟很不容易捆包，所以這項工作，大部份在我的弟弟前田行藏家偷偷地做。而從倉地先生家到行藏家的搬運，則由當時尙爲中學生的龍介和震作分批搬去。因爲用小孩來搬運，比較不會引起人家的注意。

這樣捆包好的行李，則由四川省出身的吳永珊（玉章）先生運到以前的新橋車站，現在的汐留車站，再由此車站運到橫濱的輪船。惟在新橋車站，因比諸其容積，它的重量太重，因此對其貨物本身發生懷疑，而不予以馬上輸送。着急的吳永珊先生立刻到橫濱淸國領事館，請他的朋友出一張證明說是領事館的東西，而趕回新橋車站，以求得車站站員的諒解，纔把它寄出。

當時，吳永珊先生是東京帝國大學（今日的東京大學——譯者）的學生，而在當日，中國革命運動非常澎湃，官費留學生不必說，在淸國領事館和公使館的下級官員之間甚至也有許多革命黨員，由此我們當可知道中國革命時機之如何成熟的一斑。

此次廣東的一役，雖然大家都用眞子彈拼命戰鬥，但結果仍歸失敗，黃興先生負了喪失右手兩支手指的傷，許多同志戰死沙場。而今日在廣州黃花崗的七十二烈士，就是此一戰的犧牲者。

及至今年秋季，在四川省發生了變亂，隨之有武昌的起義，中國革命運動頓時由其最低潮而見其成功。而當這個革命的烽火燃燒起來時，孫先生正在法國。滔天很想早點去，惟家裏窮得不能再窮，因此不能馬上成行。其他比較有辦法可想者，如萱野長知、加納清藏、松浦和介、金子克己、龜井一郎和三原千尋諸位先生則較滔天早一步往武昌出發。

由於適時趕到的石丸鶴吉和島田經一兩位先生的幫忙，滔天終能起程。尤其可貴的是，不嫌我們的貧窮，而始終跟我們來往的東京某染衣店老板川城七太郎先生由衷送餞禮說：

「先生！我的眼睛沒有錯吧。這祇是一點點意思，少得或無足於您的旅費，請您在船裏買些香烟抽抽。」

滔天則與川城先生乾杯並哈哈大笑說：

「二十五年的苦難今日纔見天日。被人家貽笑爲夢想和空想的革命終於成功了。不過今大以後纔是眞正的開始。」

匆匆整理好其便裝的滔天，遂幌着那高大的身軀，悠悠然地走上他的旅途。滔天直往上海，迎接孫先生從法國回來，然後再轉船到香港。而返抵上海的孫先生，則與同志們聯袂入南京，並就任臨時大總統，於茲中國的革命乃大功告成。（譯註一一）

（譯註一）玄洋社，係明治時代的日本國家主義團體。一八八一年，由平岡浩太郎、頭山滿、箱田六輔等所創立，平岡任社長。它的份子活躍於中國大陸和韓國；它是所謂大陸浪人的母體。

（譯註二）浪花節又稱浪曲。由一個人唱講故事。在今日日本還是非常流行。他們常常藉浪花節來批評政治，諷刺社會。

（譯註三）這裏所謂浪人，係大陸浪人之簡稱。它有時候寫成「牢人」或「窂人」。原意是沒有固定主人、工作和住所的人的意思。這是封建社會的產物。江戶幕府創立初期，因爲德川採取取消德川幕府尙未成立之前反德川勢力的諸侯的政策，竟致使無主可奉的浪人激增至四十萬人。

（譯註四）士族，係明治維新以後，對於以前武士階級的稱呼。

（譯註五）原文說「內面運動」，這可能是秘密運動的意思。

（譯註六）「浴衣」，念成 yukata，是日本人洗澡後要穿的長衣服。由於穿脫方便，而且穿起來很舒適，所以就是不洗澡，平常在家也在穿。男人穿得比較多。

（譯註七）「竹紙」，其原文是「唐紙」，在這裏它是用竹紙造成而用以隔房間的門的意思。

（譯註八）窓戶店，其原文爲「建具屋」，是專門製造日式房屋的門、隔扇等的店。

（譯註九）障子，讀成 shoji，是用以隔開日式房屋之房間的紙門。

（譯註一〇）原文把「革命評論」當做每部四頁的報紙，但實際上它是每期十頁的半月刊。它創刊於一九〇六年九月五日，一共出了十期。

（譯註一一）本文譯自日本平凡社出版宮崎滔天著「三十三年之夢」附錄宮崎龍介作「關於家父滔天的種種」裏頭滔天夫人宮崎槌子口述的部份。這篇文章原係於一九三一年六月，國民政府將國父的遺靈從北平郊外的碧雲寺移到南京郊外紫金山麓中山陵的時候，特別邀請滔天夫人到南京參加此一大典，而在動身前所口述，並以「我對於中國革命的回憶」爲題在東京「每夕新聞」連載的。
（原載一九七一年十一月號臺北「東方雜誌」）

孫中山、胡漢民、汪兆銘

萱野長知

民前六年，孫中山先生大約四十歲左右的時候，在東京成立了中國同盟會之後，為了鼓吹革命運動，遂到南洋去擬在河內設立同盟會分會，並把其根據地暫時設置於此。當時，汪兆銘和胡漢民皆以孫先生秘書的身份與他同行，而我也一直跟他們在一起。

孫先生是位極其誠實，對於金錢極端淡薄，而非常富於情誼的人。他對於革命特別熱心，是位思想家、理想家型的人。

如所周知，孫先生是大亞洲主義的熱烈的倡說者，他尤其致力於亞洲問題的研究。他的日常生活相當謹嚴；他是從來不玩的。酒也祗喝正經酒。他所最喜愛的，當應首推讀書。讀書可以說是他的唯一嗜好。

因此，不管到那裏去，他每次都帶幾十件行李，而且盡是書，幾乎不帶衣服的。他經常穿着那一套立領的西裝。

一有人問孫先生最喜歡什麼，他每每答說革命，推翻滿清；其次是看書。

孫先生原來是位醫生，所以懂得外國語文，因此他看的也就大多是外國書，他特別喜歡閱讀拿破崙的傳記和有關兵法的書籍。同時，對於地理也很感興趣。他一停止看書，便改看地圖。他簡直過著不是在讀書，就是在看地圖的生活。

胡漢民和汪精衛都是孫先生的老鄉，他倆或因爲同鄉關係而纔跟孫先生認識的。

那時汪兆銘還很年青。大概二十四、五歲的樣子，胡漢民比他年紀大。他倆很受孫先生的器重，因此不管到何處去，孫先生都帶他們兩個人去，眞是形影相隨。

汪兆銘是個認眞而能文的人。他的認眞可以從他的固守當時的六不會窺悉。所謂六不會是：鴉片、猪肉、邪淫、賭博、欺騙，還一個好像是香烟。酒，他會喝一點，但絕不會喝到醉的。這六項大多是中國人所最喜歡的，但汪兆銘卻絕對禁止。

在另一方面，有人說汪兆銘是投機份子，我雖不贊成這種看法，但對他有這種評估卻是事實。

胡漢民是舉人。在民前，中國的學位有秀才、舉人和進士，但當時有舉人的學位的人已經不多了，這個胡漢民，在臨終的遺囑中，曾經要我爲中國寫一部革命史，不過什麼時候能寫好還不知道，因爲這項工作實在太艱鉅了（萱野的「中華民國革命秘笈」就是這部書——譯者）。

孫先生說遺囑於床上

現在，我想來談談孫先生在北平逝世時的情況。孫先生於辭世的前一年，在神戶發表了那有名的大亞洲主義演講，而這距離他的謝世衹不過是三個多月，因此這場演講可以說是他對於日本的遺言。

孫先生正如在他所說，「革命尚未成功，同志仍須努力」的聲中，結束了他六十年的革命生涯。病症是肝癌。孫先生雖然說「革命尚未成功」，但我認爲革命大致已經成功了百分之八十。

孫先生從日本回國抵達天津時，病情惡化，遂入北平的協和醫院接受外國醫生（其中包括不少日本醫生）的治療，但終於未能恢復健康，一去不復還。

我接到孫先生的兩個電報，遂趕往北平。這兩個電報是透過當時日本駐北平的板垣武官助理（日後曾任日本駐中國軍的總參謀長）打的。而我到達協和醫院時，孫先生則憔悴非常，躺在床上。

由於孫先生的病情嚴重，所以普通人不許進病房。因此除汪兆銘夫妻和張人傑外，祗有其他的兩三個人而已。

一看我進去，孫先生便起身問：「犬養先生和頭山先生好不好？」我說都很好，他祗點著頭。他顯得很衰弱，似乎連話也不想說，臉上且有死色。

他又問：「我在神戶的演講，日本人有何反應？」我答說：「廣播電臺廣播了它，報紙也報導得很詳細，所以在日本的每一個角落都有很大的反應。」他好像很滿意的樣子，因而他的臉色稍微紅了起來，他眞正地由衷盼望他在日本所做的大亞洲主義演講，能促進中日兩國的提携和合作。

這是我跟孫先生的最後一次交談。他祗說這幾句話，而未說及任何私事。不久主治醫師則禁止孫先生再說話，瞬即孫先生的意識溷濁，在這種狀態中，他被帶至他的行轅（舊顧維鈞宅），而在那裏與世長辭。（譯註一）

國共關係的將來

孫先生雖然這樣盼望中日兩國的提携和合作，但中國與日本之間卻正在干戈相見（此文作於一九四〇年左右——譯者）；不過我個人認爲，無論汪兆銘或蔣中正，既然都是孫先生所最器重的門弟，因此在希望爲亞洲奮鬥的精神這一點，汪、蔣兩位先生並無二致的。

孫先生辭世的前一年，他到神戶的時候，我問他根據地廣東的情勢，他毫不遲疑地答說：「南方軍事上的負責人是蔣中正，所以不會有問題」。由此可見孫先生之如何地信賴蔣氏的一斑。

如今，中日竟干戈相見，可是大家都知道，這是由於共產黨的策動所致。目前，共產黨雖然跟國民黨一起在抗戰，但這兩者今後的關係，將是一個很值得注目的問題。

對於國共的關係，世上雖有各種各樣的說法，但我個人認爲，在表面上國民黨雖然在跟共產黨合作，但在大體上，祇要有機會，國民黨是會打擊共產黨的。

它的證據是，在陸軍軍官學校，有一本名叫「一公人的自由」，描寫共產黨跋扈的悲慘歷史，以供學生們閱讀。當然這是爲了防止中國的赤化，而這種情勢，似乎愈來愈嚴重。對於這種事，蔣中正雖然在否認，但確有這種傾向。

在另一方面，共產黨雖也在抗戰，但他們是不相信國民黨的。國共的關係，實有如狐狸在互相欺騙。

由於這種原因，大約三個月以前，史達林把朱德叫到莫斯科去的時候，據說史達林曾予朱德以要中共在西北亦即陝西、甘肅、寧夏、新疆一帶建立共產黨國家的指示。

朱德以爲這是非常重大的事情，他一個人不能作主，得跟毛澤東等商量；而回去開會討論時，雖然有人反對，但與周恩來等妥協結果，遂接受史達林的指示。

知情的國民黨非常憤怒，因爲這樣一來，國民黨將受日軍和中共的夾攻；但國民黨又不好與共產黨馬上翻臉，於是用邵力子和馮玉祥跟共產黨拉拉手，但國共的關係，看樣子，是好不起來的。

依我的見解，到最後，國共是會鬧翻的。而國共關係之如何發展，對於這次的中日戰爭，或將是重大的關鍵。

第三革命的武器

關於第三革命以前，山東舉兵之武器的失敗事，那時有一個師團以上的軍隊，居正是總司令，但陳中孚是實際上的負責人。而我在前一年，就參加了他們的各種計劃。

我們搜集了機槍和其他舊武器，準備把這些運到青島，可是卻在門口就被憲兵查到了。那時正是第一次世界大戰爆發，日本攻陷了青島，大隈內閣的時候。

因此我遂趕回日本去請板垣退助氏幫忙要回武器，但板垣卻說：「我不是官員，所以毫無辦法，這種事最好跟大隈商量。」我知道中山博道氏的老師名劍手小美田劉義先生（當時他住在我附近）跟大隈很要好，因此遂請他跟我一道去找大隈。

我把來意告訴大隈，但大隈卻以動怒的面容說：

「這是什麼話！青島是列國官員駐紮的國際港口。這樣做將引起重大問題。第一，日本爲中國革命提供武器這件事如果給人家知道的話，美英法三個國家將提出嚴重的抗議。而且我現在是日本政府的負責人，這種事萬一給議會知道的話更不得了。請你不要說這種事情，否則請你不要讓第三者知悉你爲這樁事會經找過我。」

因此我說：「日本眞的絕對不予中國革命以援助，如果中國人自己來，那時日本政府是否要干涉孫中山的革命？」大隈答說：「對於中國人做的事我們沒有話可說，因爲那是中國的內政問題。總而言之，我不希望再聽下這種話了。」

我束手無策，祇有拱手回青島；去跟同志們商量下一個步驟。我正在心裏做這種打算，並準備向大隈告辭的時候，大隈忽然問我說：「你何時可以回到青島？」我說大概一個星期，同時並向他辭行。

一個星期後，我如期返抵青島。而一到達青島，我便接到駐青島日本軍司令官大谷喜久藏上將的命令，要我去報到。頓時，我以爲是要把我驅出中國的命令。因爲我曾經那麼直截了當地向大隈請求幫忙要回武器的事情，而大隈又那麼不高興。當時的青島，施行着軍政，他們很可能以我的居留中國對日本不利爲理由，而用軍司令官的名義命令我回去祖國。

可是到了大谷將軍官邸之後，發現事實並不是那麼一回事時，我更嚇了一跳。大谷司令官在其官邸嫣然迎接我而說：「大隈首相來了非正式的訓令，要我全力幫助你。所以今後不管什麼事，請跟參謀長商量好了。」這簡直令我有在白晝做夢的感覺。

因此，第一次的設法武器雖然完全失敗，但第二次卻因爲武器被扣押，而跟有關當局發生因緣，所以由此日後我們竟獲得了更大的收穫，而這不能不說是塞翁失馬。又，那時駐紮青島的參謀長是奈良武次上將。

日本人對於辛亥革命的貢獻

辛亥革命的成功，固然是由於孫先生的領導有方，黃興等熱血志士的共同奮鬥，以及散居南洋、歐美各地華僑的慷慨解囊所促成，但日本人的功勞是不可抹煞的。

換句話說，如果沒有日本朝野有志之士的相助，孫先生的革命，或未能成功也說不定。因爲無論在物質方面和精神方面，孫先生和他的同志都受了日本人最大的支援。

而在這些日本人之中，頭山滿、犬養毅先生，松方幸次郎、平岡浩太郎、坂本金彌諸氏，以及後來出任駐北京公使的山座圓次郎和外務省政務局長小池長藏等出力最大。

譬如平岡浩太郎，他曾單獨負擔過孫先生亡命日本的某期間的一切費用；以「鈴久」馳名的新富翁鈴木久五郎氏也是在物質上曾爲孫先生出過大力的人。因此，在孫先生的著作中，我們可以找到鈴木等氏的名字。

是卽日本人不但爲孫先生的革命出錢，而且在其初期，孫先生的革命本部更設在東京呢！而從這一點，我們便不難瞭解日本人跟辛亥革命的關係之如何地密切。

因此，孫先生始終非常感謝日本朋友的這種友情，而由孫先生臨終時跟我談的話，我更敢斷言他終身不渝地具有這種眞意。不特孫先生，其他的老同志，我相信也都有此同感。

黃興廣東起義的內幕

在日本，雖然有這樣多的孫先生支持者，但這些日本朋友個個都並不富有。所以經常缺乏革命資金，有時候甚至連最起碼的旅費也沒有。因此在東京的同志，有的則從家鄉寄些錢來；有的學生同志則拿清國政府所給與的學費滙單做質物，到當舖去借錢。

要之，革命資金的籌措是形形色色的。譬如黃興準備回到廣東去起義時，他們實在連從東京到廣東的旅費也沒有。因而在黃興離開東京時，我曾經給神戶的朋友太田信藏寫封信，要他爲黃興設法，並把此信交給黃興。

可是黃興去找太田時，太田也赤貧如洗。無可奈何，太田又去找他的哥哥中島勝次郎氏幫忙。中島氏是一實業家，遂給黃興川資和軍費若干，黃興始得成行。那時，黃興跟中島氏毫不相識，然而中島氏卻不祇給錢，而且更在神戶的常盤花壇爲黃興設宴舉行了盛大的歡送會。是以有了日本朋友們的這種愛護，黃興纔會有百折不回的精神和勇氣，從而促使辛亥革命臻於底成。

譚人鳳的軍資

在回國的路上，黃興從下關給我寫信說：

「這次承蒙您介紹，能夠得到經費，非常感謝。不過，革命需要更多的金錢。前輩譚人鳳將繼我回國，敬請先生能幫他忙。」

所以我又給太田信藏寫封拜託的信交給譚人鳳帶去。

神戶的同志還有三上運輸公司的三上豐夷，但因爲上次的盜運武器失敗，曾經給三上招致不少麻煩，不好意思再麻煩他。因此雖然知道太田的苦境，但又不得不再請他分神。

譚人鳳到了神戶後，又由太田介紹到前述的中島氏那裏去，而由中島氏給錢，纔得回香港，由香港再到上海。

在香港又得到些革命資金的譚人鳳，在船抵達上海準備下船時，他的裝有金錢的皮包竟被人家搶走。

搶的是同志

垂頭喪氣的譚人鳳，一下船便去找陳其美。那時，陳其美是上海國民黨的負責人。譚人鳳向陳其美說明一切經過；陳其美說：「譚先生，我可以幫你找出這個皮包，所以請你說詳細一點。」於是譚人鳳遂把皮包的顏色、大小和金錢的數目告訴他。

那一天晚上，陳其美來到譚人鳳悄然在那裏等待著的房間，並拿出一個皮包說：「譚先生，你說的皮包是不是這個？」千眞萬確地，正是譚人鳳在船上給人家搶走的那個皮包。而且，裏頭的錢，一個銅板也不少。

譚人鳳問陳其美何以故，陳其美說，他的某幹部曾要其部下去弄革命資金。而這個仁兄就到英國輪船上去找對象，結果看中了好像裏頭滿有東西的譚人鳳的皮包就是了。

熊越山的慘死

熊越山跟被袁世凱暗殺的何天炯是同樣廣東嘉應人，他倆的交情有如弟兄。這個熊越山曾用非常的手段獲得革命資金。

他的手法是，跟銀行的同志先講好，由那銀行同志打假的滙款電報。譬如說，從香港的銀行，打這種電報給汕頭的銀行說已經給某某人滙去了多少錢。但在實際上並沒有這回事，而打出電報之後，則把電線故意搞壞。

因此，接到電報的汕頭分行便無證實會滙款的眞假。熊越山迫銀行給錢，銀行不給，這樣吵吵鬧鬧，銀行終於給了如數的金錢。

熊越山的這種辦法，幾次都成功了。可是，最後一次，而這也是民國以前的事情，他又要南洋的銀行打這種電報給漢口的銀行說滙了兩百萬元。

惟由於這次的數目過大，爲銀行所識破，銀行遂報告清國政府，清國政府派遣軍隊包圍了銀行。熊越山結果爬上屋頂，脫險而出。日後，宋教仁被暗殺，爲了重整革命的旗鼓，熊越山潛入了武昌，不幸事漏被捕，並被處死刑。事後，孫先生領回了熊越山的遺屍，特行黨葬，以慰其靈。

我是大大總統

南京政府初告成立，孫先生就任大總統，而正在最忙的時候，夏威夷的哥哥孫德彰氏想爲他的弟弟祝賀並來談談，他特地來看孫先生；惟那時總統府剛開張，中外的要人進進出出，絡繹不絕，並不像以前那樣隨時隨地可以見面。要經過秘書的安排，而等得不耐煩的哥哥終於生氣說：「如果文是大總統的話，我是大大總統。」說罷，就走。

黃興的奇術

雲南都督唐繼堯，因爲財政極端困難，而跟駐紮的日本武官加悅上校商量辦法。加悅說，雲南唯一値錢的東西是鴉片。運鴉片到上海去賣好了。唐繼堯遂把東西準備好，表面上說是北京的司法部長張曾紹的行李，並命乃弟唐繼禹押貨。東西運到上海時，被稅關所查獲，値三百萬元的鴉片當場没收，唐繼禹被通緝。唐繼禹躲匿在同志之家三個月不得逃脫。於是黃興來了一個妙計，他把跟宮崎滔天在一起的松本藏次打扮成中國人，令唐繼禹變成日本人松本藏次，這兩個人遂經由香港，海防而返抵雲南。

調皮的胡漢民

在亡命日本期間，胡漢民曾陪孫先生去看某日本實業家商量要事。雖然沒有其他的客人，但他倆卻等了很久纔得跟這位實業家見面。日後，這位實業家因事去看胡漢民，下女出來說：「胡先生現在很忙，請您等一等，」並端出茶和點心。等了非常久的這位實業家終於耐不住而問下女說，胡先生什麼時候出來，而下女卻答說：「一個小時以前出去了。」

立　正

民前四、五年，在東北，綠林出身的頭子是馮麟閣，張作霖不過是他的部下。我以為如果能勸誘馮麟閣和張作霖加入革命黨的話，我們可以控制東北三省。於是我便帶著跟馮麟閣齊名的綠林頭子楊二虎的部下張良臣，前往彰武縣去求見馮麟閣。

是時已過黃昏，不便求見，遂下榻附近的一客棧。馮部下有一王姓營長，該夜忽然來訪。王某與張良臣本為難兄難弟，三年前，他們在本溪湖被官兵所包圍，部隊潰散，在黑夜裏，彼此分手，不知死活。今夜重逢，喜出望外，他倆握手，感慨萬千。張良臣告王某來意。王某大驚，因為清廷曾來令要他們抓革命黨員，立功者將有大筆獎金。所以明日如求見，必被槍斃。該夜，張、王談至深更。

當時該營獄中關有楊二虎的弟弟楊玉亭。他們都是同志，但無法營救。王帶張偷去見楊，三人邂逅，互相擁抱，淚下如雨。我也與楊認識，想見見他，但恐給人家看見，祇有作罷。今夜雖同情楊，但明日將是我們的生死關頭。王營長命馬卒給我們的馬以充足的馬糧，並於淩晨給我們逃脫的機會。而最後的一個難關是步哨線。張良臣先走一步，到哨兵面前舉著鞭子厲聲叱說，你是第幾期的兵？立正！好好幹！哨兵慌忙地立了正。這時我們從馬上予以一瞥，悠悠然地通過了步哨線。

日語聒聒叫的喬義生

潮州之役失敗後，喬義生、方漢城等逃至汕頭躲匿在日本小坂旅館裏，而其四面則爲李準的陸戰隊所包圍，其警戒之嚴，連一隻螞蟻也不會漏。於是一行五個人便皆變成穿西裝的日本人，而我則著純粹和服帶有花紋的裙子，大聲用日語談笑，搖搖擺擺地走過正在休息中的李準部隊陣地到海邊，雇小舟去搭開往香港的漳州丸始得脫出虎口。這些人，本來是不會說日語的，但那天的日語的調子還算不錯。

中國製的日本人

同文同種，如果是啞吧的話，穿中國衣服就是中國人，着日本衣裳便是日本人，實在無法判斷他的國籍。所以在革命期間，革命黨和到中國內地去時穿日本衣服比較安全而且方便。當時，我有一個名叫埴內喜代松的醫生在香港開醫院。他向香港的日本領事館請得日本人的身分證後，就把它借給革命黨員，這個革命黨員馬上變成很會說中國話的日本人，因爲這樣做了幾次，遂被懷疑。清國官吏特地到香港去調查，埴內對來調查的人答說：「埴內先生去旅行去了。」

共和輪船公司

那是在南洋活動的時代。事事皆要錢，而每每要仰給華僑的腰包也不是那麼容易的事。於是我想出了一個妙計，那就是組織一個輪船公司，以開發財源。我的構想是，以南洋爲中心，開闢中國沿海的航線，跟現有的歐美輪船公司競爭。由於我們可以聯合各地華僑的力量，所以我認爲我們有把握逐出歐美輪船公司的勢力。

組織輪船公司，不但有錢可賺，而且要載運同志和私運武器都非常方便，可謂一舉兩得。我跟華僑的領袖們商量結果，他們也很贊成。於是決定由日本提供三萬公噸的輪船，現金資本由華僑負擔以共同組織中日合辦的公司，孫先生且把它命名曰共和汽船股份有限公司而做了最後的決定。但在當時，三萬公噸的輪船是件天大的事。

我馬上回日本去跟神戶的三上豐夷商量。三上是海運界的公會理事長。於是他遂請了屬於他的勢力範圍底下的榎本謙七郎和藤岡幸十郎等五、六個船主來商量，他們也都非常贊成。此時適值日本的航運界景氣不大好，正在尋覓突破口之時，所以事情那麼容易談妥，也不是偶然的。這時宮崎滔天恰來神戶，我也跟他商量此事。但宮崎卻反對。他說，船運生意很難做，如果失敗的話，會連累許多人，孫先生在革命可以失敗，但如在事業上失敗則會被人家笑，我們都不是做生意的料子。我說，這是船主跟華僑的合作事業，我想不會失敗，就是失敗也沒關係。我倆的爭論得不到結論，於是決定到東京去請教犬養毅。

聽了我們的話之後，犬養則說：「自來，賺錢是人生一世一代的大事業，能成功者少之又少，何況擬靠事業之成功以解決政治問題更屬困難。生意如果成功最好，但如果失敗則等於放棄了政治問題的解決。所以賺錢應由別人去做，政治家當專心從事政治，錢可以請實業家捐獻。」

最後我接受了犬養的意見，以為辦事業既然那麼困難，而想靠事業成功之後再來做政治活動更是前程萬里，因此我遂打電報給孫先生請他放棄組織輪船公司的計劃。惟不久，世上來了航運界的頂盛時期，靠船致富者不知凡幾。譬如山本唯三郎，祇靠三千公噸的一條包船（chartered ship），竟一變而爲天下的大富翁。因而我曾嘆說，如果有三萬公噸的船隻，孫公早成大大富翁，革命亦早已成功，但卻有人駁我曰，如果有了那麼多錢，或許已經不想革命了呢！

對金錢淡薄的兩巨頭

我常常聽到日本人說，中國人貪財，貪財彷彿是中國的民族性；但據我個人所瞭解，這並不見得，最低限度，對於孫先生和黃興先生我敢這樣斷言。

首先，我要說的是，這兩個人完全沒有私心。正因爲這樣，所以纔有那麼多的華僑肯將其辛辛苦苦所得的金錢寄給孫先生做革命資金，以完成革命的大業。現在我想講一個故事，以證明這兩位先生的清廉。

一九一二年，革命政府成立於南京以後，由於一般民衆不能理解三民主義的眞諦；許多革命黨員以爲現在是他們的天下，得意忘形；加以財政日艱，寸步難行，事實上已到了再也無可挽回的地步，因此孫先生遂決心放棄政權的掌握。

而在這以前不久，爲挽救財政之困難於一時，孫先生曾經托當時的三井物產股份有限公司上海分公司負責人藤瀨正次郎向三井總公司借款二百萬元。惟三井總公司方面，一來由於金額太大，二來因爲是政治借款，所以未能隨時答應，而拖了一些時候。

眼看這個事實，一直很想爲孫先生盡力的藤瀨，遂不等總公司的回答，就自告奮勇地先設法三十萬元，前往南京去見孫先生，並說：

「今天我先帶來了這些，請先拿去用。其餘的，我會繼續設法的，……」

但孫先生卻答說：

「謝謝你的盛意，不過現在我不想借了……」

這樣推來推去，推了很久，結果孫先生拒絕了它。

無奈，回去上海的藤瀨，遂向宮崎滔天訴冤說：

「如你所知道，錢不是那麼容易設法的。如今我好不容易弄到了這筆錢，孫先生卻不接受，眞是非禮，忽視了人家的好意。」

宮崎滔天解釋說：

「你的好意我們是知道的，眞謝謝你。不過孫先生不接受有其不接受的原因。說實在話，這幾天來，爲著是否應該繼續執政這件事，孫先生一直在苦悶，現在他可能已經決定不執政了，所以纔沒有接受你的好意。」

孫先生終於堅持到底

聽了宮崎這番話的藤瀨，以爲孫先生之所以決心放棄政權，乃是因爲他未能及時爲孫先生設法銀根所致，因此說：

「事情既然如此，我眞對不起孫先生。孫先生要我幫他借款，但至今未辦好，而致使孫先生不得不放棄政權，眞是對不起。」

於是藤瀨又到南京去見孫先生，並說：

「我不知情，實在很抱歉。這些是我的誠意，所以無論如何請您把它收下來。」

對此孫先生卻答說：

「非常謝謝你的好意。不過這些錢我不能借了。因爲如果我仍然是政府首長的話，我還可以說什麼時候能夠還你，但現在我卻沒有這種把握。因此請你把這些錢帶回去。」

孫先生堅持不收，因而藤瀨終於改變態度苦口婆心地說：

「這樣辦好不好？您說您已經決定放棄政權，但這還是屬於秘密之事，您並還沒公開宣佈，現在您仍然是中華民國的大總統，您如果覺得不方便，請把借的日期寫成您決心放棄政權的前一天怎麼樣？就是您辭了職，對我們還是不影響的，反正繼起的政府會承受這筆債。何況您離開了政府之後，還得照顧您的黨，馬上需要錢……。」

但孫先生卻毅然決然地答說：

「謝謝您的好意。不錯，辭了職以後還是需要錢，但我是中華民國的第一任大總統，這個第一任大總統，就是再窮也不能借逃跑的路費。這是我的恥辱，而且更將啓開很不好的先例。因此我祇能接受您的誠意，請您把錢帶回去。」

所以，不管藤瀨怎樣勸誘，孫先生終於堅決地謝辭了藤瀨的盛意；正因爲孫先生人格的偉大，促進了他們兩個人更深一層的友誼。我以爲，孫先生是政治家的楷模，是廉正的政治家的典型，絕不可與那些唯利是圖者同日而語。

又，對於亡命日本期間的孫先生，各地的華僑常常兩萬、三萬地滙錢來。但一過幾天，孫先生就沒錢用。他常向我借打電報的錢，我說前幾天不是有人寄錢來了？他說早用光了。由此可見孫先生對錢淡泊的一斑。

黃興也非常廉潔

革命初期，孫先生在外國的時候，黃興鎮守香港指揮一切革命運動。那時，宋教仁負責東三省方面的工作。有一天，宋教仁向革命總部打了一個要請速寄一萬元的電報。可是，那時的革命黨經濟非常困難，寄一萬元，談何容易。

黃興主張馬上給宋教仁寄去，但他的部下卻有人反對。理由是：「宋教仁本身是沒有問題的，但是他手下的人有不大可靠者。我們明知道這筆錢將是白花的，爲什麼我們又要這樣辛苦設法寄去呢？……」

黃興隨卽說：「就是白花也沒關係吧，錢有什麼了不起？」

這句話好像沒什麼，但在這樣沒錢的情況之下能說出這種話，實在是很不容易的。而黃興的這句話，充分表明了他也跟孫先生一樣對金錢的淡泊。

又，孫先生和黃興是經常合作無間，互相提携的。以下我想說個故事以證實它。

因爲南京暴動事件，黃興被日本治安當局所追捕，而幾乎沒有棲身之地。起初我把他藏在東京京橋木挽町的一家小旅館，以等待孫先生從美國回來。後來這家旅館，和整個東京都不甚安全，於是我把追趕的刑警騙走之後，將他帶到箱根的福住旅館去居住。

孫、黃的互容

當孫先生抵達橫濱的前兩天，當時國府津（東京近郊地名——譯者）以西還沒有火車，所以晚上我坐了由兩個人拖的車子到箱根去接黃興。第二天早晨，我和黃興又各坐同樣的車子，由國府津搭火車到橫濱，偷偷地下榻橫濱車站前面名叫福岡屋的旅館。

從美國抵達橫濱的孫先生，馬上跟黃興談論革命情勢。惟怕給人家看見，因此兩個人遂到橫濱車站前面的孫先生旅館，而在此討論了大約兩個小時。

這時，黃興之離開日本刻不容緩，故兩個人之間祇談公幹，完全無暇談私事。而黃興在臨走時忽然想起他身上沒帶錢，所以遂問孫先生說：「有沒有錢?」孫先生說：「有」，並把整個行李箱（trunk）交給他。孫先生到美國 去向華僑籌募革命資金的。

接到孫先生的皮包，裏頭究竟有多少錢都沒算，站起來就想走的黃興，突然想起甚麼似地說：「我應該留些錢給您」。說罷，就從皮包隨便拿出一些錢交給孫先生便搭當天的船回國，去從事革命運動了。

在旁邊目睹這兩個巨人的舉動，我眞感動得不得了。因爲給的和收的都不數其金額，你說他倆的態度大方不大方？此即孫先生和黃興不是普通的同志間的關係，而其如何地互爲手足，相依爲命，由此可以想像。

租借民報社社屋的保證人

民報社的社址設在東京市牛込區新小川町，我想這座房屋今日還在。它位於過飯田橋靠近江戶川，是座不很大的普通二樓房。

民報的主筆是當代文豪章炳麟，其底下有胡漢民、何天烱、宋教仁、白逾桓、汪兆銘等人，其陣營，可謂人才濟濟。

不過辦民報時，清國政府在日本還有一些勢力，所以革命黨員在東京到處租不到社址。因此，當他們借到房間的時候，管區的刑警不得不嚇一跳。這個刑警覺得非常奇怪，便查問房東，結果發現這座房屋的租借保證人竟是警保局長古賀廉造氏，這個警伯更嚇壞了。

於是警伯去問古賀氏說：

「先生做了保證人，眞令人不敢置信。不過爲革命黨做租借房子的保證人會不會有疵煩？」

古賀坦然說：「有什麼麻煩！」古賀氏是這種直情徑行，剛毅濶達的人。不過他的這種直情徑行，日後惹了禍……。又，古賀氏之所以出任保證人，係孫先生的老同志末永節與古賀氏是朋友，末永拜託古賀氏來做的。

章炳麟的風格

我跟章炳麟很要好。我認爲他是近代中國的大文豪之一，而其人物，在洒脫、恬淡，無私一點亦應數第一等。又，他這個人非常有趣。

他認不得自己住的房子是哪一家，跟普通人有些不同；可是一旦提起筆來，他能洋洋數萬言，其文章漂亮極了。

他有文集數十卷。字又寫得好。由於他的文筆特別高超，一個接一個地有人來請他揮毫，他眞不勝其煩，還說一個字要一百元，但來者還是絡繹不絕。

章炳麟雖然很會寫文章，但卻完全不會講說。一上臺說個幾句，就停了。於是從臺上跟觀衆一起笑。

關於章炳麟，還有一個值得一述的逸話。如衆所周知，中國人以顯父母之名爲孝，所以如能請文豪章炳麟爲其父母寫墓碑最光榮不過了。可是，章炳麟這個人，你就是送他萬金，他也絕不隨便捧你一句的。換句話說，章炳麟並不看你送多少錢來寫文章。他一定照其爲人老老實實地寫。好人，章炳麟就把他寫好；壞人，章炳麟就把他寫壞。因此，有人曾經送章炳麟許多錢，結果請他爲其父母寫「壞話」了。這等於拿錢出來廣告自己父母的「笨蛋」，實在可憐而又可笑。

後來章炳麟被共產黨所逐，在上海我曾藏他數星期。（譯註二）

（譯註一）作者萱野曾撰寫「我對於孫中山先生的回憶」一文，以敍述孫先生在北平逝世時的情況。我曾把它譯成中文，發表於一九六一年三月二十五日的臺北「政治評論」。

（譯註二）此文譯自萱野著「中華民國革命秘笈」一書的附錄。該文據其前言說，曾發表於「創造」雜誌。惟它沒寫淸楚發表於該刊那一期，而該刊又不是很出名的刊物，至今我還沒看到，所以不知道此文究竟成於何時。又，此文係口述，不是正式寫的文章，因此文字散漫，重覆者甚多，所以我把它省略了一些，這是特別要說明的一點。

一九七一年五月二十五日　紐約

（原載一九七二年六月三十日紐約「中華青年」）

孫逸仙是為大戰略家

「新日本」編者

孫逸仙先生尙時髦，皮膚黝黑，其儀表是上品的人。他的談吐高雅。跟人家見面，不太喜歡談不必要的話。從外表看，他不像是所謂東方型的英雄豪傑。因此，初次與他見面者，每每自作聰明地斷定他似乎非有爲的人物。

但是，深知其人者，皆敬他如神，爲他，且願意犧牲生命，而使第三者無法瞭解其眞因。孫先生的性情温厚，其大慈大悲之精神，可謂已到了極點。所以，祇從外表看孫先生不是東方型的豪傑而就看輕他的人，簡直是淺慮之徒。我要大聲疾呼，想瞭解孫逸仙先生者，請閉其眼睛，虛心地先瞭解映在他面前的孫先生的精神。

少年時前往夏威夷去呼吸文明的新空氣，回國後在廣州結交鄭士良等豪傑的孫先生，爾後進英國人所創辦的博濟醫院攻讀醫學。嗣後轉入香港西醫書院就讀，並與楊鶴齡、陳少白、尤列等竟日談論革命，因而被時人稱爲「四大寇」。從西醫書院畢業後，孫先生便回本屬於香山縣的澳門去開設中西藥局。就像日本之所謂蘭學醫生盛極一時一樣，在澳門，具有西方新知識的孫大國手自然大受人們的歡迎。

如此這般，孫先生賺了不少錢，不過這些錢卻完全賠於第一次革命的失敗。由於革命的失敗，貧窮如洗的孫先生遂亡命日本，而在日本和世界各地籌募革命資金。因爲籌措革命資金的關係，不知孫先生之爲人者，便中傷孫先生帶志士之假面具而把革命當做金飯碗。譬如今日在臺灣，自稱明王末裔的朱春生就罵孫先生是個大騙子。

可是，眞知孫先生者，且爲他而不惜傾家蕩產者實大有人在。舉凡到香港去考察或做過貿易的人都會知道李亞伯這個好漢，而據我所知，爲孫先生的革命事業，李亞伯最少捐過四十萬元，致使他自己變成窮光蛋，但他卻毫無怨言。如果再加上東南亞各地和歐美各國華僑的捐獻，其金額當在三百萬元以上。而在外國人當中，最知孫先生者，在日本當首推已故陸軍上將兒玉源太郎，法國總統克雷孟梭（Georges Eugene Benjamin Clemenceau），法國前越南總督祚美，英國的索爾兹巴立卿（Lord Salisbury）和美國總統老羅斯福。的確，孫先生在意想不到的地方具有許多意想不到的同情者。

最近，在日本，孫先生的名氣愈來愈大，因此也就有人要說他的壞話。孫先生既然也是人，所以也就有其短處和缺點。不過，如果有人想祇以其缺點來概全的話，他未免將被譏笑爲島國人的小豆根性。關於孫先生的毀譽褒貶，請暫聽其自然，現在我想祇舉個例子來說明它。跟孫先生毫無關係的水野梅曉，在中國大陸華中一帶過了十幾年的江湖生活後回國說，在中國大陸，不管兒童、學生、軍人、車夫或馬夫，都非常敬仰孫先生，並尊他爲漢民族的救星。

世人有的則把孫先生當做一介書生。一點也不錯，孫先生是位讀書人。他幾乎一天二十四小時，從不釋卷。他雖然有時或被逐至東方，間或亡命西方，慘無棲身之所，但他那數百卷而有手漬的書必隨他流浪。這種事，祇有孫先生纔能做得到。

若是，他究竟都在看些什麼書呢？有關醫學方面的書，當然更不必說了。而孫先生的讀書興趣是多方面的。他對於天文學也很有造就，尤其特別喜歡看有關拿破崙的書。而據我個人的判斷，孫先生之讀有關拿破崙的書，並非愛其人，而是想藉此以研究拿破崙的戰略。他又非常熱心研究外交史和國際法。

總而言之，孫先生的讀萬卷書，是爲了對於中國革命這個習題（homework）提出萬全的答案。換句話說，他確信中國革命之將有今日，更爲革命後中國民族的前途着想，而在做一切的準備而已。是則以中國之大，而一心一意專研革命之方策者，恐怕祗有孫逸仙一人，因此，我要獻給孫先生以革命博士的頭銜。

孫先生不祗是個讀書人，而且是位非凡的戰略家。舉凡與孫先生談過戰略上之問題的日本軍官，都異口同聲地一致讚揚他有關兵學的知識和作戰計劃的超羣絕妙。

去年七月間，孫先生到日本來的時候，更曾拿一本很厚的加里波的傳記給我看，並把討伐西西里島的作戰地圖打開，詳細地說明給我聽。他非常佩服加里波的武勇和智略，他把義大利當做中國而來展開他的作戰計劃。前日，我聽到上海和江陰城爲革命軍所攻佔，我歡喜若狂，而不知不覺地大喊孫逸仙萬歲。不過老實說，當他在跟我說明那些作戰計劃時，我並不覺得怎樣，而今日眼看該項作戰計劃的實現，則更覺做爲戰略家的孫先生的偉大。

江陰城距上海大約七十華里，有堅牢無比的砲臺，直瞰長江，是個以一砲則能制戰艦的要害。因此，祗要能佔領江陰城，袁的艦隊便會變成袋子裏的老鼠。所以，孫先生認爲，應該先在某某地起義，四方呼應，而乘天下騷亂，北京政府在不知如何是好的時候，令蘇杭的同志一下子把江陰城拿下來。此次武漢之起事，雖然是突發性，但其行動卻皆沿着「革命方略」，和孫先生的意志實行的。（原載一九七一年十一月號臺北「藝文誌」）

送迎孫中山先生私記

澤村幸夫

前言

在一九一一年，亦即辛亥革命以前，孫中山先生曾經亡命日本，棲身於此前後達數次。而他的中山這個別號，就是在日本時取用的。辛亥革命以後，於一九一三年，從廣東到福建，由福建經臺灣而又亡命日本，在東京組織中華革命黨，與宋慶齡女士結婚，前後住了三年左右，以至一九二五年，在北平鐵獅子胡同行轅與世長辭爲止，孫先生曾經來日本四次。而在後三次的訪日時，我曾經或在火車，或在輪船跟孫先生一起旅行，因此見聞了一些孫先生生活的一面。當時我並沒有準備在將來要用它，祇隨便把這些見聞寫在雜記簿上而已。此外，還有我給孫先生拍的像片，也有他寫給我的信件。最近，由於某種需要，我把這些東西重新拿出來看，結果發現鉛筆字逐漸在消逝，像片已變黃色，且覺得我對於當時情景的記憶在日趨模糊。而使我更躭心的是，形影相隨，經常陪孫先生旅行的胡漢民、宮崎滔天兩位先生已逝世；爲孫先生後盾的犬養毅、寺尾亨等先生也都成了歷史上的人物這件事。而我之所以決心寫篇紀念孫先生三度訪日的記錄，實緣由於此。

中國鐵路督辦孫先生

孫先生以中華民國全國鐵路督辦的身份，正式訪問日本的是在一九一三年二月十三日。這個銜頭雖然遠比大總統不響亮，而且是個不很明朗的職名（譯註一），惟由於他是位打倒清朝三百年統治的革命偉人，加以兩年前他又是個無棲身之所的亡命者這個事實，使大家的歡迎顯得非常特別。當孫先生所坐的郵船山城丸出現於天還沒完全亮的瓊之浦海面的時候，中國人的團體，日本公私各界的歡迎者，以及幾倍於它的觀衆，便在不很長的郵船碼頭成了人山人海。

武昌起義後出任外交部長，隨即擔任南北議和會議參議的胡瑛，以新疆青海墾屯使的新官名，早孫先生一個月以前就來日本，而今日他似乎特地從東京來迎接孫先生，滿面春風地跟長崎領事徐善慶氏等站在一起；日本人方面，着黑紬家紋的褂子和裙子（譯註二），頗鬚、頭髮蓬蓬的宮崎滔天的存在特別引人注目。而從熊本、福岡等地，爲邀請孫先生去看看，也來了一些同志。

上午七時半，孫先生上了岸。這次受了日本政府以國賓待遇的他，身穿大禮服，頭帶大禮帽結，着黑色的領帶。孫先生含笑的臉顯得圓圓胖胖地。隨員是秘書長胡漢民、馬君武、袁華選和宋嘉樹四人。馬君武是廣西人，出身日本京都大學工學院，留學德國，革命當時的廣西代表。袁華選係湖南人，日本陸軍士官學校騎兵科畢業（譯註三），爲參謀本部之局長的新進將官。宋嘉樹據說是在美國發財的華僑，而人們更沒有料到這個人日後會成爲孫中山、蔣中正、孔祥熙三位先生的岳父。在車站，孫先生受了長崎市長北川氏，以及長崎商業會所主席橋本氏等的正式歡迎，並坐上日本鐵道院特派的貴賓車，於九時正出發。

沿路春天的桃花還没開，梅花已過盛時，但在樹叢裏仍有一些白野梅花；而時隱時顯的海面，又是那麼青藍。此時，孫先生自言自語地說，三年前，夏天最熱的時候，他曾躲在蒙古輪的船艙裏過日子。從來没有「失望」過的他，在漫長的秘密活動歲月裏，必有過人們難以逆料的天荆地棘的艱辛，更必曾因此艱辛而飲聲吞淚，而在能夠公開身份的今日，他似乎想起來了它。

桂內閣的崩潰

孫先生所將要去訪問的東京，在他抵達長崎的大前天，國會經過三次的停會後，政情竟惡化到不堪設想的地步。在東京日比谷公園，民衆與警察發生衝突，因而死傷了幾個人，擁護政府的報館，如國民、都、大和等報社更受民衆的襲擊，桂（太郎）首相甚至有生命的危險。不特此，這種險惡的空氣，且有蔓延到各地方的趨勢。一九〇三年、〇四年和〇五年，孫先生曾經三年連續經過日本，所以他知道一九〇五年在東京發生的反政府事件（譯註四），因此在船裏就很躭心東京政變的擴大，並常問起其情況，而登陸長崎以後，更一再問這件事。孫先生自己做過鼓勵羣衆的工作，而對於這種事爲何會這樣躭心，我實在覺得有些意外。

反觀中國的政情，表面上好像很平靜，但在實際上卻有暴風雨前夜的景象。是卽去年八月間，雖然公佈了國會組織法，今年一月，正式發出召集國會令，且預定於四月間選舉大總統，可是唐紹儀內閣不到三個月就夭折，陸徵祥代之而起，但陸內閣的壽命也不足半歲，接棒的是對於共和政治毫無所知的趙秉鈞。御用黨的進步黨出現，與中國國民黨抗衡。在外交方面俄蒙協約簽訂不久，中國正在交涉二千五百萬英磅的借款，列國更都還未承認新生的中華民國。

後來屈指一算，得知孫先生之抵達長崎乃是宋教仁被暗殺的前三十五天，出發長崎的是在接到兇息後三天。因此在此時，他對於北方的獨裁野心家似已認爲完全沒有妥協的餘地，更絕望於議會政治的推行；可是對於每到大火車站便上車來採訪的記者們，他雖然儘量地想少強調南北對立的激化，但同時又不忘記大談其抱負。

我的雜記簿這樣寫着：孫先生說，就是被選爲大總統他也要辭卻；他想把全力放在鐵路的建設。全國的鐵路，其幹線，以先開通粵漢鐵路以後再及於其他地區爲宜。中華民國所必須首先着手的應該是幣制的改革。他說他對這件工作很有自信。中華民國現在的歲入大約爲三億元，如果好好整頓的話，一定可以達到它的二十倍。……

在往東京車上的回憶

十三日下午五時二十五分到達門司。少息於山陽大飯店。七時十分從下關出發。十四日上午八時十分，稍微遲延抵達神戶。除川崎助太郎氏外，貿易商佐佐木娣妹的兩個小女兒穿着同樣紫色的和服，各拿一個花籃，穿過人山去給孫先生獻花，這個光景特別奪目。神戶也是值得孫先生懷念之地，火車開動後，他邊看窗外而這樣說：「二十年前，我在那小山住過。不過現在已記不清楚究竟住在那一個角落就是了。人常說什麼第二故鄉，但在當時我竟連第一故鄉也沒有。我來日本，是被逐出故鄉而不得不漂泊者，亦卽所謂天涯的孤客。那時日本的警察始終在跟縱我，找我麻煩。有時候不耐煩，對於不客氣者我也以牙還牙。」

孫先生說他曾在神戶住過，這究竟在什麼時候？跟興中會的同志們企圖佔領廣東失敗，而跟楊衢雲、陳少白、鄭士良等從香港逃至橫濱，由橫濱再到夏威夷的是在一八九五年，而在這以前，孫先生好像從沒來過日本。也許從歐洲到日本，一方面幫助策劃菲律賓的獨立，另方面自己進行惠州起義的一八九九年春天在神戶住過。但我沒有把握做這種斷定。

十四日下午八時二十五分，抵達新橋。副島、寺尾二博士，大原東亞同文會幹事等迎接孫先生於途中，而在車站，除澁澤榮一、犬養毅、中野武營等氏外，中國留學生、日本官民，兩千幾百人來歡迎他。在他六十年的生涯中，這次他可能最感覺日本人的熱情和友情。翌日，孫先生便整天整夜開始應酬。當日的日本政局，繼桂內閣而起的山本權兵衛內閣，以原敬、松田正久等爲閣員，幾乎將告成立，而護憲的呼聲還是很高漲。政黨以及上層的人，心神都非常不安，可是孫先生的朋友們卻拚命歡迎他。

東京大阪兩地的歡迎

關於孫先生在東京和離開東京以後的活動，我不想詳述，而祗擬介紹幾個一般人所大概知道的插曲。

二月十五日晚上，在華族會館有過東亞同文會的歡迎會，與中國有關許多的日本朝野名士參加，副會長淸浦奎吾子爵（譯註五）致了莊嚴的歡迎辭。開頭他讚揚孫先生的功績；話雖短，但卻完全表現出了他的眞情。

「邦交之道貴在國民相互的輯睦，何況位於一衣帶水之芳隣，古來就有特殊關係的中日間的交情？中山先生，器識宏遠，學問淵博，夙唱共和革命之大義三十年如一日，千艱萬難，百折不撓，終於達成了建設中華民國的大業……。」

十六日，先到谷中延命院去祭近衛篤麿（譯註六）的墓，爾後到青山墓地和染井墓地分別去參拜神鞭知常（譯註七）和陸實的墳墓（譯註八），以感謝這些日本朋友的幫忙。十八日，分訪長谷川參謀總長和木越陸軍部長。二十日上午拜訪了山縣有朋，晚上與桂太郎前首相共進晚餐。該天下午三時，山本內閣甫告成立，政變已告一個段落，山縣和桂，稍得空閒，故纔能跟孫先生見面。

三月四日，應牧野伸顯外相的午餐招待，翌日上午十時二十分，由東京赴橫濱，經橫須賀西往，於八日抵達名古屋。經京都、奈良，於九日下午三時，到達大阪湊町車站，宿大阪大飯店，赴市民歡迎會，十一日，大日本紡織聯合會和大阪經濟會，十三日，以大阪商業會議所爲首的聯合會與中國人所合辦的歡迎會，祗要時間和健康許可，孫先生皆一一出席參加，同時又考察了兵工廠和大阪灣的築港情形等等。當時尙在人間的大阪市長肝付、大阪商業會議所主席土居通夫、大阪每日新聞社社長山本彥一、財界的谷口房藏、武藤山治、阿部房次郎和中橋德五郎等諸位先生，皆爲善隣的賓客，做了非常周到的招待。而京都的歡迎會，是在九日舉行的，當天肄業京都大學的近衛文麿的出席特別引人注目。孫先生很尊敬近衛家，而近衛家對孫先生亦很恭敬，因此近衛於十六日特地在東京精養軒招待孫先生以午餐。

盧夫人來見

三月八日，到達名古屋之前，孫先生曾給金澤警察所所長一之瀨勝三郎打了一個電報，說希望能跟他見面，而這位所長，遂前來名古屋大飯店訪孫先生。一九〇〇年，乘義和團事件發生淸廷不能兼顧南北之際，爲策劃在三州田舉兵，孫先生在臺灣居留兩個多月的時候，在臺北萬華警察所服務的一之瀨，曾經給孫先生幫過很多忙。孫先生一直銘記一之瀨的好意，而事經十三年的今日，纔得親自向其道謝。

在大阪逗留中，三月十日夜，孫先生曾跟盧夫人和夫人的千金見面。這雖然純是孫先生的私事，但我願在這裏說一說。

孫先生的前夫人盧氏，是他從夏威夷的哥哥那裏回來，畢業聖路易學院，翌年準備進香港皇仁學院的一八八二年，遵雙親之命，依從中國早婚的風俗，年僅十七歲時結婚的對象，是長男科，次男安和一千金的母親。而從服裝來判斷，她是位所謂舊式的中國婦人，年齡看起來似比孫先生大，頭髮也不多，但總而言之，她是孫先生多年來共艱苦同患難的妻子。

惟孫先生不久亡命日本，並於一九一九年與宋慶齡女士結婚，所以如果祇從這點來講的話，孫先生對盧氏的恩愛之情在當時或已失去；而據宮崎滔天的說法，日本上下對孫先生那樣盛大的歡迎，促使盧氏來日追隨孫先生。又，從孫先生和孫先生的隨員對她的口吻，在當時並沒有人料想到一、二年後孫先生和盧氏竟會分離。

盧夫人於三月八日到達神戶，在東方大飯店住了兩天，爾後孫先生一天到大阪（於三月十日），住銀水樓。她好像故意不住孫先生所宿的大阪大飯店，而選擇了與大阪大飯店隣近的日式旅舘。十日晚，孫先生去看她，談三十分鐘左右。談些什麼，當然第三者都不知道。盧夫人一行，於孫先生一行西下，快到九州的時候，往東出發抵東京。

在東京，盧夫人所坐的車子碰到電信桿受重傷，而孫先生接到這項消息的是在十七日早上，離開八幡製鐵所，正在往福岡路上，下午兩點多鐘，地點在折尾車站的前一個站。拍電報的是福澤桃介氏，電文用英文，就夫人的傷勢說 very ill，一行中最受驚的是宋嘉樹，他以爲孫先生會馬上在下一車站換車往東京去看夫人的，所以心神不定，他終於來跟我們與正在聊天的孫先生面前說，行李將怎麼辦？這時，一直笑臉的孫先生卻以很冷靜的語氣說：「不是醫生的人到東京有什麼用？就是去醫，現在去也來不及了。並且我們在福岡有約會。我們必須守約。」說畢，始終不再講話。在座的宮崎滔天，聽了孫先生的這些話，遂偷偷地撞了一下我的脇腹，而用我們纔能懂得的方言說：「這種場合是男人所最難爲人的。」（譯註九）滔天是孫先生的老朋友當中，最能瞭解孫先生的爲人和心情的人，而上述的話是滔天讚嘆孫先生之抑制私情的男人氣慨的。我至今，都很清清楚楚地記得當時在火車上的情景。

在日本所得到的結論

在大阪住了三天之後，孫先生於三月十三日十時四十分，乘坐阪神電車（譯註一〇）到神戶，在此地住了一個晚上。十四日，經由廣島參觀了吳兵工廠，爾後在宮島住了一天。十七日，經過門司和八幡，十八日下午三時到達福岡，住常盤館。在這裏他跟玄洋社（譯註一一）的同仁暢談往事，祭平岡浩太郎的墓，出席東公園一方亭由安川（敬一郎）貝島（太助）、麻生（太吉）、伊藤等煤鑛鑛主所主辦盛大的歡迎會，和公會堂的市民歡迎大會。十九日離開福岡，抵達大牟田，參觀三池港和萬田煤鑛，祭滔天二哥宮崎彌藏之墓，二十日上午抵熊本，上熊本城觀覽。二十一日上午到達長崎。翌日，在基督教青年會演講「世界和平與基督教」，下午去探望鈴木天眼的病況，隔天晚上出席中國領事館的晚餐，二十三日下午搭乘天洋丸往上海出發回國。這是孫先生接到國民黨的領導者之一，極力主張政黨內閣主義的宋教仁，在上海北停車場被袁的刺客狙擊之兇報的第三天。剛毅的孫先生的臉上，雖然沒有憂色，但我深信他必定滿懷悲憤。

二十二日晚上在長崎中國領事館所講的，是孫先生此次旅日的最後一次演講。無疑地，這是他旅日所得感想的結論。我的雜記簿有這樣的一段：

過去，中國人誤解了日本和低估了日本。可是，中國革命黨的幹部卻大多是日本留學生；援助中國革命的更是日本的同志。雖然有人主張要美國來援助中國，但門羅主義的美國對於中國是否可靠？美國的實力，能不能左右中國的命運？我堅信：對於中國的未來，將制其死命者將是日本。

世界大戰的牽動

一九一七年是，歐洲大戰牽動了世界的每一個角落，更予東方以未曾有的衝擊和影響的一年。在日本，去年十月成立了寺內（正毅）內閣，十一月，本野一郎出任外務大臣，十二月，勝田主計擔任大藏大臣，此時日本政界正在暴風雨的前夕。今年解散國會，四月舉行大選，六月公佈了臨時外交調查委員會官制。與第三十九屆臨時帝國議會召開的同時，內政多事，外交多難。更因爲中國內政的動盪，日本外交愈趨複雜，且不知何時這種糾葛纔會終止。

五月，張勳進京，六月，國會被解散的時候，孫先生在上海，爾後跟前海軍總長程壁光率第一艦隊赴廣東。此時在天津、上海一帶的民黨和擁護民黨的議員也前前後後雲集廣東。他們雖然不超過法定的數目，但爲了維護國會的正統，遂於八月間召開了非常國會，恢復約法，決定組織軍政府，其存在以選國會和大總統能夠行使職權爲止，並選舉雲南的唐繼堯和廣西的陸榮廷爲元帥，孫先生爲大元帥。孫先生於九月上任，於是北洋政府遂向孫先生和與會的國會議員下通緝令。南北對立的局面，於焉展開。

然而，從第二革命以來，陸榮廷卻不甘他認爲是他的地盤的廣西，和廣東看到孫先生的勢力的擴張，因此遂暗中跟議員的一派勾結；牽制另方面與北京的段祺瑞互通聲氣。

迨至一九一八年，所謂西原借款，便透過交通銀行貸款北洋政府兩千萬元，爾後日本又以各種名目繼續貸款北洋政府，更有跟北洋政府簽訂中日軍事協定之勢，於是孫先生愈覺北方的威脅，而陸榮廷和岑春煊等對孫先生的壓迫亦日甚。

五月，非常國會終於被策動以攻擊孫先生在軍政府的獨裁，而通過孫先生、岑春煊、陸榮廷、唐繼堯、唐紹儀、伍廷芳和林葆澤七人以組織七政務總裁之合議制的議案。於此，孫先生遂不得不辭去大元帥職，更不能再棲身於廣東。這是五月二十一日的事情。事既發展到這種田地，廖仲愷和居正等便留在廣東處理事後，而胡漢民和戴季陶則陪孫先生乘坐蘇州丸到臺灣。

中日軍事協定的飛濺

孫大元帥之不能久居廣東，早就爲人們所逆料。因爲，隨世界大戰的發展，以日本爲首的美英法等列強，認爲北方的武力者要比南方的民主主義者會老老實實地尊重列強在中國的傳統地位，更有能力維護中國國內的現狀和市場的秩序，因此他們便逐漸傾向於援助段祺瑞的一邊。此外，陸榮廷等勢力與孫先生勢力之在廣東水火不相兩立，也是個重要原因。

可是，知識份子之對孫先生的支持和同情，並不因此而有所減少。反此段派對孫先生的壓力愈大，而在中日軍事協定未見發表，但外邊卻有已成立了秘密條約的傳說的四月左右，段派反愈孤立，孫派愈得同情。「護憲」的主張，在北方的武力和財力面前，其力量雖然很脆弱，但它的理論是正確的。

因爲反對中日軍事協定的交涉，在五月底以前，中國留日學生竟回去了六百人；五月二十一日，在北京，三千學生到總統府去表示反對協定的態度；天津和上海的學生也向北京的學生看齊。在上海的一百八十六個國會議員，以北京政府爲非法政權，段祺瑞是民國的罪人，根本沒有資格代表中華民國，協定沒有經過國會的同意等爲理由，而對日本發出反對的通告。

此時，正在華中視察的日本林權助公使，被上海國民黨拒絕與其會見。而在日本民間，責備對中國外交失敗之聲最厲害的，也是在發表中日軍事協定前後的時候。五月底，從北京抵達門司的，北京政府軍事顧問的青木宣純中將，就因爲日本國內輿論的反對之激烈而驚駭。而負責交涉協定的宇垣一成少將（譯註一三），以爲在陸軍部，這個協定的交涉是絕對秘密的，可是這次卻把它發表，而這似乎是因爲政策上的需要；而在中國方面，從三月間左右，就開始故意透露它，對於此，宇垣雖責洩漏者的不守信，但卻不敢說中日兩國國民的強烈反對是沒有道理的。連憲政會的島田三郎，也以啼笑皆非的面容，抨擊寺內內閣說，該內閣本欲以此機會達到某種目的的，惟因北京政府把它洩露，由之遇到中國輿論的反對，從而導致此次外交的失敗。

在報界方面，大阪朝日新聞的砲轟最烈，主筆鳥居素川的一支筆，遠比一百支毛瑟鎗(mauser gun)的火力大。正因爲他的筆桿過於銳利，所以日後他竟因此而被逐出該報。而當日以粹翰長之名聞世的林田龜太郎，在政界失意之餘，辦了一個大衆刊物，以寺內內閣的將來和小日向金子（譯註一四）的將來爲題徵文也正在此時。

碧梧桐的訪問華南遺稿

在孫先生將辭去大元帥的前夕，俳人（譯註一五）碧梧桐（譯註一六）巧恰在廣東，親自目睹其紛亂的現地實況，且與並不很得意的孫先生有見面的機會，因此他寫了很長的廣東見聞錄寄給大阪朝日新聞發表。從生活於細膩的感覺裏的這個俳人看來，孫先生的惡劣處境，不僅値得同情，而且悲慘和令人氣憤。鳥居和河東兩位前輩現在已經不在人間，我僅表敬意並摘錄其原文之一部份。

碧梧桐敍述了陸榮廷爲着鞏固他自己地盤，竟公然經營名叫番攤的賭場，以其抽頭飼養軍隊，一切的社會惡習因而叢生於廣東的現況，爾後說：

我不能相信，世上有比它更矛盾和更悖德者。公私的混淆，非理的錯綜，無法無天的事，在今日廣東竟是家常便飯。

孫先生如果有他的理想和常識的話，我相信他絕不可能久留在這樣黑暗的廣東。否則他根本不會幹大元帥這個職務的。

孫派在南方爲什麼不得勢，退一步來說，爲什麼跟北方合不來，我想這不祗是約法的蹂躪與擁護的衝突問題，而且根本就是思想上的對立問題。南方的思想與北方的思想，同樣屬南方，以陸榮廷爲首的軍閥思想跟孫先生的文治思想實有天壤之別。孫先生之所以能入廣東任大元帥，我認爲完全是中國人所特有的寬大思想所促成。是卽孫先生的思想與陸榮廷者實有如烏鴉與鷺鷥的差異；因此不是孫先生離開廣東，而應是孫先生不入廣東。

潮海戰線不振

孫先生一行所搭的蘇州丸，預定五月二十六日抵達臺灣，但在實際上卻未於該日期到達。這是因爲船抵汕頭時，孫先生等悄悄下船，二十七日前往三河去跟陳炯明等見面所致。三河位於韓江和梅江的合流處，由此地經由大埔可達福建省境，西下則爲蕉嶺，經平遠可去江西省，由南可利用韓江的水運或潮汕鐵路則可出海岸，因此無論在軍事上和交通上，它是要衝之地。而在此時，孫先生之所以特別重視這個地點，乃因爲以陳炯明爲主將，由許崇智、方聲濤等所指揮的孫派廣東軍，想沿着潮汕方面的海岸線以攻取福建的韶安；在韓江上游的山地方面，進窺和平、永定、上杭、武平等地；林虎的分隊，則擬由曲江進軍江西。

在當日，我們甚至可以說，孫先生的唯一希望完全繫於此方面的有利的開展。在某些戰鬥中，廣東軍雖似打過幾次勝仗，但在大體上，它是不振的。船抵達門司，在從門司開往東京的火車中，戴季陶先生曾經詳細地告訴我戰況。惟據青木中將的說法，廣東軍缺欠子彈，因而無法展開有利的戰爭。果然，當孫先生從汕頭動身往臺灣出發的六月十日，竟收到曾經在廣東軍之手的汕頭，又被福建北方的臧致平軍攻陷，廣東軍潰散，市場發生恐慌的電報。

當時的廣東軍以陳炯明部爲主，加上駐防廣東的雲南軍等，號稱三萬人。海軍也是孫先生的後盾。不特此，四川的石青陽，陝西的胡景翼等又是他的盟軍。因此孫先生的人便說情勢並不是悲觀的。可是我卻給它加上一個註解說：這些都是以如果有足夠的金錢和步鎗爲前提。何況連孫先生在火車裏也說：「北方的武人派，假若是說反對共和，也反對民國，則旗幟鮮明，非常好辦；然而他們卻說不反對共和，也不反對我孫中山，致使我們束手無策。所以祇要武人派的勢力存在一天，這種僞共和便會存在一天。」要之，孫先生在當日的廣東，完全無用武之地確是事實。

憔悴抵關門

一九一八年六月十日上午十時正，孫中山、胡漢民和戴季陶諸位先生所乘坐的信濃丸在梅雨烟霧中抵達關門海峽（譯註一七）。以往迎接的人每次都是很多的，可是這天祇有從東京來的宮崎滔天和大阪的我兩個人。

戴着淡茶色的拿破崙帽（helmet），身穿灰色的立領西服，左胳臂佩帶黑紗，無精打彩地坐在甲板上的籐椅上面的孫先生，雖然祇隔五年的光景，他頭額的頭髮已經減少許多，鬍子亦顯得白多了。胡先生和戴先生皆穿長衫馬褂，而他們衣服的摺皺顯得經歷風塵的疲倦。五年前，在東京患了胃疾以來，孫先生一直大多祇吃蔬菜，而且很注意日常的起居飲食；但卻時時也有胃痙攣的發作，在汕頭，孫先生就因此而整夜不能入睡，可是從孫先生致命之疾爲肝癌，一九二五年一月，在北平協和醫院開刀時，已經無可挽回等事實來判斷，誤以爲胃病的肝症，此時已在日漸惡化了。

至於戴季陶先生，去年八月，跟張繼先生一道赴美路經日本時，我們曾在須磨花壇一起過了一夜，所以這次該算是十個多月來再見面。我還記得那天晚上張繼先生所說的話，他說如果不趕快把段祺瑞處置的話，在不久的將來可能會有第二次復辟，可是這個復辟卻竟由陸榮廷在廣東來導演，而我想這是張、戴兩位先生所未曾料到的。

不許久，大家便坐田中隆三所安排的三井物產公司的汽艇，由大吉樓碼頭進入該樓內，在那裏休息以等該夜的特快車。

田中與孫先生，據說是田中在任農商務省鑛山監督局長時互相認識的。在大吉樓吃飯時，孫先生因怕胃痛，所以祇吃吳魚和蔬菜，惟在晚餐的時候，不愼吃了跟生魚一道的山葵，致使上了火車後神經還在痛。他雖然沒有明白說出來，但我想也許是很痛的。第二天抵達神戶站時，曾打電話，請大阪特別做日本菜的早餐，但太早了，沒有趕上，因此又從大阪往京都打電話。孫先生是意志非常堅定的人，可是年已五十有三的他，似已在逐漸自覺心身的疲勞了。

不特如此，在從箱根出發，擬回上海的六月二十日，忘記了是右眼還是左眼，一隻眼睛腫得不能看東西，因而在米原車站買時報，遂令戴季陶先生邊看邊譯成中國話給他聽。孫先生對德軍佔領了喀琅斯塔得（Kronstadt）的消息似特別感到興趣；而當他把用手帕按着眼睛的手放開時，卻流下了不少眼淚，使傍睹者亦覺其痛。因此遂在京都下車，直往京都大學醫院去接受市川博士的診療，並在京都休息了兩天。病名是急性結膜炎。據醫生說是在洗澡時中了細菌的毒。

特快車裡的美人

進了包租的特快車車室以後，孫先生似乎纔輕鬆下來。我們把窗簾和門統統打開，五個人在那裏閒談。忽然，一個身材高大穿着美國鐵路隊的卡旗色制服的人走到孫先生面前而說，您是孫逸仙博士嗎？如果是的話，我謹向您表示敬意。說罷，遂把扇子般的巨手伸出來。這個純眞的美國青年，大概是從報紙上的照片認識孫先生的。

孫先生向這個美國青年說，在抵達汕頭以前，不少刺客在想要他的命，美國青年說，報紙上說是十萬獎金，孫先生笑說，陳其美的頭値十萬元，那麼我的頭應該更値錢纔對呀！

戴季陶先生隨卽拿出一張紙和一支鉛筆，畫了福建省的地圖，而向宮崎滔天和我指說這裏是三河，這個是永定，以說明戰況，爾後說在這裏曾經發生過非常有趣的事。他說，當許崇智偷襲永定鎭守衙門時，孫先生和我也踏進入衙門的最裏邊去。這些鎭守奴才，大概驚慌得手忙脚亂，廳室桌子上的麻雀牌四面排得整整齊齊，竟一張也沒動，他說着大笑，孫先生也聳聳肩膀笑着。

過了三田尻車站之後，我們請孫先生上牀。孫先生為他兩年多沒有經過此地，因此特地望望室內而說，車頂和車壁的兩個一對的角型電燈蓋子是德國式的，但我們東方人卻也覺得很大方：牀邊的美國式小電燈也很方便。又說，日本人比中國人善於攝取外來文明。孫先生好像很高興來到日本的樣子。

隔天六月十一日，上午六時孫先生已經起牀，並在觀望車子了。在神戸車站，從東京來的菊池良一，神戸的今井嘉幸和B・O輪船公司的楊壽彭來接孫先生一行，楊壽彭是廣東華僑的第二代，是中國國民黨神戸支部部長。上午八時二十五分，火車抵達大阪。我在這裏下車，與大家分路。當火車快要開動時，在新聞記者、攝影記者等迎接人後面，有穿着黑紋上袿，日本女人頭髮，大約三十來歲的美人，應車上某人的招手，大概是學舞訓練出來的，很輕快地躍上火車階梯，並進入車內。當天各報的晚刊，皆把這個女人當做「怪美人」來大寫而特寫。

這個所謂「怪美人」，是在北新地，以其姓和名做家號而命名「森福」的這家茶館的女老板。做為京都祗園的名妓御貞的妹妹，從十五歲開始在這個世界工作以來，春季則在圓山的櫻花，冬天則與鴨川的千鳥，以歌和酒過日子，而至成爲今日的女老板，在這期間，她眞歷盡了滄桑，游盡了苦海。我更知道她的一部份情史。她跟孫先生等認識，據說是在一九二三年，孫先生等來日，在京都市民歡迎大會席上，被邀至陪孫先生等的時候。又，一九一六年五月，國民黨策士陳其美在上海法國租界的隱所被暗殺時，她也剛剛在場，親身目睹陳其美與世長辭。

十一日下午六時五十一分，孫先生一行抵達國府津車站。頭山滿、寺尾亨、殷汝耕諸氏來相迎。宮崎滔天、今井嘉幸、菊池良一、和森福女士等陪伴他們在車站前面的相仙旅舘休息，七時半，大家分乘三輛車子前往塔之澤環翠樓。關於孫先生在箱根休養十天的事，我完全不知道，今井嘉幸說他也不記得。

雌伏上海三年

六月二十日上午五時二十七分，由箱根抵達京都。住麩屋町的表屋。曾在東北經營農園現在已故的榊原政雄非常關照，並曾招待大家（孫先生未去）到郊外的他的家去。二十二日下午七時半，由京都出發，翌日，從神戶搭乘近江丸往上海啓程。二十六日，返抵上海，並回司馬南路的家。

爾後大約三年，迨至一九二〇年十二月，發表主張重開政務會議的宣言並到廣東爲止，孫先生一直雌伏上海。在此期間，帝國主義列強對中國的分化工作，即劃定勢力範圍，援助地方軍閥，獲得資本和商品市場的競爭，將互相的利害衝突求諸於軍閥對立的政策等等正在如火如荼展開。因此在這時期，孫先生惟有將一切光陰放在讀書和日後的計劃。而「孫文學說」和「實業計劃」二書就是於該年十二月問世的。惟在此時，五四運動的年青力壯的知識份子，和要求裁軍的有血性的一般羣衆，則在逐漸躍上這個軍閥亂戰的舞臺。

告日本國民書

一九二四年十一月十二日由廣東要到北京的時候，孫先生曾經發出提倡召開國民會議的宣言；而抵達上海，決定來日本後，他打來了一封很長的電文，要我在大阪的每日新聞刊出。

這次我訪問日本，其目的在於在前往天津開會之前，拜訪日本的老朋友，並擬跟他們開誠佈公地交換意見。今日的中國，正在將走上統一之大道的重要關頭。如何達到這個目標，乃是識者所應該熟慮者。亦卽這不祇是中國的問題，同時也是整個世界的問題。我認爲，欲克服這種時局，除與日本携手外別無他途可循。而且這個中日提携，絕不是外交辭令上的提携，中日兩國國民必須在眞正瞭解下拯救中國，確立東亞的和平；黃種人應該緊緊地團結在一起以對抗列強非法的壓迫。我並不再考慮去要求取消二十一條條約，以及要求收回旅順和大連，也沒有這方面的具體方案。

孫先生在這裏所以言及二十一條條約，乃在表明：他跟一九二二年十一月，北京衆議院，翌年一月，參議院前後決議二十一條條約之無效，一九二三年三月，北京政府將此條約之取消照會日本政府等事實毫無關係。

二十一條條約以及收回旅大成爲問題，且羣衆運動高漲的期間，亦卽從一九二二年秋天到一九二三年的春天，孫先生在桂林宣言北伐後，遂將土着的陳烱明軍趕至惠州，爾後又被陳烱明趕走；由上海至廣東，又由廣東到上海，東奔西走，無一寧日，而在這忙日裏，他透過越飛和加拉罕與蘇聯合作，研究抵抗英國帝國主義的方策，因此他完全無他顧的時間。不特此，尤其關於東北問題，孫先生始終不希望中日之間有不必要的摩擦，所以一直未提及此問題。故此時，孫先生並不是特別來向日本人獻媚的。

改組後的國民黨

一九二三年以後的孫先生，已經不是從前的孫先生；它以後的國民黨，也已經不是從前的國民黨了。孫先生和國民黨，無論在指導原理和政綱方面，皆有非常的長進。換句話說，於一九二三年一月，國民黨改黨綱同時發表宣言，這是於一九一九年把秘密結社式的中華革命黨改組爲中國國民黨的又一次進化(譯註一八)。它是想與國民大衆共謀國事的，在這種意義上，改組後的國民黨具有空前的原理和組織。這次的黨綱，自着手到脫稿，除中間有一、二人的更迭外，皆以孫先生爲中心，由陳樹人、陳獨秀、丁惟汾等九位起草委員所共同研究完成的。而從普及教育增進民族文化、男女平等、改善農村生活等項看來，其政綱確有顯然的變化。

而在這以前，孫先生曾在桂林與第三國際的馬林，在上海跟越飛，以及和中國共產黨的李大釗、陳獨秀有所接觸，因此一定被他們所說服(譯註一九)，而鑒於多年來毫無成就的奮鬥，以及屢次的失敗，更從他自己的體驗，孫先生必定痛感有爲黨求取新出路的必要。可是在實際上，正如其在一九二三年一月十三日的和平通電所說，當時跟國民黨格格不入的國內勢力有：一、直隸系，二、奉天系，三、安徽系，四、西南護法諸省。而在護法諸省中，且有陳烱明輩。因此，孫先生無法遵從新黨綱馬上脫出戰爭投機者的立場。而這種情況雖然很像童話裏的兒童相信如挖虹蜺的根，則可得黃金的瓶子，但他卻是非常認眞的。經過這次改組，孫先生領導新生的國民黨，依恃全國國民的支持，由國內四勢力的劃境並立而統一，爲化軍閥的私兵爲勞動者，他日以繼夜地在努力研究其方案。

以上我略述了孫先生與國民黨更生的大致經過，而我之所以敍述它，是因爲我覺得這些敍述對於瞭解孫先生的後期的政治意見，去北京時的態度，中國外面的外交氣氛，以及他在神戶所演講的眞正目的等或許有所幫助。我認爲，介紹孫先生與國民黨跟英國人利害和感情的對立尤其重要。

對英人感情的惡化

在第一次世界大戰發生後的日本，曾經有過不把布爾什維克譯成多數派，而把它譯爲「激進派」的時期。那時的日本，把不偏左，也不是右的民主主義者統統以「赤化」這個名詞來形容。而在中國，北方舊軍閥和舊官僚就是以那時日人的看法和稱呼來對待孫先生的一羣。至於在東方的英國人，比日本人和中國北方的守舊派更視孫先生爲「激進派」和「赤化人」。在廣東鎮座的期間，孫先生曾於一九二三年九月，要求廣東稅關追繳過去三年的關稅；同年十一月，更要求爲廣東政府裁留稅關；從一九二四年夏季至秋季，爲了受滙豐銀行買辦陳廉伯支援，由廣東的布爾喬亞所組成的商團軍事，而跟香港和廣東的英國官警大鬧意見。

而決定北上之後，孫先生之所以返回日本，固然是想乘此機會跟日本朋友重溫舊誼，解釋「赤化」之說法，但同時也是爲了反抗英國人。詳言之，孫先生從廣東出發，快要到達上海的時候，在上海的英國人之間竟有主張拒絕布爾什維克的領袖上岸者。對此，孫先生以爲你們英國人在說什麼話，上海是中國的領土，中國人是上海的主人翁，外國人是做客，……。可是在當時，從上海直往天津的祇有英國船，而孫先生卻正面拒絕搭英國輪船。因此明知經由神戶是繞大彎，但又不得不繞。

一九二四年十一月二十三日，由上海乘上海丸抵長崎。二十四日到達神戶。同行者有李烈鈞、戴季陶、俞永瞻等十一人。在上海，我知道孫先生決定停留神戶時，我便請他在大阪公開演講，並且已經得到他的同意，惟因爲他的要求，這次演講會遂由大阪每日新聞社和大阪朝日新聞社來共同主辦。不過說老實話，我始終躭心孫先生在日本的「聲望」(譯註二〇)。果然，雖然是件小事，在神戶竟有人散發反對孫先生的傳單。

從長崎到神戶的船中，孫先生的心情似乎非常愉快，而當他接到吳佩孚在山海關敗於奉軍且没地方逃的消息的時候，他曾經勸吳佩孚南下，因爲他知道英國會幫助吳佩孚往長江後退。這時列強對中國虎視眈眈，隨時準備干涉。有的人更主張適用陶茲案（譯註二一），因此孫先生一直在關心列強對中國的動靜。而吳佩孚本身則擬與其部局李濟臣、張福來等率湖北軍的一部份到河南，可是從新鄉方面，卻有反直隸派的胡景翼軍可能出來與吳佩孚部爭地盤的情報。

在一方面，北平的外交團認爲亟需維持北京的治安，因此爲了過渡時期的權宜之策，他們傾向於援助段祺瑞；在另一方面，京津一帶的知識份子之間，也有主張重建共和而召開「費城會議」者。同時，從廣東出發的前後，孫先生則看出馮玉祥在北京不尋常的行動給內外以未曾有的衝擊，因而開始動搖以古來的政治爲準則之列強的對華政策，所以他看準了對國民大衆應該說什麼，並在心裏做這種準備。後來我發現：抵達上海以後孫先生從没說過「護法」的話，而一直強調反帝國主義。而如果你檢討孫先生在上海、長崎、神戶和天津向新記者的談話，你就將發現這個顯然的事實。

東亞家族接生來

孫先生一行所乘坐的上海丸於二十四日下午二時正航抵神戶。這次的歡迎者，遠比一九一三年他來日時還要多。碼頭上除日人外，還有拿着長旗子的華僑團體，他們一看見船影便大聲歡呼。歡迎旗子中，有寫着「東亞家族接生來」者。這似乎是歡迎亞洲諸民族的接生婆，歡迎諸民族（以諸民族爲一家族）的偉人的意思。在日人歡迎者中，有從東京特地趕來的古島一雄，萱野長知、床次竹次郎代理高見之通等。

帶着好像很暖和的毫皮帽子，身纏中國服穿着高跟鞋的宋慶齡女士顯得年青伶俐；反此，孫先生遠比六年前我見到他時老多了。仍然不變的是，他那可親的雙眼皮的眼睛，和他那銳利而精鍊的舌頭。對於等不及下錨，便吵嚕吵嚕上船的新聞記者們，孫先生毫無忌憚地強調，中國頻年動亂的主因在於外國對於中國的無理壓迫，而說：「某些軍閥和財閥成爲了列強的傀儡而在攪亂中國的和平。列強對中國的不平等條約阻礙了世界和平，違反了正義和公道，而這是在相當程度上爲住在中國以外的外國人所公認的。自從華盛頓會議以後，中國的撤銷不平等條約運動，已在逐漸予棲身中國的外國人以巨大的壓力。而我所寄望於日本的是，請你們回顧三十年前貴國的情形，並請三思己之所欲施之於人的眞諦。」

上岸後宿東方飯店。二十五日，頭山滿由東京趕到。二十六日，井上雅二、內田嘉吉、望月小太郎來見。二十七日，貴族院議員青木信光、福原俊丸、池田長康等來訪。這次孫先生決定不離開神戶，所以也就祇能在神戶演講，於是演講遂由神戶商業會議所主辦，大阪朝日新聞社和每日新聞社協辦，會場等一切事宜，皆由商業會議所負責，而在孫先生停留神戶期間，我則一直是他的鄰居。那時住孫先生隔壁房間的，除我外，還有從廣東來的孫先生的隨員們，李烈鈞的參謀長井上少校，山田純三郎、菊池良一、今井嘉幸、和以前被孫先生絕交的殷汝耕。

此次我跟孫先生交談的機會特別少。這固然由於來訪者太多，他必須接見這些客人，但這次旅行宋慶齡女士也在一起，因此我不能隨便踏進他們的房間，甚至連門都不敢輕易敲。此外，在百忙中，我特別請戴季陶先生講「孫中山先生及其事業」，令人速記，在「每日新聞」連載四天。

最後的大演講會

孫先生之最後一次訪問日本，和最後一次大演講會，於一九二四年十一月二十八日下午二時正，在神戶市下山手町四丁目的神戶高等女學校舉行，由商業會議所主席瀧川儀作介紹孫先生，戴季陶擔任翻譯，講題爲「大亞洲主義」。雖然在報紙上事先預告說，如人滿座，將限制入場，但聽衆卻愈來愈多，竟超過兩千人，所以未能入場者，不得不站在講堂外面。無奈，將這些人請到雨天操場，由朝日新聞社的神尾茂以孫先生的功績爲開場白，做跟孫先生的演講內容大致相同的演講以滿足他們的要求。

在那天的演講中，孫先生皆未言及眼前的政治問題和外交問題，而把重點放在亞洲各民族的提携、團結、自覺和反省；他的演講內容非常有趣，聽衆感覺津津有味，忘記自我。我因事時或不能在座，但我爲每日新聞速記了這次演講，更從孫先生處獲得他的講稿，跟速記錄對照。可惜，這份講稿竟被一缺德的雜誌記者借去永不復還，惟速記稿是見報了。這是孫先生在日本的最後主張。玆摘錄其要旨如下：

一、亞洲爲世界最古文化發祥之地，東洋爲一切文化之源泉。二、近世以來，歐洲各國漸次興起，亞洲各民族受其壓迫，漸次失去獨立，非被其消滅卽被其壓制。三、日本維新自強，廢除不平等條約，發奮爲雄，爲亞洲復興先驅，使亞洲全部之各國家民族，寄予無限希望。四、日本戰勝俄國，爲最近數百年亞洲民族戰勝歐洲人之首次，亞洲民族，同感興奮，卽阿拉伯人，亦歡忭莫明，而歐洲人則爲之悲憂，卽英人與日同盟，亦爲之搖首縐眉，此所謂「血濃於水」之觀念也！亞洲民族，若波斯、土耳其、阿富汗、阿拉伯、印度等，聞風鼓舞，遂各起獨立運動。日本爲亞洲東部一大屏障，土耳其又儼成亞洲西部一大屏障，此乃亞洲民族思想進步之結果。五、亞洲最大之民族，厥爲中、日，實爲亞洲種族之原動。亞洲人之覺醒，大爲西方帝國主義者所恐怖。六、亞洲文化，爲王道之文化，以仁義道德爲中心；歐洲文化，爲覇道之文化，以功利強權爲中心。東洋物質文明，雖不如西方；而東洋之道德，實高出於西方。吾人要造成大亞洲主義，便應以王道爲基礎，另外又學歐洲科學以自衛。七、亞洲主義是爲亞洲受痛苦之民族打不平者，故余之提倡「打不平」之文化，爲反對覇道文化，卽求一切民族平等之文化。八、日本民族既有歐美覇道文化，又有亞洲王道文化之本質，對世界文化之前途，或爲西方覇道鷹犬，抑爲東方王道之干城，是在日本國民之愼擇耳。（譯註二二）

"Lovely souvenir"

孫夫人宋慶齡女士於同天也在神戶高等女學校向學生們演講婦女運動。由塚本教諭（譯註二三）擔任翻譯。當天晚上，孫先生雖然很累，但還是出席了同樣由商業會議所在地東方飯店所主辦的各團體的歡迎會。在這歡迎會席上，孫先生也做了簡短的演講，諷刺日本嘴巴上說中日親善外交，亦卽幾乎等於要推翻中日兩國國民親善的日本外交。二十九日早上，我代表正在四國旅行中的每日新聞社社長山本彥一拜訪孫先生，謝他演講並致告別之意。另外，我送孫夫人一副觀劇望遠鏡做爲她這次訪問神戶的紀念。這時我已接到北京、天津的二十幾個以學生爲主的團體正在準備歡迎孫先生的北上，並準備以演戲來表示的消息，所以我轉告夫人這個消息，並說請在那時能用這副望遠鏡。夫人在船裏，給我寫的謝信中會說：「謝謝你的精緻的 sourvenir。這次的日本訪問非常愉快，我想用它來紀念日本國民給我們的友誼」。sourvenir 本來是遺念、土產品之意，這是第一次世界大戰的時候，小孩們向盟軍的軍人要紀念品，而新出現的一個名詞。而從夫人那輕快的妙筆和這個用語，我發現夫人非凡的才氣。三十日上午，輪船公司預料歡送的人一定很多，因此特令北嶺丸近靠突出的碼頭，並動員許多員警擔任警戒。北嶺丸在國民黨神戶支部的「歡迎孫總統」的大旗搖撼下，少年團的奏樂聲中，慢慢地離開了碼頭，時爲上午十點正。（譯註二四）

（譯註一）全國鐵路督辦這個銜頭，在日語中確不易瞭解或判斷他的職掌。據譯者的判斷，它幾等於日本的國鐵總裁。所謂「國鐵」，乃是日本國有鐵道之簡稱。

（譯註二）原文爲「茶大名」的裙子，但譯者無法查名「茶大名」是什麼？又這裏的所謂「裙子」並非女性所穿的裙子，而是日本禮服，上穿掛子時所要穿的那種「裙子」。

（譯註三）以往的日本陸軍士官學校係養成陸軍軍官的軍事學校，相當於我國的陸軍軍官學校。又過去日本的海軍兵學校係相當於我國的海軍軍官學校。

（譯註四）因反對樸次茅斯條約而發生的暴動事件，史稱「日比谷燒打事件」。

（譯註五）清浦奎吾（一八五〇－一九四二），熊本縣人。曾任首相但祗有半年的時間，即從一九二四年一月至同年六月。

（譯註六）近衛篤麿（一八六三－一九〇四），京都人。公爵。曾任貴族院議長，近衛文膺的父親。

（譯註七）神鞭知常（一八四八—一九〇五），京都人。俗稱廝溪先生。曾任日本國會議員，松方內閣和隈板內閣的法制局長官兼恩給局長官。恩給乃年金之意。

（譯註八）陸實，無法查明何許人；墳墓，在此地其原文爲「奧津城」。

（譯註九）肥後是今日之熊本縣，亦即宮崎滔天的故鄉。

（譯註一〇）阪神電車是大阪、神戶間的電車的意思。

（譯註一一）玄洋社，是明治時代的超國家主義團體。平岡浩太郎任社長，頭山滿，箱田六輔等是它的重要幹部。

（譯註一二）鈴木天眼（一八六七—一九二六），福島縣人原名鈴木力，天眼乃其別號。曾任日本國會議員。一九一三年二月，孫先生正式訪問日本，回國前曾與戴季陶、宮崎滔天、島田經一等訪問鈴木於長崎，鈴木曾在「東洋日出新聞」頭頁而且全頁刊出歡迎孫先生的社論。

（譯註一三）宇垣一成（一八六八—一九五六），日本岡山縣人。陸軍上將。曾任陸相、外相兼拓務相。戰後曾任參議院議員。

（譯註一四）林田龜太郎和小日向金子皆無法查明是何等人物。

（譯註一五）俳人是作「俳句」的人之謂；而「俳句」乃「俳諧之句」的簡稱。它是以五七五之十七音而成的短詩，與短歌爲日本典型的傳統文學。

（譯註一六）河東碧梧桐（一八七三—一九三七），原名河東秉五郎，俗稱碧梧桐，係日本愛媛縣人，是日本斯界的巨人。

（譯註一七）關門海峽，乃是下關與門司之間的海域之稱。

（譯註一八）這段原文意思不淸楚。原作者似把中華革命黨和中國國民黨的成立時間顚倒了。

（譯註一九）原作者說孫先生必定被這些人所說服，但這是很武斷的說法，惟爲存眞，照原文譯出。

（譯註二〇）原文爲「人氣」，臺灣話照用它，而其在英文普通則譯成 popularity。

（譯註二一）陶茲案（Dawes Plan）係由曾任美國副總統（一九二五—二九）的陶茲（Charles Gates Dawes, 1865–1951）於一九二四年提出，以解決第一次世界大戰後，德國賠償問題者，由此陶茲於一九二五年獲得諾貝爾和平獎。

（譯註二二）這一段的日文原文太簡單，故譯者未譯它而錄自中國國民黨黨史會所編「國父年譜」下册第一〇九七頁。

（譯註二三）教諭是日本舊制中學教員的一個等級。

（譯註二四）此文譯自東京「現代評論」第十五、十六、十七和第十八期，不過此文原田東京「支那」雜誌第二八卷第八期（一九三七年）轉載的。（原載一九七一年六月三十日紐約「中華青年」）。

嗽巖枕濤錄

池亨吉

註曰：據說，世人稱不肯認輸的人，或好強辯的人爲「嗽石枕濤」。其由來，據云出自晉書。現在我用「嗽巖枕濤」這個題目，與孫楚的意向有異，是即我之所以枕濤，乃要聽聽海外萬里的奇談；所以嗽巖，係欲鞏固我生來畏怯的牙根。

這是五年前，亦即一九〇七年元月五日的事情。在茶梅樹花不聲不響地凋謝，庭園的冰雪容易融化的早上，有一個到立會川附近我的隱居擅自開門（譯註一）進來裏邊。

那個時候，我把家眷留在靈南坂寄居，而隻身來此小村借住一小別墅。當時，除爲已故伊藤博文（譯註二）翻譯外交方面的某本英文書外，我正爲「隱身簑衣」的著述和撰寫「革命評論」的稿件而忙碌。尤其是伊藤氏所囑的工作，因爲日期迫切，所以我名符其實地在日以繼夜努力。平常我起床得很晚，惟那一天早晨我很早就起來，並早已埋頭於翻譯工作，幾乎忘記了自我的存在。

正在此時，傳來的不是人馬的腳步聲。野狐禪（譯註三）之心易移，於是我邊口吟「此處不得小便花之山」的一段（譯註四），邊把隔扇開一點點來看。

眞沒料想到，在猶如白雪之滿地是霜的庭園，站在其花悄悄凋謝的茶梅樹蔭底下的竟是中國革命黨領袖孫逸仙先生。

我一再拂拭我的眼睛，判別是孫先生爾後始破顏一笑。是即以小便之聲代「嚮導」雖有些那個，但我卻馬上請他進屋。

「歡迎您來。您爲什麼能夠找到這個地方？」我非常高興他來相訪。

「我坐火車先到大森去找曾根俊虎君，然後請他帶路，否則可能早已迷路了。」孫先生用他那很流利的英語邊說邊微笑。

「是的，那麼曾根君呢？」

「他已經回去了。今天，我有件事情想跟您談。」

孫先生說著，並看四面，突然看見牆壁上的

一笑休憂貧與羸　滿清風雪四民饑
且持劔欄嘯殘日　浮動天涯革命旗

而用中國話開始吟誦。

眼看孫先生這樣做，我實在汗背面赤，無地自容。因為這是昨天我化費了三、四尺長的信紙（譯註五）隨便寫了又寫，而隨手把它貼上的。我正在像初戀的小姐一般而覺得不好意思時，孫先生再三復吟，而終於很痛快地哈哈大笑起來。隨則，露出非常認真的面容而把身體稍微往前移一步。

有事要跟我單獨談，究竟是什麼事？我的心似處女般地在跳。

兩個知己

孫先生與我成為知己，乃在此事以前，而且純然由於偶然的機會。

從前，我曾經用英文寫過一篇相當長的題名「革命」的文章。現在我想引述其中較重要的一段：

「……現在日本所用的革命二字，實來自『易經』湯武革命順乎天而應乎人。其原義明明白白地是革天命，但後來逐漸變成一國之變亂的意思，甚至更有人誤解砍國王的頭就是革命行爲的本質。英文的 revolution，本來跟易經的革命是一個意思的，是很自然而溫和的一句話。月球周行地球謂之月球之革命，亦卽所謂衛星的革命(lunan revolution)；地球周行太陽謂之地球之革命，亦卽所謂地球的革命 (plantary revolution)。而太陽則形成其巨大的太陽系周行天狼星 (sirius)。是卽無限大的宇宙，完全充滿了革命之氣。往昔，孟子所說將其放逸則亘六合的浩然之氣，不外乎是此革命之氣 (the spirit of revolution)。

可是 revolution 這個字跟革命這句話一樣，逐漸發生變成含有一種激進的政治改革的意義，而終於使囂俄 (Victor Marie Hugo) 論法國革命時竟說：『執劍的理想就是革命』(Revolution is the ideal bearing sword) 至此，revolution 完全變成了國亂的意思。因此，無智文盲膽小之徒，一聽到這個名詞使會害怕是必然的。

在日本，革命和 revolution 並沒有危險的意思。因爲賢明的政府許人民自由使用這個名詞，對於使用這個名詞者絕不加以任何壓迫，所以我們視這個名詞有若在讀湯武的溫和的歷史，猶如在觀看自然界的日月星辰的公轉。不特此，從普通廣告文裏，更可看出此字之不可或缺。因此如果我們向羣衆問革命是什麼的話，他們很可能異口同聲地答說，革命就是把舊式改成新式，把昂貴的東西賣得很便宜；予醜的女性以整形美容等的意思。

反此，萬一有人忌諱和害怕這個名詞，從而禁止人們使用它的話，或將產生不堪設想的後果。羣衆的嘴巴，縱令可以用壓制的手段來封鎖，但在那種情況之下，這個名詞本身很可能自動變成很可怕的東西。

我們可以將這個最好例子求諸於俄國的自由民權黨（Narodnaya Volya）。他們本來是最溫和，最有學識，和最壯濶的一羣君子，惟遭遇到俄帝鐵蹄的蹂躪，而終於變成最偏激，最橫蠻，和最陰險的破壞黨。這不是一件很不幸的事嗎？我們每讀俄國革命黨的歷史，必將他們譬諸綿花火藥。是卽本來他們的極其純白，柔軟、忠實而性質善良的，惟其被虐政無道所驅迫，而終於爆發起來……。」

當然，這是一個無名小卒的見解，而我寫此文時，並沒有期待任何人的反應，祇是以爲練習寫文章，而將其發表於某刊物。可是時間經過不久，我接到我的文章被譯成俄文，並刊載於名叫「俄利亞」的俄文報的消息。那時，老實說，我眞高興極了。但，更使我興奮的是，因爲這篇文章（在日本帝國，它不值一文，似乎沒有一個讀者），我竟獲得了兩個知己。一位是去年逝世的俄國大文豪托爾斯泰；另一位就是孫逸仙先生。

寬濶的用意

孫先生繼而告其來意說，如您所知道，去年秋天江西萍鄉之役發生後，風雲緊急，四百餘縣爲之震撼，湖南、會州、江陰、東阿、遼河以西等地大有接踵響應之勢，甚至有簞食壺漿以迎革命大旗者。蚩蚩之民於玆發出純樸的怒吼，義憤之火焰大有燒盡愛親覺羅的殘屍之概。如不乘此機，我黨又何日能成爲救國之陳吳？骰子已經投下去了。我志已定：即羽檄而與十八省的秘密黨（會黨——譯者）通脈絡，即時起義。而爲其前鋒者，乃是廣東省羅定府的志士們，他們已經跟當地鎮臺的陸軍軍官秘密地結了不戰之盟，由之廣東省城已在隨時能夠掌握之勢，且在鶴首等待命令之到達。因此黃興君代表我中國革命同盟會，將於本月十一日搭乘由橫濱啓程的班輪前往廣東與其會師。汪兆銘君亦將同行。說到這裏，孫先生突然一變其語氣而說：

「池先生，您想不想到中國去，如果想去的話，我將爲您安排一切。」他的英語還是那麼清亮。

我不知不覺地瞪著孫先生的臉，而未啓口達十幾分鐘。

「說實在話，就是您不想去，無論如何我也想請您去一趟。」孫先生更改變其語氣而說：

「怎麼樣，您能不能接受我的邀請？」

我再次凝視孫先生的臉。如果他祇是說想不想去，或說要不要去，我認爲倒很容易答覆；可是像這樣正面地邀請我去，我就不得不答應了。我骨雖鈍，但卻也是個男子漢。頓時，我領悟了所謂女爲悅己者容；士爲知己者而死這句話正指這種情況而言。

「孫先生，您既然要我去，我就不能不去」，於是我接受他的雅意並說：「但，像我這種人，去又有什麼用呢？此間比我更適當的豪傑和勇士多的是，而且，如您所知道，我跟那些所謂社會主義者或無政府主義者完全不同，而以做爲大日本帝國的良民爲榮，因此爲日本帝國，我不但願盡我的本分，而且不分事之大小，舉凡對日本不利的，或將增加日本政府麻煩的事，我一概不染指。對於中國革命，我是由衷同情的，但如果我直接來參加這種戰鬥的話，是否方便呢？我如果這樣做，會不會引起日本外交當局或日本這個國家的麻煩呢？一個無名的旅行者，曾經惹引國際問題的事，是大有其前例的。我非常躭心這一點。但說老實話，我是很想到中國去，很想去看看中國革命戰爭的。」

「我所說的就是這個意思，池先生」，孫先生點著頭說：「請您以一個參觀者的身份去，並請您能把您所見所聞的一切寫出來，我邀請您去的目的就在此。往昔，粵西的洪秀全起義，幾乎要達到其目的時，不幸為英國人戈登所擊敗，因而被人家汚為大逆長髮賊，永為世人所忘記。可是，後來另外一個俠骨非凡的英國人林特列寫了一本非常出色的傳書。他以其親自見聞的事實，說明洪秀全等的人格、抱負和目的，更痛罵遣派戈登將軍以消滅洪秀全等之英國政府的反人道和不辨是非。舉凡讀過林特列的「太平天國革命史」的人，幾乎無不流淚哭泣者。的確，洪秀全、李秀成等豪傑，實在因為這本書的出現，纔被拭去了逆賊的臭名，而成為來者所敬仰的革命殉國者。我所寄望於您的，不外乎這種精神。請您能以日本的林特列自居。同時，我更盼望池先生能冰釋天下對我革命志士的誤解。」

聽了孫先生這番話，我不覺地流下眼淚。其語何等悲愴。這正為薰其首鎧，馳奔沙場的木村長門（譯註六），和托其遺書於島原之傾城，而進攻吉良邸宅之大石內藏（譯註七）般決心成仁的氣度，更使我痛感志士之悲慘的命運。（譯註八）

（譯註一）原文為「枝折戶」，意謂利用樹枝所造成的門。

（譯註二）伊藤博文（一八四一——一九〇九），今日日本山口縣人，日本第一任首相；在哈爾賓車站被韓國人安重根所暗殺。

（譯註三）野孤禪，乃是一個在坐禪，但卻沒有眞正入神的人的意思。

（譯註四）這好像是一句日本的所謂「川柳」。「川柳」是由十七字平假名構成，係以道出人生的機微，或評說社會之缺陷的短詩。其原文爲「此處小便無用花之山」。

（譯註五）其原文爲「卷紙」。古時，日人寫信皆用卷起來的長紙。

（譯註六）木村長門（？——一六一五），又名木村重成，係豐臣秀吉的部下，以前經取得德川秀忠的誓書著稱。

（譯註七）大石內藏（一六五九——一七〇三），以大石良雄的名字馳名於世。爲其潘主淺野復仇而出名。這個故事，通常以赤穗浪士，赤穗義士，或四十七士之名流行，每年元旦，日本必放映這個故事的影片，而且一定賺錢，可見其在日本民間之受喜愛。

（譯註八）此文譯自「支那革命實見記」附錄。著者池亨吉，筆名叫做斷水樓主人。「支那革命實見記」出版於一九一一年，此文原係他私稿，不準備發表者，因出該書的金尾文淵堂老板的懇求才把它公諸於世。又，此書的中文譯本題目「中國革命實地見聞錄」，譯者樂嗣炳。由上海三民公司於民國十六年十月出初版。譯得很差，錯誤甚多。民國五十七年九月，中國國民黨中央委員會黨史史料編纂委員會會經予以影印，並加上原文。（原載一九七一年六月號臺北「藝文誌」）

孫中山先生從福州亡命日本始末

多賀宗之

一九一三年，我正在福州。是年夏季，孫中山先生在上海起事未成，乃擬在廣東再起。黃興先赴廣東，一切準備完畢，便電請孫先生前往。此時我得到八月二日孫先生將搭乘德國輪船「約克號」從上海出發，和該輪將於八月三日抵達福州馬尾的情報。與此同時，我也得知了廣東方面的情況突然發生變化，黃興已經離去。如果孫先生到廣東去的話，或有生命之危險。我覺得孫先生去廣東危險，便於三日到馬尾去等德國輪船進港，並即時造訪孫先生，時爲下午三點正。

我被導至船內的會客室，孫先生穿著白色的立領西服。我向他自我介紹，並說擬請他考慮有關廣東方面的情報，故特地來訪。我對他所說的話大致如左：

根據昨天我所接到的情報，廣東方面的情勢突然發生大變化，黃興有生命危險，故已逃脫。先生如果去廣東，無異自求陷於危境；此時不如變更計劃，改赴他地以暫觀情勢。剛好，在馬尾有一條商船明晨將開往臺灣，勸先生趕快換乘此船到臺灣。到了臺灣以後，如發現廣東的情勢並不如所說，而對先生確有利的話，就從臺灣再到廣東也不遲；如果廣東的情勢仍然不利，則請先生到便於進行將來之計劃的地方去。

此時孫先生否認我的說法，並說，他之所以決定到廣東去，不祇接到黃興的通知，而且跟陳炯明已約好會；不僅如此，他說他離開上海時，廣東的情況對他們非常有利，因此他不能想像在一兩天之內廣東會有這樣的變化。

我說：「廣東的獨立已經徹底地被破壞，而香港政府之將不許先生上岸是決定了的；請先生趕緊下船爲上策。我會研究保護先生的方法，先生想到那裏去？」

孫先生靜思了片刻之後，隨即翻開在他身邊的世界地圖。我問他到新加坡去怎麼樣？他說他能去的祇有日本。到日本跟同志們商量後再決定到什麼地方去。

我說：「日本政府對於中國的時局完全採取不干涉主義，會不會准許先生登陸，我不知道，不過，我認爲到臺灣去，避免目前的危境，應是先生的第一要務，我將爲先生給臺灣當局打電報。」

孫先生默思片刻說：「謝謝您的好意，請讓我再考慮考慮。」

我說：「已經沒有再考慮的餘地了，請趕快決定吧。爲了迎接先生，我早已準備好了日本商船公司的小汽艇，它在這條船的傍邊等著先生。」

孫先生說：「還有再考慮的必要。今天晚上九點鐘煩請您再來一次，那時我將作最後的決定。」

我只好回到商船「撫順丸」去等。

是夜九時以前，我又以小汽艇到德國輪船去候消息，當時孫先生似乎已經完成了下船的準備，遂去轉乘我們的小汽艇，同時先生的隨員也把他的幾件行李搬到小汽艇上來。

此時這條德國船正在裝載茶葉，船側情況很複雜，需要注意行刺者。因此，「撫順丸」船長亦跟我同時上船，始終持手槍監視該船的四圍，以保護孫先生的安全。而我則指揮孫先生的隨員查點行李，搬完行李後，便令小汽艇往「撫順丸」開，安安全全地讓孫先生轉乘了「撫順丸」。

在「撫順丸」中，我纔知道隨員裏有胡漢民，胡先生說：「我是相信陳炯明的話，對於廣東情勢之如此突變，我既覺得非常意外，也覺得非常可惜。」胡先生並嘆息說：「世上的事鮮有會像中國的事這樣突變者。」爲了祝福孫先生一行的平安，船長舉杯向孫先生等致意，同時命令部下特別監視舷側的進口，管制出入者，以策孫先生的安全。

當夜，我跟孫先生和胡先生在甲板上聊到半夜，翌晨我請船長保護他們之後，便離開該輪回到福州，並即電請臺灣軍參謀長木下宇三郎保護孫先生一行。據說，木下參謀長因爲我的電報，曾等著孫先生抵達臺灣，並幫助孫先生一行轉乘郵船「伊豫丸」到日本去。（譯自萱野長知著「中華民國革命秘笈」一書）

（原載一九七一年四月號臺北「新知雜誌」）

給孫逸仙先生的詩

大正二年春風吹綻了梅花
也送來了鄰邦的巨人孫逸仙
啊！多年憧憬自由的小兎變成了獅子
成了革命的大魁孫逸仙
可慶可賀的憲政與春風同起
日本暖和的二月夜星閃爍
鄰邦志士的皮領大衣散發著光和熱

十位壯士隨孫領袖搭船
所搭船名是山城丸

見玉花外

載著革命的勝利者乘風破浪
遠自上海抵達長崎港
白雲飄在自由的鼓吹家頭上
海浪高聲歌頌着革命王

二月十四日夜色朦朧的東京新橋車站
車上走出了瀟洒精幹的革命王身軀
中日志士人山人海鼓掌高呼萬歲
啊！華燈照耀的新橋之夜
迎接祖國救星喜極而哭泣的中國留學生
拿出手帕偷偷地擦淚

孫逸仙讓我大喊您的名字
久仰佳名廣東您的故里

香山縣出了壯健的革命男兒
自古廣東爲自由和衆多英雄的發祥地
啊！廣東爲中國出了眞正的男兒
您是平民百姓的次子但卻是英雄天才的國士
以長髮的洪秀全爲理想
少年務農工餘讀自由文史

由來南方自由空氣先到
少小離鄉肄業於夏威夷耶穌學校
夜以繼日看的是熱烈正義眞理書
南方太陽照射年青理想家的頭腦
雖學醫於香港但卻志在經國鴻業
以刀圭向着多難的祖國
完成大革命的治療

啊！革命事業千辛萬苦櫛風沐雨
孫先生您看革命就是您的嗜好
惠州萍鄉潮州迭起血光劍影
敢死的健兒與揭革命旗幟的殉教軍
屢次敗仗毫不氣餒
造成斷頭臺與監獄的血淚慘史

機運在中國逐漸成熟
時機一到風雲湧現於四百餘縣
革命的地雷突發於湖北武漢
長江浪潮高漲民衆熱血騰沸
啊！漢人多年的寃抑於此宣洩
革命完成了排滿的大業

北京南京家家懸掛中華民國的國旗
亞洲豪傑富於毅志與俠骨
革命將領黃興黎元洪英傑如雲
他們所到之處風起雲湧
此次革命輝煌的成功
大多得力於孫逸仙的擘劃與鼓吹
此時這去鄉離國的他正流浪於歐美
所至之處大吹特吹自由愛國的喇叭
自少至今四十餘年滿懷的理想
如今開花結果就是中華民國
讚美李白杜甫之國水滸傳之邦
我熱愛那龐大浪漫的國土

你看巴爾幹半島上的可憐居民
悲哉慘哉土耳其半月旗黯淡無色
快哉黃色人種的旌旗飄揚於亞洲上空
天呀請你保佑我們天驕黃種
熱血奮鬥加上努力必成強大的人類之雄

您的詩有如拜倫政治猶若馬志尼
中國國民黨熱烈擁護您做總統
您布衣的理想家切忌虛榮虛名
即令不做大總統
做個平民的理想家遍遊世界
美哉終身一貫爲不羈自由的可敬佩的書生

生爲男子漢幹革命最痛快

亞洲應由亞洲人自己來
中日同盟黃人之手彼此握得緊
孫先生請您快吹起自由凱旋的雄壯喇叭
冠絕一世的鼓吹家無冕的革命王孫逸仙啊！
但願您淹留二月春深
折取一支日本憲政之花櫻花帶回去。

（譯自一九一三年三月號東京「太陽」）
（原載一九七一年四月號臺北「革命思想」）

青幫、紅幫

平山周

明朝末造，外滿清葛藤橫生，內流賊處處蜂起，李自成陷京城，吳三桂為討李，引狼入室，而造成明朝亡國之禍。明朝遺臣學者，紛紛逃遁南方，竊假佛教道教復國，由之天地會、三合會之秘密結社乃應運而生。下降咸豐年間，洪秀全太平天國革命起，曾國藩平定太平天國後，實行湘勇裁軍，兵卒頓時失其所託，於是亦做三合會組織，組成哥老會，這便是青幫、紅幫的由來，其故事如左：

往昔，福建省福州府莆田縣九連山中，有一寺名少林寺。該地幽邃絕倫，毫無塵俗之氣，堂塔伽藍，聳立深林，大有令人油然神往，從而湧起崇敬之感。據說，此寺係由達尊爺所手創，迄今已有千年以上之歷史。

此寺的僧侶與其他的有異，他們除焚香誦經外，還要學習軍略（戰略）劍法等等武藝，其武名雷鳴全國，凡有志學習武藝者均雲集斯寺，故與其說它為佛教寺院，毋寧說是武藝館比較來得切合實際，相傳日本也有少林寺流之武藝傳入。

康熙帝時，西方附庸國西魯飜旗離叔，迫上國境，官兵雖屢次出討，但總蒙受巨失而敗退，因此，帝與相商議結果，發出無論貴賤男女，僧侶道士或任何人士，祇要能夠征服強敵西魯而光復故土者，必予以其所希望的賞賜之曉諭。時少林寺徒弟中有武勇絕倫者名曰鄭君達，暗喜立功成名之時機已到，而率一〇八名僧侶出寺門，沿路撕破所有曉諭，示之以必討平西魯之勇氣，直至宮廷，應徵召募。帝親自接見，問之曰：爾等從何處來，有何才能？鄭君達答曰：吾人爲少林寺一黨，關於武藝，無所不通。帝聞之大喜復問曰：需幾多兵員和軍費？鄭君達答曰：不需一兵半卒，祗有馬匹糧食足矣。帝卽時授與征討西魯之大權，並賜寶劍和刻有「家後日出」四字之鐵印。他們以鄭君達爲總指揮，擇吉日而出師，碰山拓道，逢河架橋，不日達西魯境，造營地迎戰。西魯軍以其兵寡可侮，因而毫無猶豫地濫衝盲擊，他們一一予以嚴重的反擊，在第一會合的戰鬥中，卽擊潰敵軍，殺兵斬將，勢如破竹，連戰連勝，終於驅逐西魯軍出境。西魯王明悉猛敵難抗而求講和，依照舊約，繼續來貢。他們自出師不及三月，未損一人，征服西魯大勝凱旋。帝親迎之，並曰：寡人願依照約束賞賜，爾等所望何物？可是除鄭君逵一人就軍職而外，其餘的都並無希望得到任何賞賜，並卽時懇求請假歸寺。帝爲答謝他們大宴三天，賜以金銀絹帛，並加賜刻有「御澤恩重」四字的大牌和「英雄居第一；豪傑定無雙」，「不用文章朝聖主；全憑武藝見君王」「出門朝見君王面；入門方知古佛心」三對聯，且臨其出發之際，帝親自送出城外，以盡尊崇之大禮。歸途百姓目見恩賜大牌，沿路成列歡送，祝福他們健康。

有一天，四方風平而竟浪不靜，天朗無雲而竟雷大鳴，斯時宮廷出了陳文耀、張近秋二大逆臣，竊懷篡奪江山之逆志，惟畏少林寺一派的高藝，故想盡百方奸策，竟向帝進讒云：官兵征討西魯屢次大敗，少林寺一派卻一氣討平，如其起異心叔變，官兵必敵不過，現在的江山猶若累卵。帝聞之大驚，問曰：寡人該如何是好？二大逆臣異口同聲底答曰：吾人率兵三四百，以火藥炸燬寺院，萬事休矣。帝許之。於是二人相率數百兵卒向福建出發。到九連山，惟寺院在深林不易發見，到處搜索，終尋獲馬儀福僧侶住家。馬曾住少林寺，武藝居第七位，因其天生好色，由於挑逗鄭君達之妻郭英秀和其妹鄭玉蘭而被驅逐。馬因銜恨在心，尋機企圖報復，二人認馬爲不可多得的奇貨，用盡甜言蜜語引誘，果爾終獲馬之嚮導，乘夜深前赴寺院，裝置火藥數所予以點火。一瞬間，煙焰衝天，猛若百雷，堂塔伽藍殆成廢墟。時少林寺手創者達尊爺爺，見事急欲挽救，特遣朱開、朱光二天使。二天使突破後壁衝出院外，十八僧侶繼之，二天使一變黃旗，一變黑旗，引導僧侶遁跑。馬儀福率兵追擊，於是靈神達尊爺爺手揮濃霧以遮行方，結果一行中之十三人戰死，其餘五人既逃至沙灣口，進而達到黃泉村，斯五人，便是前五祖蔡德忠、方大洪、馬超興、胡德帝和李式開是也。馬儀福最後還是以反逆者和背信者而被其同事幹掉，同時，因馬在少林寺武藝居第七位，故「七」字自此以後，便成為會內不祥的字眼，會內嗣後也就不再設有第七位的武階。

前五祖安葬十三僧侶的死屍後，暫隱蔽在附近橋下，時常碇泊該橋下的謝邦恒、吳廷貴二船夫頗憐恕之，並使他們避難於自家船中。隔日，他們告別二船主，並教以秘密記號俾資後日之證。出發不久，就有一隊官兵追上，斯時吳天祐、方惠成、張敬照、楊杖佐、林大江五勇士出現遮斷官兵，他們乘隙逃到惠州府長沙灣口，在此又碰到前面大河，後面追兵之窘境。值此進退維谷，千鈞一髮之際，靈神達尊爺爺又特派朱開、朱光二天使，且自己隱身變雲，二天使一變銅板，一變鐵板，下降架橋令他們安渡大河逃往寶珠寺，從而到達石城縣高溪廟。惟此廟已被燒燬，四周一無所有，絕不可能留此，故一行向東繼進，又有一隊官兵在追趕，因此，暫避難在湖廣閣王廟黃昌成夫婦（鐘氏）處。以後在丁山附近港尾巧遇鄭君達妻郭秀英，其妹玉蘭，遺子道德和道芳四人。鄭君達被逆臣陳文耀絞殺慘死，此一行四人即在前往掃墓途中，他們（僧侶）便加入此一行。然而追兵步步迫上，於是又陷於進退兩難之絕境，在此危急之際，忽然由鄭君達墓飛出桃樹劍乙枝握在郭秀英手裏，此劍柄刻有雙龍爭玉之圖，郭秀英一揮此劍，追趕官兵的頭臚一個個落地，於是一行亦終倖免於難。張近秋耳聞有此怪劍，馬上加派一隊官兵，郭秀英得悉此消息後，將斯劍託其子令之遁逃，自己和玉蘭二人投三合河自盡而死。謝邦恒見其浮屍，收之葬在河邊山上，並建一石牌。

於是五僧侶（五祖）非常憤慨張近秋之暴狀，而潛隱附近路傍樹林中，以待張一隊兵卒之歸途，乘其不意予以襲擊，更乘兵卒周章狼狽不堪之際一刀兩斷張近秋。淸兵眼看張被殺乃包圍僧侶，斯時出現了吳天成、洪太歲、桃必達、李式地、林永超五勇士來解圍，這五位便是所謂「後五祖」亦稱「五虎」。僧侶在歸高溪廟之途中亦到雲霄玉之寶珠寺，斯時他們無屋可臥，無物可食，遭受絕大的困苦，幾乎陷於絕望之末境，可以說惟爲復仇之一念而堅忍勉強維持生命之延續而已。

出發寶珠寺之他們邂逅於會創建者陳近南處。陳曾任翰林院學士之職，値帝許火燒少林寺之時，曾力言諫爭論其不可，因此埋怨於逆臣陳文耀、張近秋二人，而被讒言爲少林寺一黨，從而不得不辭去該職，他旣被讒言爲少林寺黨，故爲集結僧侶黨而棄帝京復歸湖廣之舊廬。在「白鶴洞」靜研道教經義。在想營救僧侶之心和欲報自己怨仇之心驅使之下，他不得不僞裝爲賣卜者（相命者），遍歷諸地，以尋同志，不期而巧遇此五僧侶。他非常憐憫僧侶的窮狀而相隨歸家。在會中問答中，答由何處來時，有來自「白鶴洞」者乃緣由於此。陳近南向僧侶說：敝舍狹隘，不適謀事，此附近之下普庵後有一廣闊之屋舍，曰紅花亭，諸子與吾應在該亭同起居以便籌劃復仇之計，僧侶異常贊成此舉，一行馬上移住紅花亭，而皆大歡喜得到此適當的隱屋。

有一天，他們逍遙港尾河畔時，忽見河上流下一東西，俯拾檢視，乃爲用大理石作的大香爐，底下刻有「反〇復汨」（〇汨爲清明缺畫變形字）和「其重五十二斤十三兩」等文字。這和現今儀式亦在使用的白臘鼎同形，據說：此香爐乃在杭州杭尾紛失後爲禮拜之用另作的香爐。大家想供奉此香爐，苦無東西可供，故用樹枝和野草代替臘燭和香，以水代酒而行三拜九叩之禮，祈禱爲明朝能夠報少林寺之仇。果爾，樹枝和野草忽然焚燒起來，神明嘉納之效於是被驗證。僧侶回紅花亭告以此事，陳近南卽日：此乃淸朝傾覆，明朝復興之天意，復仇之期已到。卽日隨揭掛明旌以募復與明朝之兵卒。最初應募者，乃爲先日征伐西魯之英勇鬥士一零八僧侶。其次來者，有一風采非凡，酷似劉備，手過其膝，耳垂其肩之一紅顏朱唇的少年，問其姓名，卽曰：吾爲崇禎之孫朱洪竹，吾祖先之神器被滿族所掠奪，聞諸士揭舉復興明朝之義旗，爲報祖先之仇而來。衆乃推舉彼爲主人，以翌日爲吉日，故供三牲揭旗祭祖，大家集在斯旗之下。陳近南曰：吉日已擇，各混其血而啜吸之，以資誓約，陳近南親爲香主，擇甲寅之歲二十五日，以紅花亭爲兄弟誓約之處，大家以此日爲誕生之日，並名此爲「洪家大會」。斯夜，天顯瑞兆，南天自開，而作成燦爛無比之星辰「文廷國式」四字。陳近南爲從天意，擇此四字用於元帥旗。同夜，東天亦炫耀顯現紅光，故取與紅字同音的洪字爲姓，分解洪字爲三八廿以作日後之符號。

陳近南爲行動之生命，故籌劃一切，更指揮一切。以蘇洪光爲先鋒將，命後五祖卽吳天成、洪太歲、桃必達、李式地、林永超爲中軍將，爲徵募兵卒馬匹而派遣吳天佑、方惠成、張敬照、楊仗佐、林大江五勇士至龍虎山，完成一切配備後，陳近南卽下攻擊清軍之命令，但清軍很意外地強盛，故在第一回合卽被擊退。於斯，陳近南開軍議決定退卻萬雲山，在其途上亦往萬雲寺。院主萬雲龍，亦以達宗知名於世，浙江太昌府人，本名胡得起，容貌魁武，膂力過萬人，少年時曾殺人，因而隱住僧侶羣中。今聞陳近南話，大怒曰：胡狗無禮何至於此，誓必剿滅厨虜，以雪幼帝之奇恥大辱，乃與衆混血啜吸，誓死傾覆清朝以復興明朝。陳近南見萬雲龍之勇猛，奏請幼帝予以召見並命爲「大哥」，此乃爲「大哥」之由來。八月二十日，戰事再起，萬雲龍携二大棍棒馳赴清兵羣中，縱橫無盡地奮戰十數日，不幸於九月九日，中敵人之流矢而斃。僧侶軍失其大哥，隨陷混亂狀態而戰敗遁走。五僧侶收拾萬雲龍屍體，把它葬在丁山下。其墳墓，前有九曲之流，後有十三峯，左有一株樹，右有五株樹爲之標誌。陳近南尊崇萬雲龍而上達宗爺爺之號，建三角形之萬年塔和刻有密畫之九話塔以資倞念。

公祭了萬雲龍之後，大家分手到處尋找幼帝，但都不知其去向。最後陳近南曰：吾人大敗以還，余祈天卜未來，始知傾覆清朝之期尚早，然而清朝必將被傾覆，而復興明朝之時必然到來。今吾人大敗，故已無繼續同一行動之必要，余勸諸兄弟解散。兄弟應往三山五岳或三江五湖，而留意隱其身，以口傳口，廣布全國各省以吾人之目的，暗號和隱語，以俾完成吾人未竟之微志，勸募將來可與吾人一致行動之志同道合的眞正同志。今余欲與兄弟告別出外飄遊，徒步過山越嶺，乘船渡河涉湖，堅決與諸兄弟誓約，洪家成功之集合日必定到來，後會有期，祝諸兄弟健康。說畢向衆人行禮後飄然而去。

諸兄弟各記取秘密暗號以後卽各走其路。自少林寺被焚以還，備嘗困苦之五僧侶爲結集天下英雄亦各步上周遊四方之途，洪家五祖在臨別之際，作一首詩以備日後各會員之憑證，嗣後此詩被會員朗誦至今，其詩曰：

五人分開一首詩　頭上洪英無人知

此事傳得衆兄弟　後來相會團圓時

（今之會員證所記者乃爲此詩）

越數年，再起義之日終於降臨，大軍集於惠州府高溪廟。然而，因遇蘇洪光與世長辭，故無人統率斯支大軍，今茲爲應此種需要乃出現了一個奇蹟性的頭目。

此頭目爲何人？從何處來？要說明這，就得回顧崇禎帝縊死之歷史。流賊李自成陷京城後，帝便在煤山之柏樹縊死，明朝也就與他的生命同終始而正寢。帝所信任寵愛之太監王承恩，爲報帝之厚恩想殉死，但帝所縊死之柏樹卻無第二枝樹幹，想與帝縊死同樹幹亦恐冒瀆帝之尊嚴，無奈何，便縊死於帝之腳。正因爲此種原因，故被尊崇爲忠臣：可是，帝雖被安葬在明朝的陵墓，王卻被認爲妨害帝的行動之叛逆者，而被棄於荒野，其遊魂因而無處可歸。達磨大師憫王，故將王之靈魂，封入胡蘆，而將它投入蘇洪光之屍體，如是，王便以佑天洪之名和蘇洪光之身更生問世，而任僧軍的統率者。僧軍在其指揮下連戰連勝，席捲西南七省，但厄運不盡，蘇洪光終於四川之戰被敵擊殺。王承恩之靈去，天佑洪之身死，僧軍慘敗四散，西南七省亦被淸兵克復。

以上乃爲靑幫、紅幫傳說之大要。關於天地會、哥老會的傳說雖有多少出入，但這些都是來自潤飾程度的差異。

（原載一九五六年七、八月號臺北「保警月刋」）

我對於孫中山先生的回憶

萱野長知

中國革命之父，孫中山先生已經逝世了。我跟孫先生底關係已有三十年。

我最初跟孫先生見面，是在東京設立同盟會之前的事。我們素有中國革命的理想，所以聽見中國革命的領導者孫中山先生來到東京，便去拜訪他。當時他所給我底印象是：他是一個何等富於熱情的人！我以爲贊助中國革命的日本人，大都是爲他底熱情所感動而然的。在言談之中，我覺得祗要這個人肯而且敢奮鬥下去，中國革命定能成功，所以便決心跟他同艱苦共生死。在同盟會時代，孫先生他們在牛込的新川町發行「民報」；而我們即辦名叫「革命評論」（Review of Revolution）的刋物。當時參加我們這個陣營的有和田三郎、宮崎寅藏（即「三十三年落花夢」底作者白浪滔天—譯者）、清藤幸七郎、平山周、池亨吉和北一輝等。以後孫先生前往越南、南洋方面組織支部時，我亦偕行，此外還有胡漢民、汪精衛等人。

惠州之役失敗後，孫先生亡命至歐美；而黃克強先生又在廣東打了一仗，但又失敗。我始終跟他們都有連繫，當黃先生打進武昌時，打電報來要我帶上所有的東西趕快去。當時我因爲負古島一雄君底選舉事務所的責任，所以不能動身。俟選舉勝利的第二天，我便帶上黃先生所要的東西到漢陽去，這就是所謂第一次革命。在此我跟黃先生並肩奮鬥二十天。他一方面給在美國的孫先生打電報；而我又再三打電報給在美國的大塚先生要他敦促孫先生趕快回來統帥革命軍。

我們雖奮鬥了二十天，但漢陽終於失守，所以我們便下長江到上海去。漢陽之役雖失敗，惟由於我們固守了二十天，因此在這期間十五省遂宣告獨立，從而奠定了革命勝利的基礎。在漢陽之役，我們底損失是相當慘重的，湖南的軍隊，幾乎整個潰滅。

當漢陽失守時，黃先生因爲這樣多的故鄉弟兄被殺害，覺得沒有面子再見鄉裏父老，尤其乃父，所以無論如何要自殺。當時，黃先生底副官王黃愼（王氏以後進日本陸軍軍官學校，現在保定當師長）以漢陽雖失守，但由此十五省已宣告獨立，革命勝利之大勢已定，所以在此時不該輕生爲理由，力勸黃先生，至夜半他纔肯跟我們下長江自武昌到上海。

在上海，我們跟陳英士等合流進攻南京。此役很順利地成功，因此遂佔領南京。當時孫先生已回國來了。當孫先生返抵上海時，歡迎他的場面是非常之大的。黃先生擁護孫先生就任臨時大總統，至此革命雖告一個段落，但爲什麼發生武昌起義，我們都不明白。我在當時旣不知道，就是事過很久我也不知道。以後到廣東在馮自由君那裏看到信件時纔知道它的內幕。

做湖北底工作的是居正先生。他曾向黃克強先生提出擬收買湖北底清兵以利舉義的計畫，並透過黃先生告訴孫先生。居先生在那一封信裏說需二、三十萬美元，不得已時，就是二、三萬美元，也想試試。這封信爲什麼落在馮君手裏呢？這是因爲馮君在當時負責香港底通信部，而這封信是先送到這裏擬轉給孫先生的。看了這封信以後，我纔明白武昌舉義的原動力在那裏。又第二次革命失敗時，我卽在日本迎接孫先生，是以我跟隨孫先生，大都是在最困苦的時候。然而最使我佩服的，就是無論怎樣艱苦或失敗，孫先生都並不介意，更不失望。

當第二次革命失敗孫先生要來日本時，我爲迎接他而順便到頭山滿先生那裏的時候，他曾這樣說過：日本的實業家裏頭雖有不少對於孫先生底成功與高采烈者，但當他失敗的時候卻沒有人管他。不過話又說回來，沒錢是不行的，請你問問他看。

我見到孫先生時問他有沒有錢，他說：「祗有一點，但不要緊」，而並不托我給他設法。當時山田純三郎君亦在傍邊。

山田君說，如果孫先生想帶錢走，他大可以從南京帶幾十萬元來。然而他一個錢都沒帶。當他密登神戶的和田岬時，他帶有六個大皮箱，所以當地的刑警報告上面說，孫先生帶了很多錢來。這些皮箱被保管了很久都沒打開，到了夏天爲曬東西纔被打開。被認爲盛錢的這些皮箱，打開一看都是書，大家再度驚愕，刑警便往上面報告說，那些皮箱裏頭的都不是銀元美鈔，而是書。就是在這種生死關頭的時候，他也絕不帶錢，而要帶書出來。孫先生之所以爲孫先生，其特色在此。

孫先生在亡命困苦的時候，差不多都在看書。這似乎是想藉此平其心，靜其氣，但無論如何，這是平常人所做不到的。

當時在日本有許多同情孫先生者。這些人底努力之如何地鼓勵感動孫先生是不難想像的，而在這許多人當中，我可以隨便舉個例來說。當孫先生亡命到神戶時，日本政府不許他登陸。知道這樁事的川崎造船所的松方幸次郎先生，遂在暗夜裏很秘密地親自牽着從和田岬密登的孫先生底手通過造船所使孫先生得以上岸。在夜暗從這樣大的造船所通過，就我們這些陌生人來說，是很不容易的。經過相當長的時間，我們纔到達目的地。在這時候，川崎造船所正在造袁世凱向它所定購的船呢！如果松方先生秘密地親自牽孫先生底手使孫先生得以上岸這件事被人家知道的話，那就糟糕了，松方先生非損失造船費幾十萬元不可。松方先生這種敢冒這樣大的險親自牽孫先生底手，這種俠義是很值得我們佩服的。而孫先生亦確終生不忘這些不遺餘力地支援他底日本朋友。

當我們接獲孫先生病危的消息時，犬養、頭山兩位先生要我代表日本的同志前往北平。而在此時亦接獲北平的來電，所以遂飛往北平。在孫先生臨終的身邊者，我是惟一的日本人。在下午四時許，我還聽到那宛若音樂的孫先生底聲音。自五時以後，他便慢慢地安眠，至隔天上午九時前後，遂上天堂。如此這般，我們遂失掉一顆光芒萬丈的亞洲底巨星。

（譯自東京「政經新論」第一卷第三期。四九•五•八•於東京）

（原載一九六一年三月二十五日臺北「政治評論」）

現在猶存的孫中山先生

紀念孫先生百年誕辰

太田宇之助

一

今年（一九六五年），中華民國政府決定舉辦孫中山先生的百年誕辰紀念，這是依照中國的傳統習慣，擬以虛歲來慶祝的。

為了重建中華民國，孫先生北上會談，而竟逝世於北平，迄今剛剛四十年，當時任朝日新聞北京支局長的我，除報導消息外，又親自參加了孫先生的喪禮，撫今思昔，眞是感慨萬千。

一九一五、六年左右，因為袁世凱想做皇帝，孫先生為了打破袁世凱的野心，遂在東京發起第三次革命，並求助於日本的民間，當時，由於偶然的機會，我也成了他的部屬而到上海去從事中國革命的工作，因此，日後我進了朝日新聞社以後，便被派到中國大陸去，此時更以新聞記者的身份與孫先生接觸，由於這種種關係，所以我對於孫中山先生特別關心和懷念。

孫先生在東京準備第三次革命時，久原房之助氏曾經貸款五十萬元，而因這筆款子的一部份，纔雇用了許多退役海軍軍人。

這批退役的日本海軍軍人，是準備用以攻擊在長江一帶的袁世凱軍艦的，而爲中國革命軍海軍總司令的，是跟孫先生一起亡命日本的革命青年王統一氏，惟因其部下大多是日本人，所以我纔被選爲做海軍總司令的秘書。

那時，中國革命軍的陸軍總司令是陳其美氏，是時他已在上海，據說當日蔣總統也在陳總司令手下。他們是準備與我們合力攻佔上海的。

做了海軍總司令秘書的我，常常把文書送到在原宿，其門牌祗寫「中山」的寂靜而又舊的孫先生寓所。當時我還是個早稻田大學的學生，而在東京時，我始終沒有跟孫先生直接見面的機會。

在東京的準備完成，我們正要往上海出發的時候，上級發給每個人一本上面用紅字寫着「革命方略」的小册子。這個小册子非常小，正好可以放在手掌上，是要讓大家隨時能夠藏在鞋底下的。據說，這是孫先生所親自設計。我們到達上海後，與在東京的孫先生連絡所用的暗號電報係由我負責，據說，這也是孫先生所親自製定的。這時，我纔深心地感覺到孫先生是位名符其實的革命家。

一九一六年四月上旬，海軍部隊往上海出發，孫先生等亦大約十日後抵達上海。當天起，第三次革命的佈署日緊，而因孫先生的命令，在海軍方面一切尙未就緒以前，便不得不採取行動。

本來的計劃是，以完全用退役的日本海軍軍人組成的一隊奪取停在上海附近的對方軍艦「策電號」，爾後將「策電號」往吳淞開，在吳淞炮擊袁的兵工廠，而以此爲信號，待命中的陸軍部隊則出動來佔領上海。

惟奪取「策電號」一事，因爲該艦之內應者的過錯，我們部隊的一部份登艦時，竟被開槍，斃命兩人，其餘者統統敗退，而演成所謂「策電事件」；更因此事件，陳其美氏竟被袁世凱的鷹犬所暗殺。

好在事後不久，袁世凱入了鬼籍，故第三次革命終不再進行。

從以上所述的經過，我覺得孫先生性情急，不大聽部下的建議，似有獨裁的傾向；不過，這似乎也是世界的革命領袖所共有的現象。

二

在上海，孫先生之公館位於法國租界公園附近的住宅區，那時因有從世界各國來看孫先生的客人，孫公館門庭若市；而國民黨的大員亦都屯在客廳。在這種繁忙的日子裏，孫先生且仍不忘其著作，由此當可想見他生活忙碌的一斑。

每次跟孫先生見面，我便覺得他的眼睛非常清亮而有光輝。他的聲音又洪亮，如用譬喻，實猶若滾玉的聲音。而這些，都是孫先生純情品格的顯現。

在跟孫先生的談話中，我從未聽過他談政治、外交、思想以外的話以及關於他自己的事。他給我的印象是，孫先生沒有私事，祇有天下爲公的觀念。

一九二一年春天，我曾經拜訪過孫先生於廣州大元帥府。當時，孫先生正在這個曾爲水泥工廠的大元帥府的一室辦公，而對於他那時似很孤單的背影，至今難忘，它使我痛感革命家命運的非凡。

外間盛傳孫先生在世時，常被其政敵誣爲空想家或吹牛專家，因而被目爲他的一生是革命失敗的生涯。

但這是不正確的，做爲共和中國的手創者，孫先生的豐功偉績，光耀百世；而做爲「三民主義」的首倡者，孫先生確是近代世界史上的偉大思想家。

一九二二年春季，我初次結束我在上海的工作而將要調回東京總社服務的時候，動身的前一天，我到孫公館去辭行，並請他寫幾個字給我做紀念，他說將在我離開以前送來。

由於我的船將於隔天上午離開，所以我以爲没有希望了，結果該天上午六時左右，面熟的那老工友卻從法國租界把寫着「天下爲公」的字箋送到朝日新聞社上海分社來。這使我不但驚愕，更使我瞭解孫先生爲人之如何地誠懇。當年的記者招待，不是大家一起來，而都是單獨見面的。我採訪孫先生，從未被拒絕過，並且都是被帶到他二樓的書房。

當然，這與朝日新聞這個牌子不無關係，但孫先生之對我特別客氣，實在可以從他的態度和談話的內容看得出來。有一次，孫先生坐在打字機傍邊，於是我遂拿去打字紙請他題字，他便當場用毛筆寫「天下爲公」四個字送給我。據說，孫先生很少這樣做，而這似也可以做他待我還不錯的一個實例。（譯自東京「現代評論」第二十七期）

（原載一九七一年九月號臺北「中華雜誌」）

為辛亥革命而犧牲的第一位日本人山田良政

平山周

山田良政是日本青森縣弘前人。父名浩藏，代代為津輕的藩士。出生於明治元年（西曆一八六八年）一月一日。從水產講習所畢業後，進入北海道海帶公司，爾後被派到該公司上海分公司服務。一八九四年，中日戰爭發生，他在陸軍任翻譯，隨軍至遼東。戰後隨日本北京公使館武官海軍上校瀧川具和到北京。

一八九七年九月，孫中山先生由倫敦抵達橫濱，平山周與宮崎寅藏前往迎接孫先生到東京。次年，平山周到北京，得與山田相識，二人互論東亞形勢，並約日後携手共事。

一八九八年戊戌政變發生，康有爲出走天津，爲英輪所救，而逃至香港。其黨羽譚嗣同、王照等曾恃市井之俠人武爺，謀於八月二十四日夜潛入皇宮救出光緒帝亡命上海，要平山、山田二人助以一臂。平山、山田亦曾答應，並研究地理，準備馬車待機。不料，當日譚嗣同在瀏陽館被捕，王照隻身逃脫。窮鳥入懷，束手無策。平山與山田挾王照至天津，雇小舟下白河，逃避於日本大島號警備艦。

是年，德國佔領膠州灣，山田入其地探實情，更到旅順去偵查俄國的經營情形。事爲俄國人所覺，當山田再度插足旅順時，即爲俄國人所捕。因山田頓時想出妙計，始脫虎口。

一九〇〇年，孫先生擬發起惠州革命，並囑長江一帶的同志響應。孫先生與平山同至上海，時山田正擬赴任南京同文書院教授兼幹事，亦途經上海，遂與邂逅於客舍。及唐才常起事失敗，容閎、容星橋等亡命。長江一帶，戒備森嚴，不可多留；孫先生遂到臺灣。日本同志宮崎等在東京主張中止進行，平山與山田商議此後之計，山田說，大丈夫謀事不可中途而廢，應該幹到底，遂慨然去職赴福建漳州。平山到香港，乃與山田約定在臺灣相晤。

是年九月，平山到達臺灣，山田亦至，孫先生稍後到。此時嘉應人陳南至，謂海豐、陸豐的同志們在準備起義。於是孫先生遂令山田與陳南同行，並予山田以舉兵的全權。

十月八日，山田等從臺灣出發，經香港至海豐。因情況不對，停止發動，轉而投入惠州革命軍。時革命軍據於三州田山寨，清軍一隊屯於沙灣，另一部扼橫岡。革命軍偵知之，爲制先機、挫敵鋒，乘夜襲沙灣而敗之。於是四方來應者日多，佔有佛子劫至橫岡一帶。

此時鄭士良由香港趕到，轉達孫先生的電令，說要一軍開赴廈門，到達彼地後自有接濟之途。因此軍隊遂折回，經三多祝、梅林而至白沙。此刻忽接孫先生電令，說臺灣事情有變，外援難期，軍中之事悉由鄭士良自行決定行止，衆人爲之意氣沮喪。鄭士良要大家再回三州田之山寨，擬合新安、虎門之同志，一口氣攻下廣東省城。諸領袖皆同意，遂選持槍者千餘人，其餘之同志則解散。十月二十二日，分海陸兩路，幾抵大鵬，不幸爲敵所識，擊之於三多祝，革命軍由是瓦解，山田亦戰死於此地。時年三十有三。

山田原有娶藤田氏千金敏子之約，山田去世後，人勸藤田千金嫁人，但藤田千金守節如故。山田胞弟純三郎繼乃兄遺志，盡瘁於中日兩國之聯携，今日尙在上海經營日語學校。

一九一八年，孫先生派朱執信前往惠州尋覓山田之遺骨，寒煙荒草，未竟其志，祗得一塊黃土而歸。純三郎赴廣東得分其土，歸日後將其葬之於祖先之墓側。一九二〇年，建碑於菩提寺，而在舉行建碑式時，孫先生特派陳中孚前往參加。其碑文曰：「山田良政君，弘前人也。庚子閏八月，革命軍起惠州，君挺身赴義，遂戰死。嗚呼！其人道之犧牲，亞洲之先覺，身雖殞滅，而其志不朽。民國八年九月二十九日，孫文謹撰並書」（昭和十三年一月二十三日，友人平山周稿）

譯自萱野長知著「中華民國革命秘笈」一書

（原載一九七一年四月號臺北「新知雜誌」）

宮崎滔天與「三十三年之夢」

宮崎龍介

一

一九二二年六月，家父滔天病歿不久，恩師吉野作造先生來信慫恿我重新刊印「三十三年之夢」，時值我舊病重作，臥伏病褥，無暇考慮吉野先生的好意。彌來四載，我閉門籠居，放下一切，過著無所事事的生活。迨至今年（一九二六年）初春，有創設獨立勞工協會之議，而我又已回復健康，故遂能出席其發起人大會。是時恰巧吉野先生亦在座，而當話頭轉到「三十三年之夢」時，吉野先生則說：「如果沒有別的人在準備重新刊行，明治文化研究會願意刊印。」由於我也一直在想重新出版「三十三年之夢」以及家父寫「三十三年之夢」稍前所撰的「狂人譚」，因此遂接受吉野先生的雅意，並將重印「三十三年之夢」的事委託他。

「三十三年之夢」和「狂人譚」是著者在惠州起義失敗後，處於悲憤與窮苦的絕境，或爲解消積憤，或爲一些稿酬，在當時秋山定輔氏所經營的「二六新聞」所連載的。而從發表的順序來說，「狂人譚」在先，但「三十三年之夢」卻先出單行本。除這兩書外，家父在「二六新聞」日後所撰的還有「明治國姓爺」的長篇，但這在日俄戰爭勃發前就被禁止連載，所以沒有寫完。

二

惠州起義失敗後，家父之所以入門桃中軒，爲的是想藉倡「落花之歌」遍遊各地，以喚起民衆，兼而能由此一攫千金，撈得革命軍費，但這兩者皆爲落空，窮窘日甚，此時中國革命運動一時陷於低潮，而孫中山先生則別離日本前往歐美去專心糾合同志。

日本之在中國革命運動影響之圈外者，自此以後一直繼續到日俄戰爭前後。惟日本戰勝俄國以還，中國的有識青年便競相來日留學，因此當年的東京，幾乎有兩萬中國留學生。而黃興先生就是其中的一位。他初來日本時，則在專以中國留學生爲對象，命名宏文學院的日語學校就讀。黃先生是湖南長沙的名門子弟，曾在其故里的明德學校執教，曾繼唐才常等的起事而跟章炳麟先生計劃起義，惟事先被發覺，遂經由上海亡命東京。

家父之與黃先生認識，記得是在一九〇四年，黃先生來日不久的時候。當時，黃先生的思想是民族主義，是興漢倒滿的立場。家父窺黃先生人物與力量之非凡，便進而向其游說人類主義，要其推展中國革命運動不啻爲中國之運動，且能成爲改造世界的運動。居然，英敏的黃先生竟讚同家父的意思，並決定向在東京的中國青年宣傳。而黃先生這種思想的轉變，乃是促成孫先生和黃先生提携的基礎。

記得一九〇五年初春，孫先生從歐洲抵達日本，此時在東京的中國青年之間，革命思想非常流行，他們到處召開歡迎孫先生的會。孫先生與黃先生之邂逅就在這個時期。而介紹他倆互相認識的，是家父等日本的同志。從此以後，孫先生和黃先生合作無間，而爲了大同團結中國的革命青年，他倆便組織了中國革命同盟會。該會後來成爲中國革命的中心力量。

中國革命同盟會成立時，孫先生被推爲總裁，黃先生出任執行部長，並與章炳麟、張繼、宋教仁、胡漢民、陳天華、汪兆銘和何天烱等許多同志發行「民報」，一方面宣傳革命，另方面策劃革命的實踐。這時中國革命同盟會的活動實以民報社爲中心，它既是革命運動的大本營，也是革命運動的策源地。而家父則受孫先生的委託，擔任中國革命同盟會日本全權委員，做向日本方面有關交涉的工作，以及參與民報社的各種機密。

中國革命同盟會成立後，參加該會者，單單東京的中國留學生就有將近五千人之多，可見其在中國青年之間的聲勢如何；而爲大事喚起日本的輿論，家父等更於一九〇六年秋天創辦了「革命評論」月刊。該刊同人除家父外，尙有萱野長知、和田三郞、北輝次郎和池亨吉諸位先生。（譯註一）「革命評論」以宣傳中國革命和俄國革命爲目的，惟因日本政府的壓迫和經費的困難，終於次年春季停刊。

在「革命評論」還沒有停刊以前，當時在長崎的俄國亡命份子比利斯茲基，曾經帶一位曾領導一支軍隊參與一九〇四年俄國革命，後來被抓到並判死刑，而被解送到西伯利亞的名叫格列格里・格爾雪尼（E.G.A.Gershuni）的人，訪問了革命評論社。當然，格爾雪尼是破牢逃到日本的。由於家父等正在以爲中國革命的成功，必須跟俄國革命配合，因此遂把格爾雪尼介紹給孫先生。孫先生跟格爾雪尼開誠佈公，談至鷄鳴，互約相助。爾後格爾雪尼則前往美國，惟不幸，在回俄國途中竟病歿。這是孫先生跟俄國發生關係的開始。

一九〇八年初，民報社因爲內部的動搖，終於解散。於是大家由團體行動而變爲個別行動，孫先生到南洋，黃先生則留在日本策劃暗殺西太后和起兵廣東等事。而自民報社解散後，家父則邊幫忙黃先生的策劃工作，同時喜搞「浪花節」。（譯註二）

一九一〇年夏天，孫先生跟乃兄與幾位同志來到東京，起居於東京小石川原町的陋舍，並與家父開始策劃各事，惟爲清國公使舘所探悉，並向日本政府要求逐出孫先生，故孫先生一行，不十數日便被日本政府趕走。於是孫先生前往美國，乃兄到南洋，不過據說，不久乃兄便去世了。

孫先生離開日本以後的中國革命情勢是，在東京雖有日政府各種壓迫和干涉，但在中國內地，其形勢卻是日趨光明。迨至一九一一年秋天，發生了四川的變亂和武昌的起義，十二月，在南京終於成立了共和政府。第一次革命成功以後，在北方出現了袁世凱，而在有關南北妥協的消息傳來時，家父等則慫恿國民黨北伐，並爲其盡一切努力去籌款和準備武器，但日本政府卻決定援助袁世凱，所以南京政府祇有忍痛與其妥協之一途。南北妥協後，袁世凱的勢力蒸蒸日上，於焉有第二次革命的失敗，國民黨的分裂，第三次革命，革命形勢眞是江河日下。而家父對於國民黨的這種每況愈下，雖也曾經盡過最大的努力，奈何，對大勢究竟無所幫助，因此到晚年，他常歎息說：「非革新革命精神不能成功。」

三

家父非常好酒，而且又很不看重金錢。家父之所以終身窮窘其理由在此。當第一次革命後，南北妥協問題正在流傳時，孫先生曾經北上與袁世凱見面。當時家父在上海，有一天孫先生來電促家父到北京，理由是，爲酬謝家父對中國革命的功勞，袁世凱說將廢止防穀令，並將每年給家父以若干米糧的輸出權利，對此，家父斷然以爲縱渴亦不能飲盜泉之水而拒絕，並給孫先生回電說他本來並不贊成孫先生北上。如果當時家父接受了袁世凱的好意的話，對於日後的第二次、第三次革命等變局，在物質方面，家父或更能有力地支持國民黨也說不定。在這種意義上，家父的淸廉，或多或少，促使了國民黨的低落。

家父自患腎症以後，我曾請他寫「三十三年之夢」以後的自傳，但他以對各方面仍有許多顧忌爲理由而没動筆。惟去世前兩年左右，他曾訂正或補充「三十三年之夢」，所以這次重印，乃是根據他的訂正本。

四

家父名叫寅藏（戶口簿上是虎藏（寅藏、虎藏在日語是同音——譯者））。白浪庵滔天是一八九五年左右開始自稱的別號。在這以前，據說號騰空庵白寅。白寅是渡邊元翁（譯註三）給他取的別號。家父是於一八七〇年十二月六日，在熊本縣玉名郡荒尾村出生的。祖父叫長藏（又名長兵衛或眞雄）乃母曰佐喜，是近鄉永屋氏的女兒。家父是十一個兒女中年紀最小者。長兄眞卿（別名八郎）在明治初年提倡自由民權，明治十年（一八七八年——譯者）西南之役時，率鄉黨援助薩摩軍，戰死於八代，時年二十有八。其他弟兄姊妹大多夭折，得於長壽者祗有二姐、兩兄和家父而已。「三十三年之夢」中所謂一兄和二兄便是。一兄民藏關心土地問題，倡平均地權，組織了土地復權會，並從事於是項行動直至發生幸德事件。（譯註四）

家父的墳墓在我故里荒尾村的鄰村平井村字大谷，而其分骨則葬在新潟縣東頸城郡下保倉村的顯聖寺。所謂顯聖寺是武田範之和尙（譯註五）所主持的寺，這是因爲武田和尙（一九一一年遷化）在世時爲家父做墳墓的關係。

最後，我要由衷地感謝重印「三十三年之夢」時，賜予做極其煩雜的校訂，並且加上解說和索引的吉野作造先生的盛意。（一九二六・六・一七）（譯註六）

（譯註一）根據「日本歷史大辭典」第二卷（河出書房版），宮崎是「革命評論」的主筆，同人還有平山周。又，北輝次郎就是北一輝。

（譯註二）「浪花節」，念成 naniwabushi，又稱浪曲 rokyoku 在性質上有如中國的相聲，不過不是由兩個人對談，而是由一個人講故事。

（譯註三）渡邊元，生歿年不詳。長崎人。號南岬。爲人豪爽，曾介紹宮崎彌藏到橫濱的中國商行去工作。

（譯註四）一九一〇年六月，以計劃暗殺明治天皇爲理由，包括幸德秋水，十一個社會主義者被捕並被處死刑的事件。但據日後史家的研究，這是莫須有的罪名。

（譯註五）武田範之（一八六三－一九一一），九州佐賀縣人。號洪疇。在「三十三年之夢」一書，跟著孫中山先生後面爲該書寫序署名「無何有鄉生」的就是他。

（譯註六）此文譯自一九二六年七月十日，由明治文化研究會所重印「三十三年之夢」的附錄。又，作者宮崎龍介是滔天的長子，現務律師。（一九七一、一、十五、於紐約）

（原載一九七一年三月號臺北「藝文誌」）

宮崎滔天著「三十三年之夢」解說

吉野作造

一

此次明治文化研究會將重新發行宮崎滔天著「三十三年之夢」。此書的初版問世於一九〇二年，當時非常暢銷，曾出十版，爾後絕版且逐漸爲世人所忘記，因此我們同仁決定重新予以刊行。由於我是主要的校訂者，所以我想簡單地說明我們爲什麼要重新印行此書的理由。（譯註一）

二

本書是著者的自傳。正因爲作者是歷盡滄桑的人，所以其三十年的生涯本身就非常有趣。加以他的文筆又好，因此，我敢保證就是當做普通的讀物也必令人難於釋卷，這是爲什麼本書初版當時洛陽紙貴的重要原因。而經過二十幾年的今日，我們所以要重新出版它，並不祗是因爲該書富於情趣，而是因爲深信它是研究明治文化時値得參考的重要文獻。

三

作者宮崎出生於明治初年。（明治三年，西曆一八七〇年—譯者）因此他是在耳染自由民權，並醉心於西洋文化的氣氛中度過青年時代的人。當時，有志的青年的出路有二：一是在官界求發展；二是在民間展其志。而後者又有兩個方向，一是憤慨於藩閥的專制，因而埋頭於政府革新的運動；二是絕望於國內當世，而求友於鄰邦，首先一新整個東洋的空氣，由之冀求慢慢改進其祖國。後者雖是少數，但他們卻或往來於朝鮮，或投身於中國，而直接間接地幫助了日後日本的大陸政策。而宮崎滔天就是爲中國與日本之橋樑的典型的志士之一。因此，他的自傳實與日本近代史具有不可分割的關係。

若是，生在明治初期的人，究竟受過些什麼敎養呢？這在他的自傳裏寫得很淸楚。當時有爲的青年對時勢做如何的看法呢？他們見識的淵源是什麼？滔天的自傳皆有淸楚的交代。有人不在國內展其志而求友於鄰邦，並從東洋的大局來着眼這個事實應該怎樣說明呢？本書有明確的解釋。當時青年思想的原動力是什麼？當年的時勢跟它有什麼關係呢？這些在歷史研究上非常重要的問題，它都有詳細的敍說。而且，他以活生生的行動來表白，和以簡潔而巧妙的文字把它寫出來，因此更生動。它的生動，自然而然地會令人忘記研究的嚴肅。我認為，本書最大的歷史價值，乃在於它是沒有虛飾的實實在在的記錄。

四

在這種歷史價值之中，我特別要強調的是，關於中國與日本之往來的部份。在近代，中國與日本的內面關係，實始於孫中山先生的亡命日本。為什麼我做這樣的判斷，說來話長，姑暫予省略。總而言之，孫中山先生受了犬養毅氏等的庇護，爾後更得到了許多日本的知友這個事實，對於日後的中國革命確有莫大的影響，更是改變東洋局面的開端。而在日本人當中，最早跟孫中山先生認識和最得孫中山先生信賴的就是宮崎滔天。因此，單就這一點來講，宮崎的自傳本身就是中日交涉史中很有意義的一章。不特此，「三十三年之夢」有許多頁用於敍述著者與孫中山先生的關係，所以，本書更是欲研究辛亥革命初期者的重要史料。

作爲文藝作品，我不知道「三十三年之夢」究竟有多大價值。不過，我卻曾經聽人家說過內田魯庵翁（譯註二）非常讚揚本書，而我祇能從學術的觀點來評論這本著作。如前面說過，單單是宮崎行動的實在紀錄，本書就有很大的價值，除此而外，我最佩服的就是他的態度之純眞。他曾失敗過幾次，更犯過多次的道德上罪惡。但是，我們卻不得不寄予無限的同情，甚至蒙受很大的感激，和領得許多的教訓。尤其是，他對於中國革命的純實的同情，其心境之光明正大，其熱烈的犧牲精神，眞令人肅然起敬。我要毫無保留地，坦坦白白地說出，從這本書，我不但得知了辛亥革命初期的史實，我更領會了辛亥革命的精神。如果有人要我舉出十本我所喜歡看的書的話，我必定把這本書列爲其中的一本。

六

由於如上所述本書的性質，本書自然而然地有許多的中國讀者。而我之所以知道本書的存在，就是中國朋友告訴我的。慚愧得很，本書初發行時爲東京大學法學院學生的我，對這方面完全不關心。大學畢業後，我雖然也到過中國大陸，惟或許由於停留在有不少日本人的天津，所以對於中國革命絲毫沒感覺興趣。因此，截至一九一六年底發生第三次革命，我絕少研究中國的事情，更不知道本書的存在。是則我之研究中國，實始於第三次革命的前後。其經過，我不想細說；不過其直接動機是，第三次革命發生幾個星期以後，當時同情革命黨的頭山滿翁和寺尾亨先生（譯註三）的一羣，對於日本各界對這次革命的眞義缺少瞭解而非常憤慨，因此想編寫一本簡單的中國革命史給一般日本人看，而他們則將此事托我。是時我對中國已有些興趣，所以，遂答應做這項差事。爲了供給最新的材料，寺尾先生曾經介紹了戴天仇君和殷汝耕君等給我，這時告訴我瞭解辛亥革命初期的歷史最好的參考書就是「三十三年之夢」的便是這兩個人。他們說，「三十三年之夢」出版後不久，便由章士釗君譯成中文，並在中國非常流傳。

這是我日後所聽到的話，即黃興在一九〇四年革命（指與馬福益謀舉義於湖南的事—譯者）失敗，由上海亡命日本，當時還是個無名青年的他，來到東京之後，窘於衣食和住的問題，此時黃興忽然想起「三十三年之夢」，並相信其著者滔天必定樂意幫助他，因而自告奮勇地去求宮崎的幫助。這話起初我是從已故滔天君那裏聽來的，後來我又直接問了黃興氏。

由此，我們當可知道本書之如何廣泛地在中國人之間流傳和影響他們。

七

在今日中國，現在還有很多人在看「三十三年之夢」這本書。這次因爲要重新出版它，所以我特地去找中文版，可惜沒找到。我以爲在中國大陸或許可以找到，因此特請在上海的朋友內山書店老板完造君幫我找，結果他也沒找到舊譯本，因而寄來了新的譯本。這不是章士釗君所譯的。（譯註四）要之，在中國，今日還有許多人在讀這本書是個事實。內山君在信裏就說，在他店裏工作的中國人也正在看這本著作。惟他們祇以它有趣而看，至於作者宮崎的名字似乎逐漸被人忘記。話雖如此，「三十三年之夢」這個書名，祇要孫中山的名字是不朽，我深信在中國，它必有其不朽的生命。

「三十三年之夢」在日本雖然曾經發行過十版，但在市面卻非常少。就是明治中期的書刊如潮水般地在上市的今日，本書也絕少露面。一九一七年，我知本書之名，並托有斐閣（東京一家書店的名稱—譯者）的山野君代找時，他花費了很長的時間纔給我找到一本。嗣後經過一年多，在神田的舊書店我又找到了一冊。現在，不管有多少本，我決心隨時隨地買它，但至今，我祇買過兩本，而在我的朋友中，祇有兩個人曾經在舊書店買過這本書。由此可見本書之如何地少在市面流傳。而這是爲什麼我諮諸故滔天的嗣子龍介君，並得明治文化研究會同仁諸君的諒解，決心重新出版這本書的主要原因。

八

爲了使準備閱讀「三十三年之夢」的人們方便，我想簡單地來說明本書的梗概。

本書一共有二十八章，我們似可把它的內容分爲以下四個項目。

一、修養的時代：從「半生夢醒思落花」的序曲到「思想之變遷與初戀」七章。

二、活動於泰國的時代：從「大方針既定」到「嗚呼二兄去世」七章。

三、活動於華南和南洋的時代：從「來了新生面」到「形勢急轉」七章。

四、活躍於惠州起義的時代：從「大舉南征」至「唱落花之歌」七章。

九

一、修養的時代

這是我暫取的名稱。以下亦同。從這修養時代的七章，我們可以窺悉作者思想和行動的由來。他早時去世的父親，似乎是位非常磊落而厚於情誼的人。他的母親，雖是女性，好像曾經致力於兒女的教育。長兄八郎早年倡自由民權，並死於西南戰爭西鄉隆盛陣營中，因此，作者之所以早對明治政府有所不齒是有其原因的。他的學歷是，中學畢業後轉入熊本的大江義塾（書塾—譯者），受德富蘇峯先生（譯註五）的教誨，不久便到東京進某私塾就讀。在此期間，他入信基督教，由小崎弘道先生洗禮。這可能因爲他在內心時常有所求所致。這是他在十五歲左右的事情。不過他的基督教信仰，卻並沒有長久，理由是，因有所求而入信的他，在基督教教會並未能得到他所尋求的東西。尤其在他信仰開始發生動搖的青年時代，他之遇見名叫伊沙克•阿伯拉罕的西洋虛無主義者的故事，在別種意義上，特別有趣。關於這個洋怪人，他另有「狂人譚」的著作，而這也是一本非常有趣味的書。所以，將來有機會，我也很想把它重新刋印。

但，無論如何，對他日後的思想和行動予最大影響的還是書上所稱呼的一兄和二兄。詳而言之，他的社會觀似得自其一兄民藏。如果套用今日的用語，民藏或可以說是無政府主義者。作者之所以棄基督教固是一兄的感化，其棄基督教而未捨博愛的大義也是一兄的感化。

至於一兄的思想爲何，本書（指此次重新發行的版本。以下同－譯者）第二七頁有簡要的敍述。又，民藏有「土地均享人類之大權」（一九〇六年出版）的著作，這是要附帶說明的一點。

其次，他把中國選做他活動的舞臺，毫無疑問地是受了二兄彌藏的鼓勵。而二兄關於中國的思想，在本書二三頁和三九頁有精確的說明。是則彌藏想先與中國來抗白人的壓迫，爾後養力於日本，從而伸大義於世界。作者本來是想到夏威夷去賺前往美國留學所需的費用的，惟爲二兄所勸阻，因而遂把終生的事業放諸中國大陸。

不消說，在能夠瞭解作者的面目這一點，這些故事是非常有意義的。不特此，我們更可以從這些故事了解當年的時勢。什麼時勢呢？當時，在政府機關不得志，或不想在政府機關做事的青年，通常都參加了自由民權運動，很少爲改善自己親人的生活而站起來的，而爲其典型的代表者就是作者的所謂一兄。因此，如果我們研究一兄的思想，我們便可以知道這一種或這一派青年的所由形成和他們的志向。與此同時，那個時候的社會，一方面是由於幕府以來排外思想的餘習，另方面是因爲受到軍國帝國主義在西洋抬頭的影響，所謂弱肉強食的國際觀非常盛行。所以，以對付白人爲目的而做聯合黃色人種的種種活動，便很容易獲得青年們熱烈的擁護。所謂二兄的中國論，實胚胎於此，這是很値得我們大書特書的，而作者滔天的思想和行動，也就是合此兩種時代思潮於一身，並想實行它的一種嘗試。宮崎滔天之所以爲我們研究中國革命初期歷史的重要史料，其理由在此。

一〇

二、活動於泰國的時代

作者與二兄立志於中國，這在他的自序裏寫得很淸楚。而根據本書的說法，爲了要說服一兄參加這項事業，他和二兄曾經聯袂回家去。可惜沒有成功，一兄且說，他將在日本實現其理想。惟作者卻獲得了一兄物質上的援助，因此爲到中國而先來長崎，但在長崎，他的旅費卻給朋友偷走。經過許多曲折，他終於到了上海，可是應寄來的錢又沒到，束手無策，遂又回到日本來。（這是他在二十二歲時的事情）

以後他暫居於故里，但不能忍受無所事事之生活。雌伏三年之後，想依靠金玉均（韓國人—譯者）來開展活動的新局面來到東京。本書有關他與金玉均在芝浦海上月夜會談的描述，非常精彩。惟天不從人願，不久金玉均便在上海被暗殺，因此作者的計劃也就隨之成爲泡影。在這時期，韓國的東學黨之亂起，風雲告急。宮崎決心到中國而又上東京。這路上，他在神戶遇到了岩本千綱這個人。而這就是作者到泰國的契機。

岩本是個與泰國移民公司有關係的人。岩本因爲生病，所以要宮崎代他到泰國去。當然，作者的志趣不在此。不過，泰國有許多中國人，爲着將來，他以爲此行或許不虛，遂答應去。此時二兄已進中國商館工作，穿中國衣服，絕對避免跟日本人來往，宛如做了中國人而專心一意研究中國，兄弟心志同在中國，但一個人在橫濱，一個人在泰國，分手去努力。

在泰國，與日本人攜手盡力於日人之移民泰國的是當時的農商部長斯理薩克侯爵。泰國部長認爲，爲對抗白人的侵略，同病相憐，大家應該團結起來，而這也是當時東方人共同的思想。我們更可以從著者之毫不遲疑地贊同泰國部長這個事實體會當年的氣氛和時潮。但到了泰國之後，其事業卻一無所成。因此，遂回到日本來重新策劃。不久再度前往，但這次更慘。不祗事業失敗，他的朋友死於疾病，而且他也被傳染，幾乎是從死裏逃生而狼狽地又回到日本國土。

在他第一次從泰國回到日本的時候，曾經發生過幾件事情。其中特別值得我們一提的是，從躲在橫濱的二兄得悉二兄遇到中國革命黨人。可是，第二次從泰國回到日本時，二兄已經病逝了。所以無從問起這個中國革命黨人到底是誰，不過後來纔知道這個人是陳少白。日後作者與陳少白認識，更由此而跟孫中山先生相許，這些，實在不能不說是一種不可思議的因緣。

二

三、活動於華南和南洋的時代

屢次失敗而回國並到東京的宮崎，其目標在於企圖重振他在泰國的事業。不過在東京時，由於可兒長一的勸勵，往訪犬養毅，這是他中止到泰國而活動於中國的開端。

跟犬養認識的結果，他遂受日本外務省之命到大陸去實地探察中國的秘密結社。此時的日本政府是憲政黨內閣，其外務大臣爲首相大隈重信所兼。這是我們應該注意的一點。要之，他決定跟可兒長一和平山周到華南。而在出發之前，因病而慢可兒和平山動身。病癒將出發時，他往訪了小林樟雄。在小林處偶然碰上長兄之親友曾根俊虎。由曾根之介紹，作者到橫濱並認識了陳少白，同時知道陳少白就是二兄所交的那位中國朋友。透過陳少白，他知道有孫中山這個人。如此這般，他大大地增加了見識之後喜氣洋洋地到了香港。在彼地，他結交了不少革命黨人。

本書作者之與孫中山先生邂逅，乃是自香港回國以後的事。與孫先生見面後，他們的意見非常投機，因而宮崎遂答應願以全力幫助孫先生的革命事業。不久，日本政局有所變化（一八九八年十一月），由山縣有朋出而組閣，青木周藏擔任外相。作者與外務省的關係因而中斷，但犬養仍繼續設法資助孫先生和宮崎等。所以宮崎纔能夠再三往還於東京和香港之間。在香港，他曾經跟菲律賓的志士有所接觸。這也是值得我們特別注意的一件事情。而這些事，皆發生於一八九八年的夏季和秋季。

戊戌政變之際（一八九八年九月），康有爲受英國保護而先逃到香港，梁啓超避難於日本公使館，爾後亡命日本。康則慢梁一天到日。伴梁啓超的爲平山周，隨康有爲的是作者，這也可以說是一種不可思議的因緣。又，本書有關著者與康有爲之關係的敍述也非常有趣。

一八九九年二月，菲律賓發生獨立戰爭。孫先生一派亦不得不有所行動。他們想借幫助阿基那爾多（Emilio Aguinaldo）的餘勢以進軍中國大陸。旋即菲律賓的密使來日托孫先生購買軍械。孫先生則跟著者等商量。最後因犬養的介紹，將此事委託政友會的中村彌六辦理。在政府密探嚴密監視下，好不容易購得所需的物品，並將其物品和人員載運於布引丸往華南送出，不幸該輪卻沈於上海海面。作者之獲悉此項消息，係接獲華南發生動搖的電報，而受命孫先生擬前往廣東偵察實情的航海船中。

作者在華南時，成立了所謂哥老會、三合會和興中會的三派聯合。而這是惠州起義的原動力之一。此外，以下兩件事也與惠州起義大有關連。一是第二次來日採購軍械的菲律賓志士，鑒於獨立運動已經失敗，以及日本政府監視之嚴，遂放棄計劃並將手下的軍械全部交給孫先生；二是作者回日本後，因爲朋友的介紹認識大實業家中野德次郎，而中野則予孫先生一派以大量的財政援助。

一二

四、活躍於惠州起義的時代

惠州之起義並非乘拳匪之亂而策動的，這是他們決定大舉南征，而在路上聽到的。如前面一節所說，孫先生一派計劃在南方起事，並於一九〇〇年六月往南方出發。其目的地有幾個，而作者等一行所指向的是新加坡。他們準備在新加坡向華僑募款，爾後孫先生亦將到此地來。作者則擬在此說服康有爲跟孫合作。

在這以前，在當地已從日本來了密電，謂有孫派的人將到新加坡來暗殺康有爲的傳說。不消說，這是橫濱康有爲派打來的，因此，上岸的作者一行不但未能與康有爲見面，而且更被當地警察所捕，並被送進坐牢。關於這些事，本書皆有詳細而感動的記載。

被釋放後，遂準備回國。所幸，跟遲來的孫先生等同船。在香港想上岸，但香港政府知道他們是革命黨人，因此未獲准。不過據說，這時香港總督曾秘密地向孫先生交涉，說他將勸李鴻章在兩廣宣佈獨立，並擬請孫先生出任民政首長，這是值得注意的一件事。總之，他們決定回日本，而惠州起事的一般方略，就是此時在香港海面船中擬定的。

㈠佔據惠州附近三州田山寨，伺機起義。舉兵之事，以鄭弼臣爲總指揮，以近藤五郎和楊飛鴻爲參謀。

㈡起事如果成功，將以福本日南爲民政首長，在其底下將設部局以掌民政。當然，孫先生將任大總統。

㈢孫先生回日本擔任採購和輸送軍械以及其他一切之必需用品。

於是，孫先生便回到日本。是時，有人說要給孫先生介紹臺灣總督。爲了想從這方面得到更多的援助，孫先生遂到臺灣去。但這種期待，終於未能實現。當時的臺灣總督是兒玉源太郎，民政長官爲後藤新平。

不久則接到三州田舉義的消息。這是等不得東京的電命而不得已動兵的。很幸運地，如本書所寫，它連戰連捷。但是，在日本所策劃的卻統統成爲畫餅。因爲：第一，募款不如意；第二，臺灣方面的採購落了空；第三，唯一所依靠的菲律賓所贈送的子彈（據說二十五萬發値六萬五千元），因被欺詐，皆爲不能用的東西。於此百計已盡，孫先生遂不得不飮聲吞淚電命華南戰場的同志隨意解散。關於此次起義之著者的「與孫中山書」，可以說是本書最精彩的部份。

一三

如上所述，作者的所作所爲，事事皆與心違，因此，終以酒解愁，過流浪生活於江湖，一、二年後，遂決心做桃中軒雲右衛門的門徒。該時的悶悶之情固可由其自序看出，而他之絕非只漫然在高座敲扇子以餬其口，亦可由其自作自唱的「落花之歌」瞭然。關於這曲歌，本書雖有述及，但沒有歌詞，因已從作者的舊稿找到，故將全文刊出。

一將功成萬骨枯　國雖號稱眞富強　下萬民膏汗血淚　往爭吃白薯之餓鬼道去　則爲地獄坡　世人大喊文明和開化　火車輪船電車與馬車　旋轉之輪雖無異　坐不得者爲地獄火之車　惟因因緣推此車　推至弱肉強食之劍山修羅場　浴血奮戰者　乃爲未能共享文明開化恩澤之徒　以爲死後有餘榮　遂與士卒一起拼　生還則被饑寒之妻兒與地官所迫　擬爲無處申訴之小民　建設能予乞丐以布衣　車夫馬夫有車坐窮苦農民亦富有　四海兄弟皆自由　萬國和平自由鄉　如今一切計劃破　此夢遺留浪花節　棄刀廢劍執手扇　一敲即響黃昏時　與鐘同謝是櫻花（譯註六）

一四

本書以作者入門桃中軒做結局。爾後做爲寄席藝人（譯註七）數年的行動，著者亦有自作的種種紀錄。這些，今日讀來也很有趣味。而黃興之求援於著者，乃是著者在東京四谷某席亭敲扇子，一夜祗賺四毛多錢之最窮困的時候，這是作者親自告訴我的。在這樣的困境中，宮崎對中國的厚望和熱愛，仍然如故。正因爲如此，所以他纔盡力於實現孫先生和黃興的合作，更致力於一九〇五年中華革命同盟會的創立。一言以蔽之，宮崎畢竟是道道地地的中國革命黨的恩人。他之終生爲中國青年所欽慕，是理所當然的。因此，他跟中國的革命運動，實有絕不可分割的關係。關於這些，哲嗣宮崎龍介君所寫的傳記或將有更詳盡的記載。又，由於這些事略與研究近代日本和中國之內面的關係上大有關連，所以我很想把著者的遺稿全部予以整理和出版。這些遺稿，就是當做一般讀物來看也很有意思，我深信這是本書讀者所能同意的。

現在我要說的是，作者滔天不僅是中國革命運動的援助者，而且是眞正的援助者。所謂眞正的援助者，乃是指他自始至終，毫無私心，而做忠實不移的中國朋友的意思。因爲，在自稱革命運動的朋友中，曾經有過各種各樣的人。是則他們之所以願意援助中國革命運動，其動機並不都是一樣的。這在開始時，還不顯著，但到第一次革命以後，這個問題就漸漸明顯了。

其理由是這樣的：中國青年在亡命日本的期間，不管何許日本人，舉凡願意援助的，他們都一概予以接受，可是一旦革命成功從而擔當要職時，他們就成爲中國的公僕。在私情，對一切援助過他們的日本人，他們都覺得有恩有義，可是做爲公僕，他們祇能聽對中國革命有眞正理解的日本朋友的忠言。於是，懷有不純動機的日本人，自然而然地會被他們所疏遠。而對此不知反省的日本人，便會亂罵中國人的忘恩負義。在這裏我不想多說，總而言之，這些中國革命之友，到發生第三次革命前後，就截然分成以上的兩大範疇了。可是，宮崎滔天卻始終是中國革命熱烈的和眞正的贊助者。我之所以能夠開誠 佈公與滔天 相見和談論，實在是基於這種原因。

一五

最後，我想給擬做進一步研究的人提醒幾件事情。

㈠「三十三年之夢」初版不久卽有章士釗君的中文譯本，最近又出來另外一種中文版本。章士釗君是今日中國相當馳名的政治家。我曾努力想找他的譯本，但至今尚未找到。最近的譯本叫做「三十三年落花夢」是去（一九二四）年四月在上海出版的，但卻沒有譯者的名字。四六版不到一百四十頁，所以可能省略很多。（譯註八）

㈡本書第三四頁上欄所說的「狂人譚」，乃是四六版一百五十多頁的小冊，而由「緒言」、「拿破鐵」和「釋迦安與道理滿」等三篇所構成。是本非常有趣和令人不得不思索的書。我很想另找機會介紹它。據說，著者因爲祗靠「浪花節」不能維持生活，所以順秋山定輔之勸在「二六新聞」（譯註九）連載。而最初寫的就是「狂人譚」。由於「狂人譚」大獲好評，遂被邀再寫「三十三年之夢」。但，出單行本的是以「三十三年之夢」爲先；「狂人譚」爲後。後者大約慢一個月出版。

㈢本書第一七八頁所說 Sun Yat Sen, Kidnapped in London 這本書在日本雖不馳名，但在西洋卻很出名。理由是，因這本書，孫先生在西歐成了大名。這是因爲書中所陳的革命精神大大地感動了西洋的讀者。此外，因爲此事件爲國際公法開了一個先例也是使此書成名的原因。孫先生在倫敦被中國人拐誘並被幽禁於清國公使館，照邏輯，他將被遣送回國殺頭的，惟由於乃師康德黎的營救始倖免。當時，英國外相索爾茲巴利侯爵以爲，在公使館外的拐誘本身就是清國政府警察行爲的開始，因此遂以侵害英國的主權爲理由而強硬要求引渡孫先生。這可以說是所謂繼續航海主義在陸上的適用。前幾年，我曾請在英國的福島繁太郎君替我買了一本該書，是本四六版一百三十多頁的小冊子，裏頭附有英國外相的公文。又，民國元年上海曾出中文版本，曰「倫敦被難記」。

㈣康德黎（James Cantlie）是孫先生在香港西醫書院求學時代的老師。除日本人外，跟孫先生最要好的外國人，恐怕就是他。回到倫敦以後，康德黎便組織 Friend of China

Society 請許多朋友給予孫先生各方面的援助。他跟 Sheridan Jones 所撰的 Sun Yat Sen and the Awakening of China 是欲知孫先生所非讀不可的一本書。它沒有出版的年代，不過我想大概在第一次革命後孫先生被選爲總統時寫的。

㈤本書第一六九頁的所謂天佑俠，與本題沒有直接關係，所以我不想多費筆墨，而祗指出它的黨羽之一的鈴木天眼寫有題名「天佑俠」的一本書。它是由清藤幸七郎所編，而清藤就是本書的呑宇。但實際上的撰述者，據說是天眼，這本書也是非常精彩。惟天佑俠的活動，在擬伸其志於鄰邦這一點是相同的，但其根本的動機則與著者等完全相反。如前面所說，著者是誠心誠意想爲中國設想的，但天佑俠卻名符其實地爲日本而想吃韓國。尤其是想光大日本人的英勇而亂發的暴行，說痛快確是痛快，但跟著者的立場完全有異。而這些天佑俠的人，有許多是起初跟著者爲中國盡力的（由此可見援助中國者其開頭實在有各色各樣的人），但到後來，他們也就慢慢地離開了。在這種情況之下，著者能始終一貫以純正的動機爲中國之摯友，的確令人欽佩不已。

㈥關於中國革命的歷史，請參閱我與文學博士加藤繁君合著的「中國革命史」一書。或不無自我吹噓之嫌，但我們仍相信它有一看的價值。不過，此書卻祗寫到第一次革命而已。

至於有關第一次革命以後的事，我也有幾部著作，更有不少他人的書，恕不一一述及。

（譯註一）本文作者吉野作造（一八七八—一九三三）是日本宮城縣人。留學歐美，曾任東京大學政治學教授、政論家，對日本民主思想的鼓吹貢獻很大。一九六六年，日本中央公論社爲紀念他對民主思想的非凡貢獻，設立吉野作造獎，以獎勵每年對日本論壇有過最大貢獻的人。

本文譯自「三十三年之夢」複印本的附錄。該書附錄除本文外，還有滔天家族像片，其哲嗣宮崎龍介所寫著者小傳和索引。而譯者用以翻譯的版本，係發行於大正十五年七月十日。又，大正元年適值民國元年。

（譯註二）內田魯庵（一八六八—一九二九），東京人。小說家，文藝評論家。是托爾斯泰「復活」早期的日文版譯者。

（譯註三）頭山滿（一八五五—一九四四），九州福岡縣人。日本右翼的巨頭。對中國革命亦很有貢獻。寺尾亨（一八五八—一九二五），跟頭山同鄉。文學博士、法學博士，曾任東京大學國際法教授，和中華民國政府的法律顧問。

（譯註四）至今，譯者所親自看到的中文譯本有三種。一種是民國十四年五月，由上海出版合作社所出版的，書的譯名叫做「三十三年落花夢」，但沒有譯者的名字，祇有校刊者，且署名「P.Y.」。惟這個版本是另外一個譯本的重印，該譯本，據其「重印贅言」說，是大約在其重印此書二十年前出版的，故其出版可能在一九〇五年左右。

第二種版本就是臺北帕米爾書店翻印的，其書名也叫做「三十三年落花夢」。第三種版本是黃中黃（亦卽章士釗）著「大革命家孫中山」。這是臺北文星書店所翻印的，於一九六二年出版。章士釗原譯名爲「孫中山」，文星書店把它改成「大革命家孫中山」。

（譯註五）德富蘇峯（一八六三—一九五七），眞名叫猪一郎，九州熊本縣人。政論家、歷史學家。他的著作可能日本有史以來最多（有人說很可能世界最多），而其代表作「近世日本國民史」有一百卷。以「不如歸」馳名的作家德富蘆花（眞名健次郎）是他的弟弟。

（譯註六）這首歌詞，非常難譯，此譯文不是定稿。

（譯註七）寄席，日語念yose，是一個講神道、心學、故事等的地方，始於一八〇〇年左右。今日東京、大阪還有，而大阪法善寺是個最著名的地方。

（譯註八）作者所說的版本，可能是譯者所看到的同一個版本，它一共祇有一百三十九頁。這是節譯本，請參考（譯註四）。

（譯註九）「二六新聞」創刊於一八九三年，重要的撰稿者有鈴木天眼、福田和五郎、江木衷、大石正巳、稻垣滿次郎、柴四郎、大島貞益等。

（原載一九七一年八月號臺北「幼獅月刊」）

關於「三十三年之夢」及其中譯本

陳鵬仁

中國革命之友，宮崎滔天所著的「三十三年之夢」，據我所知，至今已有四種版本。

第一種版本出現於一九〇二年，由東京國光書房發行；第二種版本於一九二六年七月，由明治文化研究會出版；第三種版本於一九四三年，由日本馳名的文藝春秋社發行；第四種版本出版於一九六七年十月十日，發行所是平凡社。以上四種版本，我祇看過三種，第三種版本至今尚未見過；但現在在手邊的祇有第二和第四種版本。

第二種版本的校訂者是著名的政治學家，曾任東京大學教授的吉野作造。這個版本，除本文二七五頁外，還有一個附錄。附錄裏有：一、一張宮崎家人的照片，宮崎滔天夫婦、母親、宮崎彌藏、和宮崎民藏夫婦。此照拍於一八九三年；二、吉野作造對於本書的解說；三、宮崎滔天小傳，作者是滔天的長子宮崎龍介；四、索引。

第四種版本是這四種版本中內容最充實，裝訂最好者。這是「後來居上」所使然。這個版本，本文有二三六頁，另外還有註解；吉野作造上述的解說；宮崎龍介的乃父小傳，裏頭有九張照片；東京大學教授衛藤瀋吉的解說；滔天年表；地圖；和有關人物的略傳。本書的校註者是宮崎龍介和衛藤瀋吉。其中宮崎龍介所寫乃父的小傳，與第二種版本者大不相同，換句話說，其一大部份是乃母的口述。最後的有關人物的略傳，很有價値。

這本書的中文譯本，據我所知道，有五種。第一種是黃所譯，書名爲「孫中山」。譯者黃中黃就是做過段祺瑞反動內閣之教育部長的章士釗。黃與在內陸看到章士釗的這個譯本，知道宮崎滔天的爲人，後來到日本便去找宮崎幫忙，他倆變成知己之交。這個版本大約出版於一九〇三年。

第二種版本譯名叫做「三十三年落花夢」，譯者是金一，問世於一九〇三年。第三種版本仍然叫做「三十三年落花夢」，譯者不詳，祇有校刋者「P・Y」的署名，於一九二五年四月，由上海大道書店印行。第四種版本是第三種版本的複印，於一九五二年四月，由臺北帕米爾書店發行，譯者是金松岑。據衛藤瀋吉說，金一和金松岑是同個人，金一爲筆名，松岑是號，他的本名叫做項天翮，係江蘇吳縣人，曾資助鄒容出版其轟動一時的「革命軍」一書。（平凡社版「三十三年之夢」三一五——六頁）。由此可見，第三種版本就是第二種版本的複印。

第五種版本是一九六二年，吳相湘主編，由文星書店所印行的「革命家孫逸仙」。但這是第一種版本章士釗譯「孫中山」的影印。

因此，中文譯本雖然有如上所述的五種，但如從其譯文本身來分類的話，在實際上祇有兩種。就是章士釗譯的「孫中山」和金松岑譯的「三十三年落花夢」。

章士釗說他的譯書爲原書十分之四，且十分之四中又有裁汰；但在實際上，據我的估計，它祇有大約原文的八分之一到十分之一的內容。

第二、章士釗是從原書第十七章開始翻譯的。他不但亂譯，而且亂加自己的意見。從本文第六頁到第八頁倒數第二行這一大段就是他隨便加上去的。至於其亂譯，不勝枚舉，我祇舉幾個例子。

「余認個人之自由權利者，不論財產平均之說，不論國家社會之說」（「滔天原自序」【節錄】第七頁）應譯爲：「我承認個人的自由權利，因此我不喜財產平均之說，也不取國家社會之說」。

「而直視天下事如兒戲」（本文第四十六頁第八行），應譯爲：「有如孩子在打架」。

「自是漸明中六之非行。更有私書僞造之發見。黨說紛紜。議陳其名。惠州之事終。孫君續爲裁判。以含糊結局。此最後之事也。」（第五十頁第五——六行）其原文應譯爲：「從此背山（中村彌六）的非行逐漸分明，且有僞造文書之發現，此事遂成爲黨的問題，更演變成議除黨籍的問題。正在此事往另外方向發展空費時日之際，惠州起義結束，孫君亦回來。此案隨則成爲訴訟問題，廝翁（神鞭知常）的調解，如此在紛紛擾擾中結其局。可是孫君尚不氣餒，隨命我使上海，這是最後之一策。」

章士釗不僅亂譯，並且這裏譯一段，那裏譯一段，既不是正式的翻譯，也不是普通的所謂節譯，因此我把它叫做「撿譯」，就是這裏撿譯一段，那裏撿譯一段的意思。所以章士釗的譯本實在大有問題，殊不值得參考。

至於金松岑的譯本，雖然也有不少錯誤，但卻比章士釗高明一些，且文筆又好。不過，嚴格說起來，這個譯本也不行。因爲他跟章士釗一樣隨便加自己的話，錯譯的地方也多。（如把西瓜譯成「丹藥」【第二頁】；將掛羊頭賣狗肉譯爲「夫飲羊之徒，不如屠狗」【第六頁】等）因此這兩個譯本，或應用譯述二字，而不該用譯字。

現在我要說的是，吉野作造校訂的「三十三年之夢」的著者名爲「白浪庵滔天」，平凡社版爲「宮崎滔天」，而其「自序」的署名則皆爲「滔天宮崎虎藏」。是卽宮崎寅藏是他的俗名，虎藏是他的戶口名，白浪庵滔天是他的別號，因此，在日本大家便通稱他爲宮崎滔天或宮崎寅藏，而在中國也如此。又，在用白浪庵滔天之前，據說他曾經用過騰空庵白寅的別號。

「三十三年之夢」的原書，在本文前皆有三篇序文。第一篇是孫中山先生的；第二篇爲清藤幸七郎的（但吉野的校訂本把清藤的序文排在前面，孫先生的放在第二篇）；第三篇是無何有鄉生寫的。惟中文譯本皆祗有孫先生的序（章士釗譯本另外加上了章炳麟的題詞），因此我擬把另外兩篇序文錄出來給各位讀者參考。

吾友滔天子　俠烈氣高軒　畫策縱橫多危言　抱負在解兆民寃　胸藏經天緯地謀
欲與亞洲及全渾　感想湧來山嶽動　談論激處勢瀾翻　難那天時猶未到　失脚十年
徒走奔　半生夢覺落花夕　青衫唯見斑酒痕　回首三十三年非　空有一片赤心存
半夜燈前感多少　呵筆寫盡舊夢繁　不入山門不避世　含垢笑入雲氏門　雲氏巧爲
浪花節　妙技絕倫人傳喧　子也天賚聲音美　努而可窮造化源　講筵任述胸中事
案上宜說人閒原　一身安處隨處是　不須驕傲枉自尊　君不見人生擾擾一場夢

富貴功名何足論　大隱隱市　小隱隱村　人間更有隱外隱　併來清濁呑乾坤　噫吁彼一時兮此一時　淸時須先伴芳樽　今夜對酌滌襟煩　更佩一杯作春温　落花紛紛雨紛紛　滿眸春老銷魂黯

滔天子投於桃中軒，隔數日，余得問訪焉，滔天歡迎，啣杯迭話舊夢，自申至戌，而談遂不及當今之事也。感慨無窮，席上賦詩而述慮，偶告其著三十三年之夢刻成，卽附以題辭云爾。

壬寅盆夏　　呑宇　淸藤幸七郎識

三十三年夢

本是名家子　劍書其所耽　三三前已爾　翹足後三三　九九八十一　三三不爲十

不平出至性　人世回深笠　深笠飛燕子　艶情多畸男　他說眞豪傑　何知是張三

侈矣王侯夢　醒來羨小仙　淸白高明士　空期五百年　夢呼吁是夢　夢裏何尋夢

玲玲陌上聲　覺殺夢中夢

桃中軒席上醉餘與呑宇居士分三十三年夢五字，相唱酬，調滔天子學浪花節。

壬寅夏日　　無何有鄉生

清藤幸七郎（一八七二——一九三二），別號吞宇。日本九州熊本市人。自幼就是宮崎弟兄的朋友。於一九〇〇年，曾與滔天前往新加坡勸說康有為，被誤解而被捕下獄，其詳載於「三十三年之夢」「新加坡之下獄」章。

無何有鄉生係武田範之（一八六三——一九一一），九州福岡縣人。別號洪疇。與內田良平策劃併吞韓國，後來做了和尚。

又，除「三十三年之夢」外，宮崎滔天還有兩部著作和一些零散的文章。兩部著作是「支那革命軍談」和「狂人譚」。前者於一九一二年一月二十五日，由東京明治出版社發行，全書一七四頁，一共四二話，還有一個附錄，曰「革命事情」，分五節。不過這本書並非滔天所親作，而是由他口述，由高瀨魁介編輯而成的。

「狂人譚」於一九一二年九月二十五日，由國光書房所出版，全書一五三頁。此書係從一九一一年六月十九日至同年十月十三日，以「不忍庵主」的筆名在「二六新聞」連載而輯成的。

一九六七年九月十日，日本法政大學出版局，請西田勝氏擔任編者，把這兩書合併起來出了單行本；西田氏並在該書後頭加了一個「解說」。連這個「解說」，全書二四九頁，書名曰「支那革命軍談」。

「支那革命軍談」比「三十三年之夢」晚十年出版，所以它可以說是後者的續篇，因此，在「三十三年之夢」裏未便明白說出的人名，在「支那革命軍談」裏則把它說出來了。譬如在「三十三年之夢」祇說「〇〇次官」，但在「支那革命軍談」卻明白說「小村壽太郎」等等。

其次，根據東京平凡社版「三十三年之夢」衞藤瀋吉氏的「解說」，宮崎滔天還有如左的文章。其中刋在「革命評論」者有下面五篇（四篇用火海的筆名）：

「支那革命與列國」（第三期）　「孫逸仙」（第四期）

「落花之歌」（第六期）　「支那革命之大勢」（第九期）

「革命問答」（第十期）

爾後在「日本及日本人」雜誌發表的有：

無賴庵「肥後人物論評」

巢鴨浪人「浪花節與天理教」（第四六三期）

無賴庵「肥哲余芳」（第五〇〇期）

誤入來「浪人的生活」（從第五〇三期至五二二期，但五〇六期未連載）

滔天「yomoya 日記」（從第五一四期連載到五二三期）

滔天「與革命黨領袖黃興的談話」（第五三五期）

滔天「俠客、江戶漢、浪花節」（第五四九期）

宮崎滔天「輕便乞丐」（第六三九期）

一九一五年滔天曾經參加過日本國會議員競選，但名落孫山。在他的晚年，滔天經常為「上海日日新聞」寫稿。

六兵衛「東京通訊」（斷斷續續地由一九一八年五月十二日連載到一九二一年六月二十八日）

滔天「消夏漫錄」（從一九一八年七月二十四日連載十八天）

滔天「黃興先生逝世三週年之回憶」（從一九一八年十一月九日到十七日連載八天）

滔天「朝鮮窺記」（一九一八年十一月二十六日至十二月四日連刊）

滔天「Mudafa 記」（一九一八年十二月十七、十八兩日）

滔天「大腳爐通訊」（一九一九年二月七日至三月十五日連載）

六兵衛「Midare Bako 通訊」(一九一九年四月至五月二十七日連載)

滔天「韜園近況」(刋於一九一九年四月二十四、五兩日)

滔天「帝劇見物」(從一九一九年五月十一日連載三天。帝劇乃帝國劇場之簡稱，見物此地意味著觀劇)

滔天「亡友錄」(從一九一九年五月十三日起至一九二〇年三月八日，斷斷續續地連載五十回。包括其兄彌藏、伊沙克・阿伯拉罕、吉富常太郎、金玉均(韓國人)、渡邊元、磯山清衛、石橋禹三郎、鄭弼臣、史堅如、山田良政、畢永年、田野橋次、安永東之助、一木齊太郎、程家檉、鄭竹丹、陳天華、趙聲和武田範之等)。

滔天「近況如何」(從一九一九年九月十日連載三天)

滔天「悼佐佐木金次郎君」(刋於一九一九年九月十一日)

滔天「久違記」(從一九一九年十月十三日連刋八天)

滔天「山田良政君建碑式」(從一九一九年十一月二日連載三天)

六兵衛「旅中漫錄」(一九一九年十一月十六日載到十二月二十一日)

韜園主人「黃興將軍與刺客高某」(刋於一九二〇年一月一日)

高田村人「胡寫日記」（一九二〇年一月一日連載到該年年底）
韜園主人「桂太郎與孫逸仙（介紹者秋山定輔）」（從一九二〇年一月二日起連載三天）
六兵衛「廣州行」（一九二一年三月七日連刊十九天）
高田村人「參宮紀行」（從一九二〇年九月十一日起連載八回）
（前一半原載一九七一年六月號臺北「新知雜誌」；後一半原刊於一九七一年十一月號臺北「藝文誌」）

附記

關於「三十三年之夢」的中文譯本，於民國六十九年九月，臺灣中華書局出了宋越倫先生譯的版本，書名也叫做「三十三年落花夢」；目錄上有「張序」，但本文沒有，一共有二七九頁。這個譯本，譯筆文雅，用的是文言文。譯文中，有兩個地方譯錯，但這是同一個名詞，就是宋先生把「本君」譯成「本人」，即犬養毅本人及孫君本人，其實「本君」指的是彭西。當時，日本志士給彭西取個「本君」（Ponkun）的外號。請參閱宋譯本一九五頁第九行，及二一〇頁第一六行。

民國七十一年，美國普林斯頓大學推出了「三十三年之夢」的英文版本，書名爲“My

Thirty Three Years Dream"，譯者是東京大學名譽教授衞藤瀋吉先生，和普林斯頓大學教授，以「日本人與孫逸仙」(The Japanese and Sun Yat-sen)的著作馳名的詹森(Marius B. Jansen) 先生。衞藤先生曾送我一本，我翻閱他倆怎樣翻譯「本君」，他們大概不知道是什麼意思，乾脆把它省掉了。該書二五一頁第二行及二七四頁第二八行。

民國七十年八月，大陸廣東省新華書店發行了「三十三年之夢」譯本，改譯者林啓彥，此書把吉野作造著我譯的「宮崎滔天著『三十三年之夢』解說」，作爲其「附錄」的第一篇文章，但沒有註明出處。

民國七十三年元月，臺北帕米爾書店翻印了前述大陸版本的「三十三年之夢」（不過它用的是33年之夢」），除「附錄」照錄外，還加上該書店從前所發行，由金松岑譯的「三十三年落花夢」，一共有一二八五頁。大陸版和帕米爾版，也都把「本君」譯錯了。前書二三六頁第一九行，及二四三頁第六行；後書二一一頁第二一行，及二二七頁第八行。八年前，我曾經把「三十三年之夢」譯完大約百分之九十五，後來因爲太忙，一直擱到今天，希望在一、二年之內完成問世。

民國七十五年十月五日、臺北

關於萱野長知著「中華民國革命秘笈」

陳鵬仁

這本書出版於一九四〇年，由「皇國青年教育協會」發行，本文共計三百四十五頁。在本文之前，有張人傑「革命努力」和譚延闓「逝往思來」的題字，有國父、黃克強、林森、宋教仁、李烈鈞、蔣中正、胡漢民、犬養毅、頭山滿、宮崎滔天、山田純三郎、古島一雄、萱野長知、以及中山陵等照片，有國父親筆撰寫的革命黨總章，國父給萱野長知的密電和書信，黃克強、章炳麟、何天炯、宋教仁、居正、陳少白、陳英士等筆跡的照片。在有關辛亥革命的外國文獻中，本書在這方面的資料可能最爲豐富。

本文分爲十八章，從　國父的降世起筆，以至　國父於一九二四年十一月二十八日在神戶高等女學校向神戶商業會議所等五個團體發表大亞細亞主義的演講爲止。這十八章雖然不是有系統的著作，但似可以大別爲兩大部份；從第一章到第八章可以視爲第一部份，第九章到第十八章爲第二部份。

第一部份與第二部份以辛亥革命的成功爲分界。換句話說，第一部份介紹國父立志革命，經過十次失敗，終於成功的過程；第二部份敍述護法、以及國父著述，演講的經過。

由於這本中國革命史是以日人爲對象來寫的，所以著者用了許多篇幅來說明三民主義，五權憲法和孫文學說的精義。而這些都是國人所最熟悉的，因此在這裏不必特別加以介紹。

在這十八章中，第六章「黃花崗與中部同盟會」是翻譯曾傑的論文，第十五章「中國民族與滿洲民族有區別」是翻譯胡漢民反駁「國民新聞」的論文，第十六章是　國父與黃克強先生答覆日本政治家板垣退助所問有關中國政制和軍制的譯文。

除本文和上述的照片等外，本書還有一個附錄。其內容爲：一、革命秘話，二、唱和集，三、孫中山年譜，四、黨員誓約書，其中六百四十張黨員宣誓書的影印尤其可貴。「革命秘話」是著者所親身經歷的秘聞，非常有趣；跟本文第八章「辛亥革命」可以說是本書最精彩的部份。

著者追隨　國父從事中國革命三十年，他在本書中稱　國父皆曰「中山」，而其他日人通常則用「孫文」二字，這是很值得我們注意的一點。其次，國父在北平逝世時，在　國父身邊的日本人，祇有萱野一個人，由此可見萱野與　國父關係之深。

萱野所以寫這本書，主要是由於胡漢民的遺囑。著者初寫此書是在一九二六年，惟有許多事不便寫明，而興趣大失，遂把它擱置下來。迨自一九四〇年太平洋戰爭期間，始重行執筆。（見其「自序」）

據著者的統計，跟　國父有來往的日本人大約有三百人，著者本來準備把這名單刋於本書的，惟怕有遺漏，遂把它取下（該書五九頁），實在可惜。

不但著者自己幫助過中國革命，而且他的親戚大塚太郎（旅居美國數十年）和多賀宗之（陸軍少將，曾任保定軍校教官）也幫助過中國革命（該書一五五、一九七頁）。

本書最大的價值，在能告訴我們萱野所知道的日本人曾經爲辛亥革命盡過些什麼力。而其大部份的人，皆寫在前述本文第八章「辛亥革命」和附錄裏的「革命秘話」。此外，我認爲比較重要的，有平山周所撰的「山田良政君傳」和多賀宗之所寫的國父從福州亡命日本之經過。將另文譯之，以饗讀者。（原載一九七一年四月號臺北「新知雜誌」）

黃克強先生軼事

陳鵬仁

去年夏天，在一個偶然的機會，我認識了一位在美國已經住上將近五十年的日本人；而今年夏天，我更跟他在紐約郊外的長島海濱一起工作。這位日本人，名叫上田金作，是長崎縣島原市人，今年八十歲。

自十五歲起，他就開始過着海上的生活。換句話說，他是輪船的服務生。因此，他幾乎跑遍了地球上的每一個角落；更見過不少的世界名人。而黃克強先生就是他所接觸過的這些名人之一。

據他說，民國二年夏季，因二次革命失敗，黃克強先生擬亡命日本，當時他所乘的日輪靜岡丸（六千二百公噸，船長爲井澤虎吉），乃受中國革命之友犬養毅之托，在上海接黃先生，把他帶到日本來。該輪由上海開到香港去運客人，爾後由香港再經上海，而抵達橫濱，前後大約三星期。

在這三個星期當中，據他說最麻煩的就是在香港停留一星期，以載三百多名中國人移民至加拿大温哥華的時候。因爲當時懸賞通緝黃先生，既怕給香港政府海關官員查到，又怕移民的中國人爲賞得而告密，因此想盡辦法掩護他。專門侍候黃先生的，除上田氏外還有一位姓佐藤的靜岡人。爲避免給海關官員發現，他們曾經把黃先生藏在冷凍蔬菜的大冰箱裏，那時黃先生穿上大衣和披着毛氈進冰箱。而在通常，黃先生則住船上郵局專堆信件的大箱子，並完全與一般客人隔絕。佐藤氏專送飯給黃先生吃，上田氏有時候也幫忙；但上田氏主要的工作是帶黃先生到服務生專用的澡堂去洗澡，和在澡堂外邊守候黃先生。

根據上田氏說，黃先生身軀魁偉，臉白，眼睛很大，大約四十歲，說一口流利的日本話。黃先生完全不喝酒，喜歡吃日本菜，而不喜歡西餐；更歡喜洗澡，一天最少要洗一次，多時要洗兩次到三次。而且，連洗澡時也要把手槍放在身邊。忘記帶的時候，即喊上田氏去拿。在這次旅途上，黃先生一直在看轟動當時日本文壇一時的德富盧花（健次郎，當日之名政論家德富蘇峯的胞弟）底「不如歸」。

跟黃先生上船的還有一位中國人。上田氏不知道這位中國人是誰；但這位中國人卻帶着很多錢給黃先生。以後這位中國人下船去，並未到日本。爲酬謝上田氏和佐藤氏的照顧，黃先生曾給他們各一百元；但是，靜岡丸的事務長命令他們不能要。（當時上田氏的月薪是十二元）因爲黃先生不是普通客人，而是大政治家犬養毅的亡命朋友。不過黃先生終把他的手錶送給佐藤氏。又，上田氏亦曾用白襯衣的背身請黃先生寫字給他；但事務長又命令不可以，因此，連黃先生的墨蹟也沒有到手。惟後來，他們的公司各給他們五元獎金。

黃先生向他們說，他到達日本後不久將轉往美國，不過將來祇要他能成功，他一定要請他們兩個人到中國來，並將保障他們一生的生活。三年後，黃先生不幸與世長辭。上田氏說：『假若黃先生不那麼早逝世，而我眞的去找他的話，我的一生恐怕又是另一種景況了。』

靜岡丸抵達橫濱時，很多日本的新聞記者到碼頭去找消息。這些記者抓住上田和佐藤氏說：『你們一定知道這條船載有中國革命領袖黃興。祇要你們肯說出這個事實，我們決定給你們要多少就給多少的錢。』當然，他們守口如瓶。到那天晚上深夜，靜岡丸開到靠近東京的某地，黃先生纔下船，下榻犬養毅公舘。

以上係上田氏向我所說有關黃克強先生二次革命失敗後亡命日本的經過和事實。由於現在我手邊並沒有詳細資料，所以對於上田氏的陳述無法予以考證。不過，我覺得上田氏的陳述是可靠的。因爲上田氏是沒有受過什麼高深教育的人，而竟知黃興這兩個字；如果沒有見到黃先生，他更不會知道黃先生留學日本，懂得日文和日語。而且他對於黃先生所得印象，亦與我們所瞭解者一致。因此上田氏的話是可信的。

現在，我想對於上田氏再說明兩句。

上田氏今年雖已屆古稀，但其身體卻非常健康，而且還在繼續做洗濯盤碗的工作。其動作之敏捷，並不遜於年青人。他自己雖然沒有多少儲蓄，但是，卻非常喜歡捐獻和助人。遠在一九三三年，他曾捐過一千二百美元給他的小學母校，俾建立以勤、學馳名於世的二宮尊德（金次郎）底銅像。而在最近數年，對於他故鄉的慈善團體、養老院等，前後更捐了三千多美元，因而榮獲島原市長的特別褒獎。實在難得。我們但願上田氏愈老彌堅，活到一百歲。（原載一九六七年九月十日臺北「政治評論」）

附錄　孫中山先生給日本人的文電信禮

這些孫中山先生給日本人的文電信札，完全錄自由中國國民黨中央黨史史料編纂委員會所編，中央文物供應社所出版的「國父全集」（中華民國五十年十月二版）。從這些文電信札，我們當可發現孫中山先生與日本人，亦卽日本人與辛亥革命之關係是如何地密切。

文電

致日人平山周告赴星會宮崎電

接電大喜，弟數日事完，當往星會宮。（六月二十五日）

—民國紀元前十二年—

致平山周盼告北方實情電

祈示北方最後實情，定六號往星，屬陳將弟信寄來此。（六月二十八日）

—民國紀元前十二年—

致平山周告兩廣義師已起盼資助械款並指示滙款運械方法電

—民國紀元前五年—

兩廣義師已分道並起，雲南四川皆可響應。現資械爲聯合之要需，日本義士能否相助？若資助，可電寄河內，用 Longsang（原註孫之匿名）名收，同時電告山東 Chantung。若助械，可托三上船運來，得回電，再定授受之地。孫文啓。（六月七日）

致平山周訂購械彈電

—民國紀元前五年—

訂購一萬，先送鎗二千，彈二百萬。（六月十四日）

覆日人犬養毅頭山滿詢邀赴日本原由電

—民國七年—

來函敬悉。現正在粵籌備召集正式國會，閣下所欲面談之事，倘爲南北調和問題，則唐少川優爲之，無文親來之必要。若爲東亞百年根本之大計，非與文面談不可者，請即電覆。（三月廿日）

函札

爲劉學詢約期往會並訪大隈致犬養毅函

民國前十三年（一八九九年）

木堂先生足下：今晚與劉學詢會談，欲於後日（三十日）朝八時來拜會先生，並欲順候大隈伯，托弟先爲轉達先生，祈先達大隈伯可也。弟明朝有事復回橫濱，晚當來京，投宿先生家，次早一同會談也。此候大安不一。弟中山。八月二十八日。

抵西貢後致日人平山周函

民國前十二年（一九〇〇年）

弟於六月二十一日已抵西貢，現在尚未能定行止，並定往何處，且候廣東之事。刻已繕一電報去問劉氏，各件如何，俟彼回電，自當知一二也。弟現住西貢（Grand Hotel）。此地之望勢亦甚好。然要數日之後，方能決之，事決之後，當能將我之行向及日期告諸君。福本平山二君與楊陳二君在香港所圖之事如何？弟料如能一一照法行之，當亦有可望也。今日者乃分頭辦事之時，想一月之後便可通盤計算，以觀成就之多少，而定行事之方針矣。諸君宜一面努力辦事，一面靜候弟之好音可也。此致，卽候大安不一。弟樵啓。六月二十二日。

惠州起義前致平山周函

民國前十二年（一九〇〇年）

平公足下：臨行之夕，各事已決，望足下與原公等務要毅然行之，不可中止爲幸。至於日友旅費一節，已托足下向福君款內支取，因遺下鄭君之數不多，彼有無數要事，用費極繁，弟深恐有不敷支應之憂，故未入內地之前，若足下有向鄭君求費，而鄭君或有不能應者，務望足下諒之，不可因此而中沮不行，是爲切禱。前日議決之事，惟衢哥入內地一節，畧不相宜。彼在港較爲大用，已致函於弼衢二君，改致一議。此後衢君仍留住香港，爲招集商人之用，着弼君覓李君香某代之，較爲人地相宜也。此致。卽候籌安。原公並各同事統此候好。弟樵啓。七月二十四日。

惠州起義前致平山周囑與楊衢雲福本照所授意妥策施行函

民國前十二年（一九〇〇年）

平山兄足下：前託足下到香港所辦之件，今鄭兄不能行所擬之法矣。如足下說今之事無成則已矣，由他自行其是，吾行吾人之事可也。玆福本君隨後到港，第聯絡港中富商，以資臂助，其行事之法，已盡授意楊兄衢雲。福本君到之日，望足下會同福本君楊兄三人，照弟意妥策善法施行可也。此致，卽候大安不一。弟孫文謹啓。

惠州之役失敗後自上海致平山周函

民國前十二年（一九〇〇年）

平山兄足下：今日托交前途之信，該人已經妥收，亦已如約來船會面矣。又訂明早（九月一日）九時，請足下再到該人之家取一要信來。弟懇足下明早如期再往爲禱。多勞多謝。中山樵。八月三十一晚。

改派宮崎寅藏去滬致平山周函

民國前十二年（一九〇〇年）

平山兄足下：弟已安平到東京，得見各同志矣。玆改議着宮崎兄前去上海，因彼與前途相善，便於商量各件也。前交足下帶去上海之信，望卽由書留郵便寄來橫濱，交黎炳墀兄收入轉交與弟可也。餘事尚未能決，俟待後報。此致，卽候大安不一。弟文謹啓十一月十六日書。

致平山周告將往東京函

民國前十年（一九〇二年）

平山仁兄足下，弟尙不能成行，爲之奈何？兄有何良法，幸爲指教，弟欲日內來京，兄何時回省？望爲示知。此致，卽候大安不一。弟樵啓。七月卅日。

致平山周詢東亞時局函

民國前九年（一九〇三年）

平山仁兄足下：昨日接到横濱友轉寄足下一函，到此地始知足下之所在地。弟於七月尾從安南到日本，在濱京滯留約二月之久，至九月廿六日始發程來布哇島，前此以來，已足一個月矣。弟到東京時，遍覓舊同志，無一見者，心殊悵悵；故有一走九州之意，又以資不足，不果。臨行之前，曾發數信於宮崎君，未見答，未知他近況如何？諸同志在九州如何？殊爲念念。弟在此間，近聞日露（俄）之風雲甚急，將不免於一戰乎？果出於戰，公等未知能否運動政府兼圖南局，一助吾人之事也。弟在此間無甚所事，然以經濟困難，退守此以待時機耳。東亞局面究竟如何？望爲時時示悉，俾知各情爲望。此致，卽候大安不一。各同人祈爲問好。弟中山啓。十一月六日

在歐將赴日本前致宮崎函

民國前七年（一九〇五年）

宮崎先生大人足下：日前寄英國之書，久已收讀，欣聞各節，所以遲遲不答，蓋因早欲東歸，諸事擬作面談也。不期旅資告乏，阻滯窮途，欲行不得，遂致久留至於今也。獨於六月十一日從佛國馬些港乘 Tonkin 號佛郵船回東，過南洋之日，或少作逗留未定；否則必於七月十九日可以到横濱矣。相見在邇，不日可復與先生抵掌而談天下大事也。謹此先布，幸少待焉，餘容面述，卽候大安不一。各同志並祈問好。弟中山謹啓。六月四日寫於佛京巴

黎旅館。

防城起義望籌畫接濟餉械致宮崎寅藏函

民國前五年（一九〇七年）

宮崎先生足下：久未作書，以事方進行，無以告慰也。萱野君歸回把晤，當可暢談一切。近日西軍已發，一舉破防城縣，衆數千人，極得民心，現已全軍北趨，以取南寧。黃君興於同志方面，結合得一新勢力，此時尚持重，俟機乃發。如一發則兩軍合併，廣西不難定也。南來苦意經營數月，始得此結果。此軍初起，而勢力甚固，地位甚穩，專俟一取南寧，則革命軍之基礎已成，廣東長江等響應之師，相繼而起，事可大有爲也。現弟急欲籌妥軍餉軍械外交等事，始入內督師。關於日本之運動，弟在東京時，曾託足下全權辦理，而足下謙讓固辭。及弟去東京後，聞平山北和田諸人與足下衝突，當時弟意以爲諸人意見不合，非有大故，故於來書所述，欲得全權辦理之事，慮平山北和田等旣挾意見，不能和衷，故第五十四號函中有「於各人才力所及之範圍內，各有全權」之語。不料平山北和田等不顧公義，爲弟之所不及料，非惟無以維持團體之精神，增進團體之勢力，且立意欲破壞團體，旣將日本人的方面破壞無餘，且進而侵入內部，幾致全局爲之瓦解。前托萱野君回國購械，與足下謀議，事已垂成，而機洩於此數人之手，凡此皆不法之舉動，公義之蠹也。弟以後不復信任此數人，其關於日本之運動，當託足下全權辦理，宜秘密行事，不特平山北和田數子，不可使之聞知，本部中人及民報社中人，亦不必與之商議，專託足下一人力任其難，如有所商酌，可直接函電弟處。其在日本之助力，以犬養毅君爲最適宜，今繕一函致犬養毅君，祈卽轉交，相與謀議。現時最急者，軍餉軍械兩大宗，望悉力籌畫，以相接濟。欽州海面，已爲吾黨勢力所及，輸運軍械，較前容易矣。專此奉託，卽請俠安。弟孫文謹啓。八十八號，九月十三日。

萱野君想已到東，祈轉告西軍已發，東軍之事，望速經營，至以爲望。

民國前五年（一九〇七年）

致萱原請代設法借助人械函

萱原君足下：近以事急離京，未及告別，良引爲憾。然日前相約之事，想不忘懷也。今者聞貴同志已握政權，而吾人義兵亦起。此眞適逢其會千古一時也。舉旗至今十餘日，連克大敵，數破堅城，軍威大振，人心附從，從來舉事成功之速，未有及此也。惟現下萬事草創，人才兵械，多形不足，今特托足下代轉求同志政府暗助一臂之力，借我以士官，供我以兵械，則迅日可以掃除淸朝腐政，而另設漢家新猶矣。務望向伊候星等力爲言之。如蒙允諾暗助，卽移駕橫濱海洋九香地佛國郵船會社通知同志黎煥墀君，托他卽用電報通傳爲幸。此致，卽候大安不一。弟孫文謹啓。十月廿三日。

致萱野長知請任東軍顧問並延攬同志相助函　民國前五年（一九〇七年）

萱野仁兄足下：今東軍將起，欲得於軍事上有學問經驗之人以爲顧問。弟念我兄雄武過人，謹以東軍顧問之任相託，望襄助都督，以建偉業。並懇延攬同志，以資臂助。兄之熱誠，弟所深信，望珍重。此請義安。弟孫文謹啓。

致萱野長知述指定運械接濟許雪秋起義經過函　民國前五年（一九〇七年）

萱野先生閣下：前月閣下駕經港歸日本，因有書寄三上君，並與閣下述械事，諒已達覽矣。頃得精衞兄來書，乃知閣下以關於東事曾以西十一月廿六電問，而此間回電不明，閣下有不釋然之點云云。查西十一月廿六日得精衞電，其文云：「遲電已收否？昨到，當偕鄧往各地運動，今乃居無聊，且未得回書，欲回來如何辦法？祈詳電。」當接此電時，以爲精衞自述在星無聊，不指他人。而十一月十二日此間曾致一電與精衞，其文云：「日本來函必欲派一人回東，以維報局，而固人心，已與克展兄詳議，電復公等，勉支報事。精衛準西年底回東籌款，如何？電覆。」故廿六日電所謂回東如何辦法，亦卽爲精衛問伊自己回東整理報事，維持東京團體辦法。遂覆電精衛云：「收偕往，及故款回，可再商回東事。近事複雜，無關運動，故未回書（其時亦得精衛星加坡書未回），德事略滯待急。」所謂近事複雜無關運動者，乃指在西所圖之事複雜變幻，而進步甚少，無能有益於精衛之經濟的運動，故未與精衛書也。今得精衛最近來書，乃知前電係爲閣下而問，原電有：「萱久居無聊，且未得回書，欲回東」云云。萱久二字誤電作今乃，詞意不明，遂致兩俱誤解，殊出意料之外。此間若不接精衛此次來書，尙不明此電爲閣下而發，而精衛至今亦當尙未明此處之電意也。至於此間得閣下請精衛代作之書，其時已了然於東事之失敗，其責任全在許雪秋一人。夫閣下之任務，以能使軍械載迅送至目的地，卽爲完全無關。而許氏乃遇事倉皇，偵候不明，不知有兵艦預備不用，不能僱備大船，報告不實（指李子蔚之報告日船），以致雖已運送到目的地之軍械，而仍不得其用，故曰其責任全在雪秋一人也。而且雪秋關於潮事至此，已三度失敗矣。伊自乏條理，而其左右如李子蔚、林鶴松輩，才尤劣下，故此後各事，不敢復信用於雪秋。而軍械處置問題及其他之事，則弟欲閣下一來河內，面商其辦法，故電精衛「遲款及萬當邀萱鄧同來」，卽係欲邀閣下商辦東械各事，而所以待款者，則因閣下來函述及吉田等回來之措置及再來之方法，均非得有數千金以上之款，則各節問題均難解決之故。弟見精衞在西貢運動，頗稱得手，以爲暹亦易得手，而萬元之款不難。款一得，而邀閣下同來，則可相議東事之辦法，而軍械可得其着落。詎精衞到暹籌款不多。自暹返，過星加坡，寄來十一月二六日之電，此間以爲精衞自言歸東，既覆電，後二日精衞再來一電云：「萱得電，決卽回東。」此得電云云，猶疑爲閣下別得東京之電，而不悟爲得此間之電也。是以此間於前得閣下星加坡書時，未作覆者，以爲各事非商不能妥善，而渴待精衞之籌款於暹有獲。且以爲精衞自暹必經星加坡，而得返河內，則良晤不遠，無待覆書。及精衞於暹所獲不多，歸星加坡不數日，而遂得閣下歸日之電，尙以爲於日本東京或神戶有電催閣下歸，故始作書寄三上及閣下。而前此未嘗覆書者，則純以上之理由，而絕無所疑於閣下之行事者也。雪秋權責在接收軍械，而舉軍於惠潮；閣下之權責，則在於運輸軍械至於目的地。雪秋既不能接械，而其所經營之地點，亦復不能再舉，則事實上其權責已歸消滅。閣下運輸至目的地，責任無虧，然以運回日本之故，因而更生新之權責，但解決如何輸入日本，及如何領收之問題，非弟智能所及，惟有聽閣下次度之報告，而弟所急亦聽之。又其介紹書，乃閣下與胡言之，再之以許行，既不可阻，又必強邀閣下去，因慮許氏言不踐實。許瀕行謂：「到星加坡，萱野君一切費用，我均任之」，而胡不信也。故為閣下作書致張陳等，使為東道主。其書因言閣下係與許氏來籌款云，亦不得軍械輸入，領收之安全與否。至若既得安全領收，則乞以電報知。現時經濟問題，雖未能解決，然欲商為由日本運至澳門附近之海面，由他人請負轉至目的地，如此則日船之再度運來，無何等危險，其事較易。今雖未商定何處海面地點，為中途第一次接收之處，然望一得日本之消息電知弟等，俱易於商量，為如何再來他舉之計畫，而後茲所倚託於閣下之事正多，願閣下更為鼎力賜助是幸。專此，即叩俠安。弟孫文謹啓。十二月廿六日。

謹按：張陳即張永福、陳楚楠。

在南洋將赴歐前致宮崎函

民國前三年（一九〇九年）

滔天先生足下：久未通問，夢想為勞。比接克強兄來書，述足下近況，窮困非常，然而警吏欲賄足下，足下反迎頭痛擊之。克兄謂足下為血性男子，困窮不濫，廉節可風，要弟作書慰謝。弟素知此種行為，固是足下天性，無足為異。然足下為他人國事，堅貞自操，艱苦備嘗如此，吾人自問，慚愧何如。弟以此事宣之同志，人人皆為感激奮勵，則此足下天性流露之微，已有造於吾人多矣，弟安能已於言佩謝耶。自與足下握別之後，事變萬端，革命軍曾於防城、南關、河口三舉，皆未能一達目的，無非財力之不逮，布置之未週；故自河口以後，已決不再為輕舉，欲暫養回元氣，方圖再發。乃自虜喪帝后之後各省人心，為之一變，無不躍躍欲動，幾有不可終日之勢。惟遇吾人財力極乏，不能乘時而起，殊為可惜。弟近接歐洲一名商來信云，經濟計畫，有機可圖，問弟何時可到歐洲商議其事。此言想非欺我，弟本欲早日就道，苦以旅費無着，難以成行。刻已四向張羅，日間或望有一路得手。倘弟歐洲之經濟計畫可通，則其他問題可以迎刃而解，而吾人窮苦一生之願力，亦有日能酬矣。此想足下所樂聞，弟敢預為告慰也。此致，即候大安。弟孫文謹啓。三月二日。

致莊銀安介紹日人入盟函

民國前三年（一九〇九年）

吉甫仁兄鑒：茲有日本人同志島讓次君，去年與小室君受干崖土司刀公之聘，為之理各務。今由干崖來星，再由星返干，其人未入同盟，今欲由弟處聯盟。弟思彼既雲南辦事，則當與公等相識，彼此可一氣照應，故特介紹前來，請收之入盟可也。其宗旨之解釋，可請漢民兄或日本留學諸兄爲之皆可。

弟孫文謹啓。西三月五號

民國前二年（一九一〇年）

自日本抵星洲後致宮崎寅藏等函

宮崎、萱野二先生鑒：弟已於七月十一日平安到新加坡，現擬在此暫寓，以候先生之運動結果。自弟離日本後，各事如何？望詳細示知，幸甚。弟刻下尚無事可告。若他日有事，自當再行報聞也。有信寄弟，請照下文。此候大安。弟孫文謹啓。

Mr.Y.S.Sun
C/O Kong Yo Chiong
77 Cecil Street
Singapore.

致萱野長知請將近況見告函

萱野君英鑒：別後未審近況何似？所謀之事，能否成就？甚以爲念。弟與某處交涉中之問題，尚未達最終之目的，現時在檳榔閒居，以待君及某處之消息。君事之進行如何？並東京近事如何？政情如何？請君時時告我，幸甚。此致，卽候俠安不一。弟孫文謹啓。九月七日。

將赴歐美前致宮崎等函

民國前二年（一九一〇年）

滔天萱野兩先生鑒：十月五日來書已接讀，感謝弔慰。近日吾黨窮極無聊，勢難久待，不得不出大冒險之策，以爲破釜沉舟而速圖再舉也。弟今重作歐美之行，以十二月六日發途，數月內當可東返，應期舉事。北京軍界近亦歸化，大表同情於革命，故他日之舉，決其有成也。足下日本之運動如何？某有勢力之當道，已歸國否？能否援臂一助？務望速爲探實，以爲預備之策畫。如有好音，請爲速示，寄信照別紙英文便可。此致，即候大安不一。

弟孫文謹啓。十一月廿七日。

致宮崎萱野各函

民國前一年（一九一一年）

（一）滔天先生大鑒：弟於去夏到貴國，既不能居留，不得已而往南洋，然彼中無大可爲，故再往美國，爲革命之運動，此地甚自由，可以爲所欲爲也。惟有所不便者，則去中國太遠，交通甚費時日耳。倘先生能設法向陸軍大臣處運動，能得許我到日本居留，則於交通北洋陸軍，甚爲利便，弟必即時回日本居住也。但恐貴國政府已變，既吞高麗，方欲並支那，自不願留革命一黨在國中也。如其不然，則陸相之運動，必能有效也。弟將於此而占貴國之政策焉。接信望即賜回示，並時時將貴邦時事政情詳示，俾知東京時局之變遷，幸甚。前寄南洋慰母喪之信，已得拜讀，感謝隆情。此致，即候大安不一。萱野君統此問好。弟孫文謹啓。

（二）宮崎先生大鑒：正月十八日來函，並東亞議會會則一紙，接讀之下，喜極欲狂。寺內陸相陸軍將校及民間人士，旣如此表同情於支那革命之舉，則吾事可無憂矣。近者英美兩國政府人民，俱大表同情於吾黨，有如佛國之態度。惟英美政府皆疑日本有大野心，欲併吞支那者也。弟以貴國政府不容居留一事證之，亦不能不疑貴國之政策實在如是。今見東亞議會發起人多故交舊識，心稍釋焉。惟未知民黨之力，能終勝政府之野心否？弟甚欲再到橫濱駐足，如能有法與政府交涉，得其允許，實為至幸。望先生及犬養、頭山兩翁，代為竭力圖之，無限切禱。弟在美所謀機局甚佳，不日當可達目的也。匆匆此致，即候大安不一。犬養、頭山兩翁統此問好。弟孫文謹啓。二月十五日。

（三）宮崎先生大鑒：近聞先生貧而病，弟心殊為戚戚，然客途無力，愛莫能助也，故久缺音問。今僅奉寄日銀百元，託橫濱永新祥商店林清泉君代交，祈為察收，知杯水莫能濟事，不過聊表區區而已，幸爲愛照。弟近日遍遊加拿大，所到頗蒙華僑之歡迎，不日當能大達目的也，可爲告慰。日本近事如何？請時時詳示，俾得週知一切，幸甚。此致，即候大安。夫人公子各人，並此問好。弟孫文謹啓。四月一日。

（四）宮崎先生大鑒：前兩月弟曾寄日銀百元，託橫濱永新祥商店林清泉君交來，未知得收到否？弟近日由加拿大到美國，明日往美京，專爲見彼政界勢力人士，想可得好結果也。近聞東京內閣變更，未知對支那政策，有改變否？弟入日本之問題，能否向新內閣再開談判？邇來東亞大勢如何？日本人心如何趨向？請時時相告，俾得有所取資決策。犬養、頭山等公所發起之東亞議會，進行如何？附和者衆否？亦望順爲示知。此致，即候大安不一。弟孫文謹啓。五月二十日寫。

（五）宮崎先生大鑒：弟今由桑港到些路 Seattle 港，將轉而往美東，十月底可到紐約New York 矣。其後或往歐或遄回西美，到牛育後乃定也。近聞日本已換內閣，西園寺之政策如何？對於支那革命黨取何方針？可詳以告我否？並望再託木堂先生向新內閣重開交涉，請求弟能入日本之便宜。如蒙政府允肯，請先生速告我。我以後之通信處，如別紙所載，切盼好音。此致，即候大安。弟孫文謹啓。九月十二日。

在美致日本宗方君抗議日本對本黨態度盼啓導日本輿論及政府同情我國革命函

民國前一年（一九一一年）

宗方君閣下：得接六月念一日來書，如見故人顏色，喜不可言。公過檀香山時，弟失之交臂，不克重逢話舊，良屬悵然，近日支那革命風潮飛騰千丈，大非昔年之比。實堪告慰於表同情者也。弟所交游者以貴國人爲多，則日本人之對於支那之革命事業，必較他國人爲更關心，爲吾人喜慰者必更深也。他日脣齒之交將基於是。弟之視日本無異第二母邦，獨惜近日吾國少年志士每多誤會貴國之經營滿洲爲不利於支那。此種輿情殊非將來兩國之福也。弟每辯解，莫釋疑團。是以去年六月親回日本，欲有所獻議於貴國在野人士，以聯兩國民黨之交，提攜共圖亞東之進步。乃甫抵江戶，則爲貴國政府所撓，不克久居，有志未果，不勝浩嘆。弟既不能居留貴國，不得已遠適歐美，以聯絡歐美之人士，並結合其輿情。故特設支那革命黨機關部於美國之三藩市（San Francisco）、芝加哥（Chicago）、紐約（New York）等地，及歐洲之倫敦（London）、巴黎（Paris）、柏林（Berlin）及布魯塞爾（Bruxelles）等處。自各機關部設立以來，日與彼都人士往還，彼都人士之知支那實情者日多，而漸表同情於是舉者亦大有人矣。他日革命一起，可保無藉端干涉者矣，此又吾人外交上之得手者也。然猶有所憾者，則尙未得貴國政府之同情。此爲弟每念而不能自安者也。此事必當仗我東方人之力，乃能轉移。君者吾故人之一也。深望結合所識名士，發起提倡日本支那人民之聯絡，啓導貴國之輿論，游說貴國之政府，使表同情於支那革命事業。俾支那能復立於世界之上，與列國平等，則吾黨受日本之賜多矣。漢族子孫百代必永誌大德不忘也，幸爲圖之。廣東雖敗，幸無大傷；而其影響於支那人心實有非常之大，雖敗猶勝也。君以爲時機尙早，弟亦謂然。再待數年則軍心民氣皆可成熟，必能學步葡萄牙革命之偉烈也。承詢在上海同志，弟思居留上海實鮮其人，有之，亦暫過往者耳。弟之心腹同志，近年多入北洋陸軍，故多未便相見。其間有來往外間者，則有前延吉都統吳祿貞君。如有過上海，君不妨以弟名見之。其他常來往上海者，則有現任海軍提督程璧光君，皆昔年同謀之人也，亦可相見；惟皆當以謹愼出之，免招非議爲荷。弟今冬欲再到日本，公能爲我設法使政府不阻撓否？如能得當幸爲示覆。此候大安不一。弟孫文謹啓。七月十六日

覆宮崎以母庸甫再見函

民國三年（一九一四月）

滔天兄鑒：弟病氣已消，今日已出外遊行，以吸清氣而舒體魄。某君前日來見時，弟已應言盡言。倘能如弟言去辦，則於中國前途，大有補益也。餘則非弟力所能及，似可毋庸再見。此覆，即候大安。中山敬覆。四月一日。

致日本寺內正平論東亞和毅及中日親善書

民國六年（一九一七年）

寺內總理大臣閣下：自閣下當局以來，私心竊喜，以爲日月之光，所照必遠，文同處亞洲，不禁額首稱慶。文竊以爲東亞之和平，與中日將來之發展，必待兩國人眞正之提携，故吾信近年來貴國朝野之士，主張掃去兩國誤解，圖眞正親善，實爲不易之良策，而欲以此意喻之於中國國民。顧不幸以吾國民智未進，於東亞大勢，能了解者較稀。而貴國政治家之誠意，又爲其所探手段所累，不能見信於中國之民，每有國際問題興起，中國人每疑貴國之親善爲有野心。而吾人平素主張親善者，因之亦無由代白貴國之誠意，此吾人所最爲遺憾者也。今中國以時勢要求，成爲民國，而舊派武人猶思以武力傾覆之，故變亂反復無已。在此時期，貴國能徹底援助主持正義之一方，使其革新，遂行無阻，自足收永遠平和之效，而民亦感激了解貴國之誠意，親善之實自舉。若不然者，則於新舊衝突之際，於表面標榜中立，而實際則不問正義之所在，惟以武力優者爲友，人民因之信貴國之言親善，爲以圖利爲旨，非出義俠之情矣。抑此武力一時優勢，非可久長。當清之季，人以爲其力足以防制漢人，而不知漢人一奮，不復能制。袁世凱之盛也，人以爲其力足以壓服民黨，統一全國，而不知其一旦稱帝，抗者四起。今者北洋軍人，雖以武力破約法，毀國會，囚總統，有似優勢矣，而其非能統一長久，亦已煥然。縱使貴國加以援助，終難使民心悅服，此貴國政治家所宜注意之時機也。彼以武力勝於一時，已招人民之憤。

若貴國更援其武力，則怨毒將隨之向於貴國之人。彼既以武力佔優勢，始得貴國之援，則其心以爲我縱無援，亦必得勝，不感貴國之援助，而反苦其要求，益煽其人民，使之排斥，徵之前事，歷歷可知。彼舊派武人，固宜如是，即使民黨易地處此，亦豈能推誠相信乎。爲貴國計，惟以正義定所當助者，即助之於無力之時，使其成功，必感激於眞正之援助，信其非出私圖，親善之感情可結，而東亞之和平可期也。夫正義始終不變，武力則遞有盛衰。試觀辛亥革命之前，癸丑喪敗之後，民黨有何勢力，而卒能傾覆清室與袁氏，則知武力可由正義而發生。今日所視爲無力者，未必不有奮發之期。以武力勝正義者，終不能長久。若隨武力以爲親交，則反於正義之人，常不憚僥倖以武力傾正義。主正義者縱使屈敗，亦惟有竭其力以與爭，一勝一敗，中國永無寧日，而貴國益招怨尤，東亞何由而和平？兩國何緣而親善？若能表示援助正義之態度，則彼反於正義惟持武力者，將必自省而不恣其武力。正義完全勝利之後，亦更無反動之可生。得貴國之正義的援助而勝利者，自能了解東亞和平發達之眞正意義，舉親善之實，雖有離間猜疑，不得入於其間，此吾人所深望於貴國者。而以貴國古來相傳義俠之精神，深信其必能受納此竭誠之披瀝，有以副吾人之望也。專此，敬請勛安。

民國七年（一九一八年）

致日人宮崎寅藏託殷汝耕面代致意函

滔天仁兄同志如握：海天遙隔，想望何涯，惟新春納福，酒興益豪，爲祝爲慰。文南下後，即從事護法。徒以德薄才疏，未能指日收效，方滋慚悚，幸人同此心，叛法奸人，不容於衆，義旗所指，海內望風，底定全局，當不在遠耳。本月江日之舉，文實具有不得已之苦衷，誠恐海外傳聞失實，因囑殷汝耕君東渡，面陳一切，並望轉達諸同志，無任感荷。詳由殷君面達。耑上，即頌近安。孫文啓。一月廿一日。

民國七年（一九一八年）

致日人犬塚木告護法爲吾國民意函

犬塚仁兄有道：新春想貴體康和，覃第多祥，爲頌。敝國改革事業，實東亞和平之基，忝以志同，諸承鼎力，至今心感，莫可狀喻。時局變化雖多，大體日趨良好，西南內容雖複，護法則出一心。縱吾曹理想之實現尙遙，而懲戒叛人，使國民法力勝救武力，保約法之尊嚴，則實現當不遠矣，一切詳情非楮筆所能盡，現由殷汝耕君面陳。耑佈，即請大安。孫文啓。一月廿一日。

勸日本寺尾贊助吾國護法函

民國七年（一九一八年）

寺尾先生惠鑒：前年冬滬瀆分袂，方冀民國國基日固，共圖東亞久安；乃一度新年，亂萌遂兆，由春而夏而冬，奸人叛國，義師護法，繼起迭生，文自來粵，即從國人諸君子後，共矢護法鋤奸，迄今又度新年矣。徒以棉薄，未能指日收效，引領東望，何勝慚惶！先生之援助吾國改革十年矣；而我國民乃未能仰副盛意，此殆積弊過深使然，亦即我曹不能不更賴貴邦有志鼎力者也。茲因殷汝耕君東行之便，謹泐數行，用抒鄙忱，不盡之意，由殷君面達。耑佈，即請道安，尊夫人均此請安。孫文啓。一月二十一日。

致日本頭山滿告努力護法以答碩望函

民國七年（一九一八年）

頭山先生惠鑒：自違教益，瞬又兩度新年，惟春祺納福，覃弟凝祥爲頌。文自客秋南下，從國中有志，共矢護法，徒以棉薄，未克早收成效，引領東望，何勝慚惶！先生於敝國之改革，東亞之興隆，持三十年如一日，敝國拜賜實多，大德不謝，惟矢努力前途，以當報答耳。獨因殷汝耕君返日之便，用修寸簡，聊致微忱，一切詳情，由殷君面達。耑上，即候道安。日支國民協會諸公，均祈代爲道候。孫文啓。一月二十一日。

勸日本今井等勿再援段函

民國七年（一九一八年）

今井、龜井、水野三兄有道：殷汝耕君來，爲道執事等主持日支國民協會，直接間接俾益我國時局甚大。溥泉東渡時，復承熱心畫策，裨得收效，高情厚誼拜賜良多。文自客秋南下，從國人諸君子後共矢護法，乃以德薄才疏，未能指日收效，引領東望何勝慚惶！所幸人同此心，叛法奸人，不容於衆，義師所指，海內望風，護法目的，不久度當能達。此際惟望諸兄格外盡力，俾援段政策，勿得再萌，則敝國大局，賴以早日奠安，東亞前途，亦有攸賴。至於此間詳情，非楮筆所能盡，由殷汝耕君面達。耑佈，即請籌安，並賀年禧。孫文啓。一月廿一日

勸日本萱野長知贊助吾國護法函

民國七年（一九一八年）

萱野吾兄無恙，別來敝國國基復搖，文躬自南下，隨國人諸君子後，共矢護法，今又度新年矣，而以德薄才疏，未克指日收效，引領雲天，何勝慚惶！尚冀諸兄戮力相援，以期敝國早日奠安，進圖東亞大局耳。此間詳盡，非楮筆所能盡，由殷汝耕君面達一切。耑候，即頌大安。孫文啓。一月廿一日。

覆日本菊池寬淸偕日支國民協會維持勿使援段政策復萌函

民國七年（一九一八年）

菊池仁兄有道：前由山田兄處轉來尊電，拜悉一是。溥泉、精衛尚滯滬上。遣使之事，正在磋商，不久當見諸實事也。惟是未派人之前，東京諸事，尚希偕日支國民協會諸公，鼎力維持，萬勿使援段政策復萌，則民國拜賜實多，文謹代表國民致謝也。不盡之言，託殷汝耕君面達。耑佈，即請大安，並頌春祺。孫文啓。一月二十一日

覆日本頭山滿等述護法目的書

民國七年（一九一八年）

頭山、木堂先生道鑒：奉讀三月十日大教，備悉故人愛我之厚，本思即邀雅意東渡，惟

因正式國會已定於六月開會，在此兩月中，文萬難去國遠行，當即托駐粤武官依田大尉，電致菊池良一兄，轉述鄙意。電文略謂：「尊函見招，未知何爲？如因南北調和之事，文已將鄙意托之唐少川兄；若爲東亞百年大計，非與文親商不可者，請示其詳，當親趨聆教。」此電去後，數日未獲覆音，不勝遙念。用特專派朱君大符前來，面陳一切，並盼雅教，務懇詳示一切，謹略將此次護法戰爭之目的，爲故人陳之。文奔走革命二十餘年，迄於辛亥，始得有成，以二十餘年慘澹經營，所得者新建之共和國體耳。爲國體之保障者爲約法，而約法之命脈，則在第一次國會之唯一職權即爲制定憲法。憲法一日不布，則政本一日不立。然一般官僚武人輩，所以必欲解散國會者，實卽欲自根本上推翻共和國體耳。故第一次憲法甫成，而袁世凱解散之，第二次憲法草案方通過二讀會，而段氏又解散之。當國會第二次被解散也，參議院之第一次改選已畢，距衆議院之總選舉不過百餘日，而大總統改選期，亦不過一年矣。若官僚武人輩，能爲正正堂堂之政治競爭，則應由選舉中圖擴充其勢力，不應訴諸武力，以蹂躪國會，破壞約法，蓋國會既被解散，則數十年革命事業之成績，固全被推翻，而將來國之根本憲法，亦無從制定，國本動搖大亂無已，故以擁護約法之故，訴諸武力，蓋不得已耳。文之淡於私人權利，執事所深知，苟共和之國體能鞏固，則拋棄政權可也，共和國體若危，文視之爲唯一之生命，必盡其所能以擁護之。故解決今日時局，以恢復國會爲唯一之根本，只此一事。倘北方當局能毅然斷行，則文已十分滿足，不求其他條件也。背乎此者，則無論示以何種條件，文必不甘承認之。何也？爲圖中國之長治久安，除拴鞏固國體外，無他道耳。世人紛紛以南北之分限爲言，文甚鄙棄之。蓋爲此言者，不過欲利用南北之惡感，以自營其私而已。以上所陳，文之本懷，懇賜明察。其他關於時局之情形，朱君當能詳陳之。方今歐局大變，世界風雲日急，一俟國會正式開會後，倘能分身，必當親詣臺端，面籌一切。再尊函謂前會惠書，但此間並未奉到。昨得東京友人書，謂木堂先生執事於議會終了後，將來敝國視察，不識確否？倘木堂先生能屈駕來遊，尤所深盼。謹佈腹心，不盡一一。專頌道安，孫文頓首。三月廿八日。

致日本加藤等派朱大符東渡面洽時局函

民國七年（一九一八年）

加藤、尾崎、犬塚、寺尾、床次、秋山、田中、森山先生執事：久違道範，時切遐思。敬惟政德日隆爲頌。敝國時局混沌，急切難得解決，而歐洲風雲，又復變幻莫測，兩國相依脣齒，貴國爲東亞先覺，執事爲日本達人，尙望努力自重，爲東亞造福，文亦必竭盡所能，以副尊意。茲委朱君大符東渡，特具函奉候。敝國最近情形，朱君當能面道其詳也。專此，敬頌起居。孫文頓首。二月二十八日。

覆日人笹川潔祝賀創設湖廣新報函

民國八年（一九一九年）

頃誦惠函，知執事新創設湖廣新報，謀中日兩國國民之共同發展，以應世界之大勢，熱心毅力，深爲敬佩。特奉上祝詞一紙，以表希望之心，尚希詧收爲荷。此覆，順頌撰祺。孫文。二月四日

致日本菊池良一唁慰甲上勝家屬函

民國八年（一九一九年）

頃晤山田兄，謂接兄函知甲上勝兄近忽溘逝，聞之不勝哀悼！茲寄上日幣百元，望兄轉交與甲上勝家屬，聊表哀唁，並希代爲慰問是荷。專此奉啓，並頌近祺。孫文。五月三十日。

派蔣中正慰問日本犬塚病況函

民國八年（一九一九年）

自違教以來，時深想念。前聞尊體未安，甚爲懸懸。近得山田兄函，知猶未能霍然，海

天迢遞，繫念何窮。茲特囑同志蔣介石專赴東京，敬候起居，想吉人天相，定能速奏勿藥，以慰遠懷也。至弟此間近狀，亦由蔣君面陳一切，務望善爲珍攝，俾得速痊，以副鄙望。專此奉候，並頌道祉。孫文啓。十月二十五日。

致日本寺尾派蔣中正面洽函

民國八年（一九一九年）

自滬上違教以來，忽忽累月，每企德音，無任神往，想康強加勝，動止咸綏爲頌。茲因蔣介石君來東之便，特囑其趨前敬候起居。至弟之近狀，蔣君皆能詳之，可以面罄一切也。專此奉候。孫文啓。十月二十五日

致日本頭山滿派蔣中正面洽函

民國八年（一九一九年）

自違教以來，每深想念，海天迢遞，比維道履安綏，康強加勝爲頌。茲因蔣君介石來東之便，特囑其進謁台端，奉候起居。至弟此間近狀，蔣君悉能詳之，當能面述一切。秋風增涼，伏冀動定咸釐，以慰遠念爲荷。孫文啓。十月二十五日。

覆宮崎寅藏望糾正日本軍閥侵華政策書

民國九年（一九二〇年）

滔天先生大鑒：兩接手書，一祝一弔。祝者尙未確，而所弔者已成眞，良深痛恨也。惠州屢攻不下，至今尙在惡戰之中；朱執信兄往虎門收降，爲敵軍一部所暗算，殊爲不值。日者廣州已附我，惠州當終歸我有，可無疑義。按今後支那大勢，吾黨不獨可以得志於南方，且不久可以統一中國。英、美對我方針，近來大表好意，白人外患，可以無憂。此後吾黨之患，仍在日本之軍閥政策。倘日本仍行其扶舊抑新之手段，則中國之內亂，未有已期也。如此，則吾人亦不能不倒行逆施，親英美以排日也，而其咎則當歸之日本。深望日本民間同志，有以糾正軍閥之方針，不爲同洲侵略之舉，而爲同舟共濟之謀，則東亞實蒙其福，而日本亦終享其利，東亞經綸百年大計，無愈於此者矣。日本同志幸爲圖之。此覆，並候大安不一。頭山翁、木堂翁、寺尾翁，統此候好，不另。孫文謹啓十月五日

三十三年落花夢序

民國紀元前十年八月

世傳隋時有東海俠客號虬髯公者，嘗遊中華，偏訪豪傑，遇李靖於靈石，識世民於太原，相與談天下事，許世民爲天下之資，勗靖助之，以建大業。後世民起義師，除隋亂，果興唐室，稱爲太宗。說者謂初多俠客之功，有以成其志云。宮崎寅藏君者，今之俠客也。識

見高遠，抱負不凡，具懷仁慕義之心，發拯危扶傾之志，日憂黃種陵夷，憫支那削弱，數遊漢土，以訪英賢，欲共建不世之奇勳，襄成興亞之大業。聞吾人有再造支那之謀，創興共和之舉，不遠千里，相來訂交，期許甚深，勗勵極摯，方之虬髯，誠有過之，惟愧吾人無太宗之資，乏衛公之略，馳驅數載，一事無成，實多負君之厚望也。君近以倦遊歸國，將其所歷，筆之於書，以爲關心亞局興衰籌保黃種生存者有所取資焉。吾喜其用意之良，爲心之苦，特序此以表揚之。壬寅八月。支那孫文逸仙拜序。

支那革命史實見記序

民國紀元前四年六月

良友池君近以書來言，著支那革命實見記已成，屬余爲序。余雖未見其所著，然以君之爲人決之，而知其書必足以傳世也。

君優於文學，操行高潔，能卓然自立，以才名聞於時。顧君平日尚公理，重實行，不拘泥於流俗之功名。見有戾於人道反於正義者，輒奮然思掃除之，其抱負英俠如是，故能決棄其平生際遇，而與吾黨之士共戮力，以從事於支那革命，艱苦危險，處之恬如也。

客歲吾黨將有事於潮州，君毅然以身赴之，思大與以裨助。迨潮事一起卽蹶，君鬱鬱不得展其志。暮秋造余所居，相與討論擘畫天下事。及我軍占領鎮南關，余馳往督師。余自乙未廣州失敗以來，歷十有四年，至是始得履故國之土地，與將士宣力行陣間，而君亦於斯時與余偕行，冒鋒鏑，犯矢石，同志咸感其義。

今君以其親歷者著之於書，余知君必能揭吾黨得失利鈍之迹，以示天下也。余尤企君不徒敍述吾黨得意之事而已，必詳舉其困厄與失敗之原因，俾吾黨之士，得以自儆，抑亦將使天下之人，恤其孤厄而爲之助焉。

客歲以來，吾黨凡五舉事矣。潮州之軍，不旋踵而蹶。惠州繼起，視前爲勁，至於欽廉則又進矣。鎮南關之役，其勢倍於欽廉，最近河口之師，則又足掩前者。由斯以言，吾黨經一次失敗，則多一次進步。然則失敗者，進步之原因也。蓋失敗而隳然氣盡，其不搖落者幾希矣。惟失敗之後，謹慎戒懼，集思補過，折而愈勁，道阻且長，期以必達，則黨力庶有充實之時。歷觀前事，足以氣壯。此固吾黨之士所宜以自策勵，卽池君作書之本旨亦不外是。故書此以質池君，並以質讀池君之書者。戊申六月孫文逸仙拜撰。

山田良政建碑紀念辭

民國七年

君兄弟俱嘗致力於中國革命事業，而君以庚子惠州之役死，後十年而滿洲政府覆。初余以乙未圖粵不成，走海外，既休養數歲，黨力復振，余乃使鄭士良率衆先入惠州。余偕日本軍官多人，擬由香港潛往內地，君實隨行。已而奸人告密，不得登陸，乃復往日本，轉渡臺灣。時臺灣總督兒玉氏，以義和團亂作，中國北方，陷於無政府狀態，則力贊余之計畫，且允為後援。余遂令鄭士良發兵，士良率衆出攻新安深圳，敗清兵，盡獲其械，轉戰於龍圖、淡水、永湖、梁化、白芒、花三、多祝等處，所向皆捷。遂占領新安、大鵬，至惠州平海一帶沿海地。以待余與幹部人員之入，與武器之接濟。不圖惠州義師發動旬日，而日本政府更換，新內閣總理伊藤氏，對中國方針與前內閣異，則禁制臺灣總督不得與中國革命黨通，又禁武器出口，及日本軍官投革命軍者。而余內渡之計畫，為之破壞，遂遣君與同志數人，往鄭軍報告情形，飭其相機便宜行事。君間道至惠，已在起事後三十餘日矣，士良所部，連戰月餘，彈藥告盡，而率衆萬餘人，渴望幹部軍官及武器之至甚切。忽得君所報告消息，不得已，下令解散，間道出香港，隨者猶數百人，而君以失路為清兵所捕，遂遇害。蓋外國義士，為中國共和犧牲者以君為首。論者皆曰：惠州之無功，非戰之罪。使日本政府仍守前內閣方針，則兒玉氏不至中變，即不為我援助，而武器出口及將校從軍者不禁為制，則余內渡之計畫不破，資以利器，復多知兵者爲之指揮，方其時士氣方張，鼓行而前，天下事，寧復可量，而革命軍無此挫折，則君斷不至不幸而被戕，抑不待論。然君曾不以政府忻厭爲意，銜命冒險，雖死不辱，以殉其主義，斯眞難能可貴者。民國成立七年，君弟純三郎始以君骨歸葬。今復爲君泐石以示後人。君生平行誼，君之親族交遊能述之，無俟余言，余重惜君，故獨舉君死事本末，表而出之，更爲祝曰：

願斯人爲中國人民自由平等奮鬥之精神，尙有嗣於東。孫文。

介紹日本名醫高野太吉翁啓

—民國九年—

翁，日本九州人，幼學漢法醫術，後研究西洋醫學，窺破藥料萬能說之大誤，乃苦心殫慮，考求適當於人體之食品，以助胃腸之蠕動，卒發明人工的蠕動法，應用於各種病人，無不立奏神效。翁自名其法曰抵抗療養法焉。余之識翁，因陳英士患胃腸病，血痢四年，中外名醫束手，旋以某人介紹，受翁治療，不數月，痼疾全瘳。余當時亦患胃病，延翁診治，猶疑信參半。蓋以翁主張病胃之人，忌食滋養品，宜食堅硬物，所說皆與西醫相反也。不期受療未幾，著效非常。據翁所說，力避肉類油質，而取堅甲蔬菜，及能排流動物之硬質食物。

余依其法而行，軀體漸次康健，一旦復食原物，宿病又再叢生。至此知翁所說全非臆造，其後七八年以迄今日，廢止肉油等物，得保逾恒之健康，皆翁所賜也。元來吾國人民極嗜油肉，傷害天質不知凡幾。國民身體改良，非行高野主義不可，爲余夙所倡道。（詳孫文學說第一章）翁感於余說，思有所貢獻於吾華，特提七十老軀，不辭跋涉，來至滬上，開設治療院，余亦樂爲之介紹於國人。孫文。

附錄：有關孫中山先生的日文文獻

這些有關孫中山先生的日文文獻，主要的，錄自日本「思想」雜誌，一九五七年六月號「孫文與日本」專輯。它的撰述者是東京教育大學的野澤豐氏，但幫他搜集資料的還有十七個人。

惟如上所述，「思想」雜誌的該項專輯出版於一九五七年六月，所以以後的文獻完全是由我在日本留學時的同班同學，現在日本國會圖書館工作的駒木晃君幫我搜集的，不過，有些是我自己發現而加上去的。

由於這方面的日文文獻非常之多，搜集不易，因此這些或不能說已經包括了一切，但相信這是相當完備的。它或許不比在這方面的中文文獻少。

論文目錄

（明治の部）

有關孫中山先生的日文文獻

作者	題目	發表期刊	年月
「外報」	倫敦清國公使館の廣東陰謀の清國醫宋某拘引事件	日本人及日本人	29・11
佐藤宏	支那朝野の眞相を說きて同國を改造するは日本人の責なる所以を論ず	〃	31・3
佐藤宏	清國の革新的諸會	〃	31・7上
佐藤宏	革新の氣清國の天下に磅礴せり	〃	31・11下
曉蕭散人	三十三年の夢と其著者	黑龍	35・9
寺田勇吉	清國留學生問題	中央公論	38・1
鳳　梨	露清の革命は急速なれ	革命評論	39・9上
火海漁郎	支那革命と列國	〃	39・10上
火海漁郎	孫逸仙	〃	39・10下
二楸會	支那の秘密結社（二）興中會	〃	39・11上
斷水樓主人	危機一髮（非小說的實事談）	〃	39・11下
鳳梨	支那革命黨大會の光景	〃	40・1上
葭湖	支那革命の過去現在及將來	〃	40・2下

火海	支那革命の大勢	〃	〃
龍雲	支那革命管見	〃	〃
漢民	支那革命黨の弁駁者	〃	〃
南窓	支那革命の大勢	〃	40・3下
ラッセル	支那革命の將來	革命評論	40・3下
笹川臨風	東西の革命運動	日本人及日本人	40・5上
マッケンジー	清國革命黨の過去今日未來	〃	40・8上
「東西南北」	革命黨起つか	〃	41・12上
犬養毅	清國の革命黨	太陽	42・1
	清國の擾亂	東亞同文會支那調查報告書	43・8下
樋口龍峽	新春秋——清國の革命運動	新日本	44・2
稻葉君山	反清朝の思想	日本人及日本人	44・11上 10下 9下
市村瓚次郎	支那革命論	史學雜誌	44・10

	革命黨人物月旦	新日本	44・10
佐佐木照山	清國革命と五國同盟論	〃	〃
根津一	支那の革命黨と秘密結社	中央公論	44・11
三宅雪嶺	孫逸仙	〃	〃
覆面道人	孫逸仙は喰はせ物	〃	〃
根津一	孫・黃・梁短評	〃	〃
小川平吉	深沈にして大度ある人	〃	〃
上野岩太郎	勇略あつて智謀なき革命黨	〃	〃
福田和五郎	落着いた學者的な人	〃	〃
大隈重信	孫は大した人物でない	〃	〃
清藤幸七郎	孫と黃と宋と	〃	〃
内田良平	孫逸仙と黃興を評す	〃	〃
水野梅曉	長江一帶における孫氏の人望	〃	〃
宮崎滔天	孫逸仙は一代の大人物	〃	〃

隈溪生	清國革命黨史論	大國民	44・11
鈴木天民	革命檄文を讀む	〃	〃
戸水寛人	風雲急なる支那の前途	日本雜誌	44・11
山路愛山	現代支那	國民雜誌	44・11
福本日南	支那問題を何とする	〃	〃
狩野直喜	支那最近の國粹主義	藝文	44・11
有賀長雄	中清動亂に對する我官民の態度	外交時報	44・11上
三宅雄次郎	支那の動亂と日本の態度	〃	〃
	中清擾亂及其影響の詳報	東亞同文會支那調查報告書	44・11上
三宅雪嶺	漢民族の革命的變亂	日本人及日本人	44・11
白熊生	孫文と黃興	〃	〃
鑄方德藏	革命黨の將來	〃	〃
根津一	革命と草澤の英雄	〃	〃
(附錄)	支那革命黨及秘密結社	〃	〃

	革命黨首領孫逸仙（清國時局の中心人物）	新日本	44・11
小川平吉	革命黨の近況	〃	〃
根津一	乘じ得たる絕好機會	〃	〃
根岸佶	革命は一部の思想	〃	〃
一清國留學生	革命黨員は愛國者	〃	〃
池亨吉	突發せる湖北の亂	〃	〃
白岩龍平	革命軍の影響	〃	〃
長谷川芳之助	革命と日本	〃	〃
大隈重信	清國革命論	新日本	44・11、12，45・1
	武漢戰況詳報	東亞同文會支那調查報告書	44・11下
市村瓚次郎	支那の革命問題	日本及日本人	44・11下
大隈重信	政變と佛國革命	〃	〃
服部宇之吉	兩雄並び立つ乎	〃	〃

有賀長雄	革命軍獨立の承認	外交時報	44・11上
笹川潔	革命後の支那は一層弱邦とならん	日本及日本人	44・12上
鉄馬	清國革命と時局發展の經過	東洋時論	44・12
大隈重信	清國事情研究の急務	早稲田講演	44・12
市村瓚次郎	支那革命に對する歷史的觀察	〃	〃
	清國現代史要	國民雜誌	44・12
井川不得	清國革命黨小史	歷史地理	44・12
井上哲次郎	支那の動亂と德教の革命	東亞之光	44・12
浮田和民	青年支那黨の運命如何	太陽	44・12
軍國逸人	清國朝野を震駭しつつある中清革命的騷亂事件	〃	〃
樋口龍峽	清國革命亂の將來	新日本	44・12
白鳥庫吉	支那歷代の人種問題を論じて今回の大革命の眞因に及ぶ	改造	44・12
福本日南	支那革命の容易にならざる所以	外交時報	44・12下

矢野龍溪	支那の改革が日本に及ぼす影響の一	日本及日本人	45・1上
樋口龍峡	清國革命戰の終局	新日本	45・1
中村進午	支那革命管見	太陽	45・1
久米邦武	支那歴史と革命亂	〃	〃
犬養毅	支那の將來	東亞之光	45・1
三土忠造	革命後の支那	教育界	45・1
中村久四郎	支那革命亂前後の新著及び新刊書類	東亞研究	45・1
大隈重信等	支那の前途	早稻田講座	45・1
高木壬太郎	西人の孫逸仙論	國民雜誌	45・1
	北京新政府と江南革命政府	東洋時論	45・1
	清國革命の日本に及ぼす大利益	東洋經濟新報	45・1
立作太郎	支那の革命と國際法	中央公論	45・1
竹越與三郎	支那革命觀	支那	45・1下
「東西南北」	支那革命の我が國に及ぼす影響	日本及日本人	45・2上

浮田和民	東洋最初の共和國	太陽	45・2上
淺田江村	支那の革命とフランスの革命	〃	〃
XYZ	革命聲援の諸團體	〃	〃
竹越與三郎	支那革命の眞相	支那	45・2上
大隈重信	日本の利益を主としたる對支那政策	中央公論	45・2
竹越三又	支那の興隆	外交時報	45・2
福本日南	支那の覺醒と明治維新	雄弁	45・2
白河鯉洋	支那共和政體論	新公論	45・2
青柳篤恒	逝ける清國來るべき新支那	早稻田講演	45・2
	革命及革命運動	太陽「臨時增刊」	45・2下
無名氏	支那事變と三政黨	太陽	45・3上
佐佐木照山	支那革命の裏面	海外の日本	45・3
板垣退助	支那の將來	社會政策	45・3
小山鼎浦	支那革命と宗教改革	六合雜誌	45・3

佐佐木安五郎	中華民國臨時政府組織法	支那	45・3下
根津一 松平康國 柴四郎	革命後の支那	太陽	45・4
浮田和民	支那の根本的改革	〃	〃
	支那の新愛國主義	國民雜誌	45・4
青柳篤恒	中華民國の將來	社會政策	45・4
三浦鐵太郎	支那政體の將來	東洋時論	45・4
金子筑水 島村抱月	支那革命と我國思想界	早稻田講演	45・4
井川不得	再び清國革命に就て	歷史地理	45・5
吉田東伍	清朝の滅亡に對する朝鮮人の感情如何	歷史及地理	45・5
犬養毅	支那統一上の二問題	東西時報	45・5
宇野哲人	儒教と支那革命	東亞之光	45・5
副島義一	支那革命に參加せる予が抱負と實歷	早稻田講演	45・5

和田三郎	失敗せる支那革命	太陽	45・5
	中華民國臨時約法	支那	45・6下上
服部宇之吉	清國事變の裏面觀	國家學會雜誌	45・6
青柳篤恒	支那に對する孫逸仙氏の抱負	外交時報	45・7
副島義一	新支那論	早稻田講演	45・7
〔大正の部〕			
井上哲次郎	支那の革命と教育者の覺悟	帝國教育	1・8
谷口豐五郎	孔子教と革命の眞意義	東亞之光	1・8
	國民黨成る	支那	1・9上
黃興幕賓	支那革命の將來如何	統一通信	1・9
服部宇之吉	支那に於ける道德の危機	東亞研究	1・10
	支那における社會的運動	支那	1・10下
「東西南北」	孫逸仙の來朝	日本及日本人	1・11上
	タイムスの支那革命觀	支那	1・11上

木蓁	日支兩國の非公式國民外交	日本及日本人	1,11下
	孫黃北上の効果	支那	1 11下
石川半山	支那分割の運命及び救亡の一策	中央公論	1・12
犬養毅	中華民國の過去及將來	太陽	1・12
古硯子堂	孫逸仙と社會改革	早稻田講演	1,12
稻葉君山	支那革命の再審――排滿と容滿――	日本及日本人	2・1上
稻垣伸太郎	支那革命と我が閥僚政治	〃	2・1下
孫逸仙	救亡二策	支那	2・1下
	中華民國第一年大事記	〃	〃
永井柳太郎	支那人に代りて日本を嘲る文	〃	〃
養稼生	中華民國の政黨並に其將來	〃	2・2上
服部宇之吉	支那の革命と思想界の變化	〃	〃
副島義一	亞細亞人の亞細亞、支那人の支那	太陽	2・2
山口昇	孫逸仙氏	支那	2・2下

孫逸仙	東亞に於ける日支兩國の關係を論ず	〃	2・3上
	孫氏來朝と邦紙の歡迎	〃	〃
	孫氏來朝と英紙の言	〃	〃
陶陶居	孫中山先生の鄉土	〃	〃
	民國巨人を迎ふるの記	〃	〃
大隈重信	孫逸仙の人物	實業之日本	2・3
曼珠	孫逸仙	現代	2・3
兒玉花外	孫逸仙に與ふる詩	太陽	2・3
胡瑛	東亞に於ける新時代の現出と其要因	支那	2・3下
	日華學生の提携	〃	〃
亞南	孫逸仙氏來迎の効果	〃	2・4上
孫逸仙	祖國の革命	雄弁	2・4
胡瑛	日華提携論	新日本	2・4
西島函南	在日華僑に對する孫氏の感言	支那	2・4下

宮房次郎	支那の第二革命	青年日本	2・6
石橋貞男	支那政黨觀	太陽	2・6
中野正剛	支那南北の形勢	日本及日本人	2・6下
兒玉花外	支那南方に寄するの詩	太陽	2・7
「東西南北」	正義は南方の唯一武器	日本及日本人	2・7
寺尾亨	支那政局の前途	大國民	2・8
茅原華山	新しく觀たる新しき支那	中央公論	2・8
杉背山	浪人論	新日本	2・8
「東西南北」	南方亡命客と我が待遇	日本及日本人	2・8下
米田實	支那亡命客	問題外交時報	2・9上
匆堂野人	死せる孫黃、生ける孫黃	日本及日本人	2・9上
中野耕堂	亡命客に對して犬養の說を告ぐ	中央公論	2・9
鵜崎鷺城	北方の奸雄・南方の傑物	〃	〃
兒玉花外	亡命客と日本（詩）	太陽	2・9

塩谷温	儒教より見たる支那革命觀	國家及國家學臨時增刊「支那研究」	2・9
四十余名士	代議士の支那觀	〃	〃
	民國憲法制定上社會黨弊害の予防	外交時報	2・9下
北満樓	如何はしき對支同志連合會	太陽	2・10
伊集院彥吉	南北の差乎、境遇の差乎	〃	2・11下
山内嵓	分裂から統一へ	〃	〃
亡命客の一人	亡命の記	中央公論	2・12
牧巻次郎	支那革命の回顧	外交時報	3・1上
副島義一	憂ふべき支那の現狀	日本及日本人	3・6下上
亡命客の一人	續亡命行	中央公論	3・9
	最近の革命黨	支那	4・1
一亡命客	日本の朝野へ	日本及日本人	4・5下
	帝制反對者及革命黨	〃	5・1上

碧梧桐	南支の動亂	〃	5・1下
古川學人	大陸のうねりより	〃	5・1下～2上
	南支那の動亂	中央公論	5・2
吉野作造	對支政策に關する我國政治家の混迷	〃	5・3
王統一	支那革命黨首領孫逸仙に代つて	〃	5・4
古川學人	支那革命運動の形勢	〃	〃
內藤虎次郎	支那時局私見	外交時報	5・5下
吉野作造	支那時局私見	〃	5・6上
矢野仁一	支那時局に關する第三說	〃	5・6下
某覆面政客	第三革命の前途	太陽	5・6
副島義一	日本は支那目下の動亂を傍觀すべきや	〃	〃
市村瓚次郎	支那政局の過去、現在、未來	〃	5・7
吉野作造	南北妥協の支那	中央公論	5・8
大窪逸人	第三革命情話翡翠の耳飾	〃	〃

著者	題目	掲載誌	年月
	中華革命黨の解散	外交時報	5・9上
	革命亂と大借款	支那	自5・9上 至5・12下
吉野作造	第一革命より第三革命まで	國家學會雜誌	5・11、12　6・1、7
勿堂野人	孫逸仙と借錢代償	日本及日本人	6・1下
矢野仁一	支那浪人論	外交時報	6・2上
	第三革命起義に關する史料	支那	6・2下
	孫逸仙英國首相に訴ふ	外交時報	6・4上
寺尾亨	支那の連盟加入問題と南方派の態度	太陽	6・4
	露西亞と支那	支那	6・5上
吉野作造	最近支那政界の二大勢力	外交時報	6・6下　7上
松本鎗吉 波多野乾一	支那政黨史稿	支那	自6・7下 至6・11下

	吉野博士の南方偏依（支那問題に對する議論の議論）	自由評論	6・8
	南方派論客の勝手論	〃	〃
吉野作造	支那時局の大勢を論じて所謂帝政論を排す	中央公論	6・8
	孫逸仙等の對抗計畫	支那	6・8下
兒玉花外	亞細亞の盟盃（詩）	太陽	6・12
五百木良三	對支問題と誤れる民本主義	自由評論	7・3
內藤虎次郎	支那を悲觀し併せて我國論を悲觀す	外交時報	7・4下
岡崎文夫	廣東の近情	〃	7・6下
兒玉花外	函嶺の孫逸仙（詩）	太陽	7・7
橋本增吉	決裂後南北和平の情形	外交時報	8・7上
愚公	孫逸仙と梁啓超	日本及日本人	8・8下
宮崎龍介	新装の民國から	解放	8・12
內藤湖南	支那の統一まで	太陽	9・1

松本閑人	中華民國に於ける革命史斷片	自由評論	9・7
	南方派の職と人	外交時報	9・8下
兒玉花外	公孫樹と孫逸仙（詩）	太陽	9・12
寺尾亨	共存共助の日支關係	自由評論	10・2
	孫文の日支關係改善論	外交時報	10・3下
	廣東正式政府の新組織	外交時報	10・6上
	孫文北伐決行	〃	10・11上
	北伐計畫停頓の眞相	〃	10・12下
吉野作造	支那雜誌の二三	新人	11・6
	廣東政府の瓦解（孫文失脚まで）	外交時報	11・7上
	孫文の廣東着、注目すべき孫文今後の態度	〃	11・9上
鵜崎鷺城	孫文と陳炯明	日本及日本人	11・10
	孫文密書事件の眞相	外交時報	11・11上

河瀬蘇北	現時の支那に中心たる人々	太陽	11・12
	孫文ヨッフェ兩氏諒解事項	外交時報	12・2下
	走馬燈の如き廣東政局孫文廣東に入る	〃	12・3上
鶴見祐輔	廣東大本營の孫文	改造	12・7
「東西南北」	孫氏の排日中止勸告	日本及日本人	12・9
吉野作造	三民主義の解釋	朝日文庫—樞府と内閣他昭刊25所收	13・2
	孫文氏の新革命標語（支那の經濟革命論）	外交時報	13・4下
	廣東政府の勞農承認問題	〃	13・5上
山中峯太郎	支那革命秘史「亂華」（一—十三）	太陽	自13・8 至15・8
稻葉君山	大亞細亞主義の障碍	外交時報	13・8下
浪々亭主人	支那動亂と支那浪人	太陽	13・11
久木獨石馬	支那動亂と二大新聞	日本及日本人	13・11
「東西南北」	孫文の亞細亞自覺論	〃	13・12下
	孫文氏の大亞細亞主義論	外交時報	13・12下

孫文	大亞細亞主義の意義と日支親善の唯一策	改造	14・1
二十六蜂外史	孫文氏の去來と亞細亞運動	我觀	14・1
	支那の維新と革命	〃	〃
小村俊三郎	孫段二氏の外交意見	外交時報	14・1上
矢野仁一	共和政治の精神的破壞	〃	〃
	張孫兩氏の對時局策	〃	〃
橘樸	民族革命から階級鬥爭へ	支那研究	14・1
橘樸	孫文の革命思想	〃	〃
米内山庸夫	孫文氏の思想と其の勢力	支那	14・2
宇治田直義	孫文氏勢力の一考察	外交時報	14・2下
宮崎龍介	孫逸仙物語	改造	14・3
矢野仁一	支那の共和政治の成立及び建設	經濟論叢	14・3
波多野乾一	甲子革命の前途	外交時報	14・4上
	孫文氏逝去と國民黨	〃	〃

岡實	孫中山の思ひ出	〃	〃
「東西南北」	孫文氏の逝去と支那政局	日本及日本人	14・4上
米内山庸夫	現代支那における國權恢復後の思想	外交時報	14・4下
貴島克己	孫文死後に於ける廣東の變局	東洋	14・6
松本鎗吉	支那學生運動と共產派	改造	14・7
松井石根	支那の所謂愛國運動	外交時報	14・8下
水野梅曉	鬱勃たる祖國回復の念	國本	14・9
佐藤三郎	中國國民黨と支那の赤化問題	外交時報	14・12上
永井勝三	支那の赤化	國本	15・3
李敎範	中華國民黨と共產黨	〃	〃
伊藤武雄	北京政府と廣東政府	改造	15・7
清水董三	中國國民黨	支那研究	15・12
長野朗	軍閥と主義の妥協時代の支那	〃	16・1
堀内于城	廣東政府と共產主義	外交時報	16・1上

（昭和の部）

長谷川萬次郎	近代國家と支那の革命	我等	2・2
嘉治隆一	孫文の柩	〃	2・3
田中貢太郎	廣東印象記	太陽	2・3
青野季吉	支那革命運動について	〃	2・4
河西太一郎	農民解放理論と國民黨の農民政策	〃	〃
ラス・ビハリ・ボース	支那革命と印度	我觀	2・5
大川周明	太平天國と中華民國	經濟往來	2・6
今中次磨	支那の二大難關	〃	2・8
三宅雪嶺	中華民國の現狀	我觀	2・9
山川均	國民革命運動の分解作用	太陽	2・10
松島宗衛	故孫文の僞らざる告白	日本及日本人	2・10
猪俣津南雄	反革命の徒蔣介石	中央公論	2・11
長野朗	革命家としての蔣介石	〃	〃

前田幸太郎	支那の三民主義の原理並に實行	東亞經濟研究	3・1
植原悅二郎	支那南北兩派の觀點	我觀	3・2
淺野利三郎	易姓革命と國民革命	歷史教育	3・5
矢野仁一	支那の國民主義的革命の成敗に關する歷史的批判	經濟論叢	3・5
清水泰次	支那に於ける近代思想とその人々	我觀	3・6
長谷川如是閑	南京政府と支那統一	我等	3・6
穗積文雄	新支那政治寶典	支那研究	3・7
前田廣一郎	支那は動く	改造	4・21
岡部三郎	三民主義とは何ぞや	外交時報	自4・4上 至6・8下
中山優	三民主義と國民政府	東亞	4・4
田口運藏	孫逸仙とヨッフェとの共同宣言	經濟往來	4・4
水野梅曉	孫氏の革命と日本との關係	外交時報	4・6上
	三民主義	東洋貿易研究	4・6

鷲崎學人	渡支したる二老名士	日本及日本人	4・6下
藤野啓次	支那革命史概論	思想	4・7
園田次郎	支那革命の一斷面	〃	〃
鈴木茂三郎	支那資本主義革命の現段階	中央公論	4・8
周佛海	支那經濟問題の三民主義的考察	東洋	4・9
松井等	支那國民政府と革命精神	東亞	4・10
橋本增吉	三民主義の解剖	外交時報	5・4上
中山優	支那思想よりみたる三民主義	東亞	5・10
平野義太郎	儒教と國民政府	斯文	5・12
長岡克曉	三民主義の行方	外交時報	5・12下
野村進一郎	三民主義と儒家の政治思想	滿鐵支那月誌	6・1
室伏高信	新支那思想とは何か	改造	6・1
口田康信	孫文主義と仁愛の哲學	支那	6・6
口田康信	孫文の史觀に關する研究	〃	6・98

水野錬太郎	孫文の三民主義と排外思想	東洋	6・10
渉谷剛	抗日教育の實際及び抗日運動史觀	外交時報	6・12下
松井等	支那の革命思想と社會運動	歴史公論	7・1
井上紅梅	ショウと孫文未亡人	改造	7・4
小柳司氣太	三民主義の批評	丁酉倫理會倫理講演集	7・8
井上哲次郎	孫逸仙と三民主義について		7・9
天邊光	支那通列傳（福田大將と宮崎滔天）	日本及日本人	7・10下
長谷川如是閑	支那國家の統一と分割	改造	7・11
安東不二雄	王道政治か三民主義か	東亞	8・7
汪精衛	中日關係の再検討（中國革命と國際關係）	經濟往來	10・3
田中末廣	北支建設序論　附孫文の北支開發計畫	日本及日本人	10・10
胡漢民	われらの大亞細亞主義	日本評論	11・5
波多野乾一	抗日思想の諸要因	中央公論	11・9
北聆吉	支那革命と北一輝	〃	11・10

村上知行	抗日人民戰線運動	日本評論	11・11
矢内原忠雄	支那問題の所在	中央公論	12・2
	支那を統一に向はしむる思想的背景	東亞	12・3
中保與作	轉換期「支那」の政治的性格	中央公論	12・4
米田實	對支外交二十年とその破局	日本評論	12・8
尾崎秀實	國民黨・共產黨關係史	〃	〃
猪俣津南雄	隣邦支那の前途	改造	12・10
白鳥敏夫	大陸政策の文化史的意義	〃	〃
孫文	民國の誕生するまで	〃	〃
嘉治隆一	國共合作と蘇支接近	〃	〃
長谷川如是閑	支那的國家形態の特異性	〃	〃
宮崎龍介	蔣介石に與ふるの書	中央公論	12・10
宋慶齡	支那は何をなすべきか	日本評論	12・11
龜井貫一郎	支那事變の思想構造	第二臨時號	12・12

尾崎秀實	國共合作の將來	〃	〃
井上謙吉	廣東革命余話	改造	12・12
萱野長知	孫文の憶出	〃	13・1
藤澤親雄	新民主義と日支關係の更新	中央公論	12・4
桑江常夫	三民主義と支那の內亂	滿蒙	13・4
桑江常夫	孫文と支那の植民地化	〃	13・6
船山信一	東亞思想とナショナリズム	中央公論	13・8
杉山平助	支那思想對策論	改造	13・10
堀江邑一	國共合作の楔、三民主義	中央公論	13・11
河野密	孫文・三民主義・知識大衆	〃	〃
山口察常	新三民主義の提唱	東洋	13・12
小川平吉	支那第一革命を語る	中央公論	13・12
加藤繁	歴史よりみたる支那の統一と分裂	日本評論	14・1
米内山庸夫	近代支那の革命と廣東人の思想	東洋	14・1

森次一二夫	支那民族運動論	中央公論	14・3
船山信一	三民主義の思想的性格	改造	14・3
細川嘉六	支那民族運動と列強	〃	14・5
中野正剛	辛亥革命と日本外交	東大陸	14・7
高橋勇治	東亞新秩序と三民主義	外交時報	14・7
田崎仁義	新東亞建設と三民主義	日本及日本人	14・9
王勵志（中西功）	孫文主義の基本的問題	滿鐵調査月報	14・9
孫文	大アジア主義	日本評論	14・9
井上哲次郎	孫文の大アジア主義を讀みて	〃	14・10
三木清 西園寺公望	汪兆銘への公開狀	中央公論	14・12
宮澤俊義	孫文主義と共産主義	改造	15・1
武内義雄	支那思想からみた三民主義	文化	15・1
フォスター	三民主義	東亞問題	15・1
河上純一	汪兆銘論	蒙古	15・1

大高常彥	近代支那における民族革命	歷史教育	15・1
武田良三	支那社會の停滯性と民族主義	外交時報	15・2
頭山滿	孫文・蔣介石・汪精衞	改造	15・5
久原房之助	重慶に與ふ	〃	〃
神川彥松	三民主義の批判	東亞學	15・6
橘・細川・平野・尾崎	東洋の社會構成と日支の將來	中央公論	15・7
本莊可宗	新支那の指導原理と日本	蒙古	16・2
	民族主義的傾向を中心として觀たる舊中國國民黨の教育政策の輪廓	東亞研究所報	16・4
神谷正男	儒教主義と孫文主義	支那	16・4
猪俣勉	支那の民本主義	滿蒙	16・4
中保與作	國民相剋の思想史的意義 ―民生主義をめぐる論爭―	蒙古	16・5
兒島博	國府強化と支那民族主義	改造	16・6
小岩井淨	南京政府と民族主義の再建	中央公論	16・7

	支那ナショナリズムの史的展望	東亞	16・7
市川正義	支那國民黨及三民主義の本質	滿蒙	16・9
長野朗	支那における民族運動	東洋	17・1
出口勇藏	民生主義の解明	東亞人文學報	17・3
高橋勇治	三民主義發達史序說	東亞學	17・4
山本秀夫	孫文の對日基本態度	興亞	17・4
河野密	孫文と日本	歷史日本	17・5
	孫文主義文獻解題	東亞問題	17・10 7 6
石井壽夫	「孫文主義」批判	史學雜誌	17・7
高橋勇治	孫文の大アジア主義論の本質	〃	17・8
今中次麿	孫逸仙	改造	17・8
橘樸	孫文思想の東洋的性格	興亞	17・9
片岡並男	孫文の「國家資本主義」論（上）	東亞論叢	17・9

高橋勇治	三民主義に對する梁啓超の反駁	東亞問題	17・10
津久井龍雄	新中國國民運動と三民主義	日本政治年報	17・12
小岩井淨	孫文における民族思想	東亞研究	18・1
田所義行	三民主義小考	斯文	18・2
相澤光男	修正三民主義	東亞論叢	18・3
出口勇藏	孫文の民生主義	東亞經濟論叢	18・4 3
山本秀夫	孫文主義の基本的性格	東亞問題	18・5
	支那民族主義の展開過程	東亞	18・5
齊藤秋男	建國方略「心理建設」の傳統性と創造性	東亞問題	18・6
前田念靖	儒教と三民主義	支那	18・6
神谷正男	大亞細亞主義の基本問題	東亞	18・7
橘樸	東洋樞軸論——孫文思想の東洋的性格の考察——	日本評論	18・7
岡本淸一	日華提携の歷史的基礎	〃	19・1
出口勇藏	孫文の民族主義について	東亞人文學報	19・1

永井算己　三民主義論考　歴史　19・5
出口勇蔵　中國國民革命の性格について　經濟論叢　20・21
「中國の命運」批判　東亞　20・106

〔戰後の部〕

竹内善作　明治末期における中日革命運動の交流　中國研究　23・9
寺廣映雄　中國革命と宮崎滔天　ヒストリア　28・
寺廣映雄　中國革命における日中交涉の一考察——宮崎滔天を中心として—　ヒストリア　29・8
野村浩一　M・ジャンセン著「日本人と孫逸仙」　史學雜誌　32・1
中山久四郎　「日本人と孫逸仙」——ジセンセン博士著述の紹介と增補——　日本歷史　32・1
曾村保信　M・B・ジセンセン著「日本人と孫逸仙」　アジア研究　32・2
（無名氏）　特集「孫文と日本」　日中文化　32・3

石川　順	孫文と山田兄弟	海外事情	32・7
石川　順	桂太郎と孫文	海外事情	34
河合貞吉	孫文の「蓮の實」	日本週報	34・6
藤井昇三	第一次大戰中の孫文と日本	歷史教育	35・2
石川　順	中國革命と宮崎滔天	海外事情	35・3
波多　博	孫文と山田純三郎	滬　友	35・4
曾村保信	辛亥革命と日本「日本外交史研究：日中關係の展開」	日本國際政治學會	36・3
五十嵐珠惠	辛亥革命と日本及日本人	史　林	36
半谷弘男	日本人の中國觀——孫文と宮崎寅藏をめぐって	歷史教育（愛知學藝大學）	37・12
石川　昌	宮崎龍介——孫文から新中國へ——	東亞時論	44・11
山本秀夫	ジャーナリズムにおける孫文——日本の新聞を中心に——	東亞時論	40・11
藤井昇三	孫文の民族主義の展開と發展——とくに孫文の日本觀を中心として—	現代中國	41・11
飯倉照平（編）	孫文と神戸1.神戸と中國をつなぐもの	中　國	41・11

2. 神戸における孫文

島田虔次	宮崎滔天二題	圖　書	42・2
井上　清	中國革命と日本人「現代中國と孫文思想」	講談社	42・2
末川　博	孫文先生と日本「現代中國と孫文思想」	講談社	42・2
岩村三千夫	孫文の日本觀「現代中國と孫文思想」	講談社	42・2
波多野宏一	孫文と朝日新聞「現代中國と孫文思想」	講談社	42・2
遠山茂樹	孫文と日本・その關係のへだたり「現代中國と孫文思想」	講談社	42・2
(無名氏)	孫文在日年表「現代中國と孫文思想」	講談社	42・2
河部利夫	明治末期・小村外務大臣の孫文等に對する施策について――中國革命同盟會機關紙「民報」等の發刊停止前後をめぐって―	外交時報	43・1

彭澤周　犬養毅と孫文の革命「小葉田教授退官　同記念事業會　45・11
記念國史論叢」
飛鳥井雅道　宮崎滔天と吉野作造―近代中國と日本　朝日ジャーナル　47・3
野村浩一　日中問題雜感：アジア主義の運命　龍溪　47・9
――宮崎民藏にふれて―
都築七郎　惠州の鹽――孫文革命に一身を捧げた　日本及日本人　47・9
山田良政の熱血の生涯――
川田泰代　辛亥革命前史と横濱　經濟と貿易　48・9
――孫文と宮崎滔天の友情――
藤井昇三　孫文と日本　「日本の社會文化史」　講談社　49・1
河合貞吉　私にとっての中國革命――孫文、滔天　日中（五―八）　50・7
、宋教仁、北一輝を通してとらえられ
る中國革命の流れについて――
川田泰代　孫文と滔天に關する年表　季刊とうて人3　50・9

藤井昇三　中國革命の中の孫文と日本
——日本觀の變遷を中心として—　季刊とうて人（3）　50・9

安井三吉　孫文最後の訪日について　中國研究　50・9

菅野　正　中華民國成立期、華南南洋における對日ボイコット「辛亥革命の研究」
——孫文、革命派の動きをめぐって——　築摩書房　53・1

橋爪利次　孫文と南方熊楠の交遊　中國研究　53・2

久保田文次　辛亥革命と帝國主義「講座中國近現代史」3——孫文、宮崎滔天の反帝國主義思想について——　東京大學出版會　53・6

針生清人　宮崎滔天の〈支那革命〉の思想　アジア・アフリカ文化研究所研究年報13　54・3

齊藤道彥　滔天と孫文——「三十三年の夢」まで　中央大學論集　55・3

藤井昇三　二十一個條交涉時期の孫文と「中日盟　山川出版社　56・

約」「論集近代中國」—市古教授退官記念論叢編集委員會（編）

判澤純太　孫文の容共に至る過程と日本の對應　政治經濟史學181　56・6

安井三吉　「支那革命黨首孫逸仙」考——孫文最初の來神に關する若干の問題について——　近代（神戸大學）　56・12

山根幸夫　＜辛亥革命と日本＞に關するわが國の研究動向　社會科學研究（早稲田大學）27　57・5

山根幸夫　日本對中國共和制の反應　亞非問題研究1　57

安井三吉　「孫文と神戸」略年譜Ⅰ（一八九五—一九〇三）Ⅱ（一九〇四—一九一〇）Ⅲ（一九一一—一九一二）　論集32—34（神戸大學教養部紀要）　58・9

陳鵬仁　孫文と南方熊楠　ASIAN REPORT　59・3

兒島道子　孫文を繞る日本人——犬養毅の對中國　東京大學出版會　59・4

認識——「近代日本とアジア：文化の交流と摩擦」
高橋勇治　孫文の大アジア主義論の本質　東方學報・東京　18
野村浩一　孫文の民族主義と大陸浪人——世界主義、民族主義、大アジア主義の關連について——　思想　32・6
原田勝正　大アジア主義思想形成への展望　歷史學研究　34・3
山口光朔　宮崎滔天のアジア主義——大陸浪人の一原型——　桃山學院大學紀要　38・11
藤井昇三　孫文と「滿蒙」問題　「日本外交史の諸問題」Ⅰ　日本國際政治學會　39・7
佐藤愼一郎　孫文と臺灣　海外事情　42・3
坂出祥伸　辛亥革命期におけるアジア連帯の思想　現代中國　42・7
利谷信義　「東亞新秩序」と「大アジア主義」の交錯　「日本法とアジア」　45・5

——汪政權の成立とその思想的背景　勁草書房
伊東昭雄　日本人の中國觀　經濟と貿易　48・9
——興亞論と脫亞論について——
今永清二　福澤諭吉の「脫亞論」　アジア經濟　50・8
——近代日本における「脫亞」の形成
についての試論——
武田清子　アジア主義における孫文と滔天「異端と正統のあいだ」　東京大學出版會　51
初瀨龍平　「アジア主義・アジア觀」ノート　北九州大學法政論集　52・7
廣瀨玲子　アジア連帶主義から大アジア主義へ　史林　52・11
——熊本紫溟會を中心として——
藤井昇三　孫文の「大アジア主義」講演と日本　海外事情　53・8
初瀨龍平　宮崎滔天とアジア主義　北九州大學法政論集　54・10
武仲弘明　孫文の對アジア認識をめぐる覺書　安田學園紀要　55・2

久保田文次　孫文のいわゆる「滿蒙讓與」論について「中島敏先生古稀記念論集」下卷　汲古書院　56・7
伊東昭雄　明治初期の興亞論について——大アジア主義の形成——　橫濱市立大學論叢（人文科學）　58・3
岩村三千夫　三民主義の史的考察　中國研究所所報　22・7
岩村三千夫　三民主義論　「中國の現代文化」白日書院　23・9
平野義太郎　三民主義より新民主主義へ　世界週報　24・5
山本秀夫　孫文主義土地革命理論の發展構造——三民主義研究の一部——　「近代中國の社會と經濟」刀江書院　26・5
山本秀夫　孫文主義土地革命理論の發展構造——三民主義研究の一部——　「中國農村革命」東洋經濟新報社　50・
宮崎世龍　三民主義と孫文　ソ連研究　27・12
高橋勇治　三民主義におけるブルジョア民族解放　アジア研究　29・4

運動の本質と限界について
――孫文の民族主義を中心として――

天野寛　民族主義と儒教主義について　斯文　33・3

安藤彦太郎　孫文研究の問題點――三民主義における「資本節制」序論――　早稲田政治經濟學雜誌　31・8

小林文夫　中國民族主義の系譜「ナショナリズムの研究」　政治經濟調査會　31・12

山本秀夫　孫文の新三民主義　「講座近代アジア思想史、中國編(一)」　弘文堂　35・12

北山康夫　同盟會時代の民生主義について　「中國革命の歴史的研究」ミネルバ書房　47・

山口一郎　三民主義　「中國の名著」　勁草書房　36・10

村松裕次　民族主義と共産主義との關係――中國共産圏問題　37・12

中山義弘　三民主義の發展　の場合──　史學研究　38・8

伊原弘介
中山義弘　辛亥革命と三民主義「講座社會科學教育」　柳原書店　40・4

山本秀夫　三民主義と辛亥革命──とくに「平均地權」について──　歴史教育　40・12

小林熙直　蔣介石の死と「三民主義」──その「反共」の執念を支えたもの──　世界　50・6

藤井昇三　一九三〇年代の中國共產黨と三民主義──一九三七年まで──「一九三〇年代の中國の研究」　アジア經濟研究所　50・11

藤井昇三　孫文の「三民主義」講演と對日批判──中國革命の一側面──　中國研究　51・1

稲田正次　孫文の憲法思想と中國憲法草案について　法律時報　21・8

山本秀夫	孫文における革命精神形成の過程——「心理建設」を中心として——	中國研究	22・7
山本秀夫	中國土地改革の原則——孫文土地綱領の究明——	中國	23・6
藤原　定	民國以前の民主主義思想　「中國の現代文化」		23・9
井内弘文	孫文實業計畫の歷史的意義とその實現過程	三重大學學藝學部研究紀要	28・2
波多野善大	初期における孫文「平均地權」について	社會經濟史學	31・4
仁井田陞	孫文のいわゆる「耕者有其田」とその後　「中國法制史研究——土地法、取引法——」	東京大學東洋文化研究所	35・3
堀川哲男	中國近代のナショナリズムに關する二、三の問題	新しい歷史學のために	37・2
伊東昭雄	孫文の革命思想の發展について	現代中國	38・5

伊藤秀一　近代の日本と中國における西歐進化論の受容と展開——辛亥革命から五四運動へ——　中國近代思想史研究會會報　39・6
宇野重昭　孫文の思想轉換をめぐって——連ソ容共の發端——　東亞時論　41・1
平野義太郎　中國民主、民族革命と孫文——とくにレーニンの「中國革命の世界的意義」および孫文に對する評價、位置づけに徵して——　アジア經濟旬報　41・3
長谷川誠一　孫文の經濟思想——東洋的と歐米的思惟の融合——　駒澤大學商經學部研究紀要　41・3
內藤戊申　中國革命思想の展開——清末以前——　東洋學術研究　41・9
片山　哲　「孫文學說」を讀むことを勸める——百周年記念にあたり——　「現代中國と孫文思想」講談社　42・2

山本秀夫　中國の革命思想「講座中國Ⅰ——革命と傳統——」　筑摩書房　42・9

堀川哲男　清末における西洋受容についての試論　思想　43

藤井昇三　孫文と中國革命の思想　「中國をめぐる國際政治」東京大學出版會　43・3

池田　誠　孫文における「讓位」の意味——「心理建設」を中心として——　田村博士退官記念事業會　43・5

　　　　——中國における舊民主主義の運命—

安藤久美子　孫文一派の土地國有論と辛亥革命　「田村博士頌壽記念東洋史論叢」　史林　43・10

藤谷　博　孫文の自治制論　大阪大學教養部研究集錄（人文、社會科學）　44・3

吉澤　南　「嚮導」と孫文——晚年の孫文に對するプロレタリアからの批判と援助——　中國近代史研究會報　44・4

中川　剛　中國の立憲主義——三民主義、五權憲政經論叢（廣島大學）　45・2

法論を中心として——

中川　剛　中國の立憲主義——三民主義、五權憲法論を中心として——　「立憲主義の研究」法律文化社　47・5

白山寛夫　孫文と中國勞動法　國學院法學　45・3

池田　誠　護法から革命への孫文理論の展開——孫文理論の展開とロシア革命——　立命館法學　45・9

安藤彥太郎　孫文時代における「西方」認識——「辛亥革命」、「五四運動」の目覺め——　月刊エコノミスト　46・6

丸山松幸　中國における無政府主義と民族主義、共產主義　季刊社會思想　47・7

池田　誠　第二次國共合作と孫文理論の「復權」——中國共產黨における孫文理論の再評價——　立命館法學　49・3

宇野重昭　中國におけるヨーロッパ民主主義の組みかえ「思想の冒險」　筑摩書房　49・8

武仲弘明　清末民國初にみる公理意識とナショナリズム　歷史學研究　49・12

武仲弘明　中國國民黨一全大會宣言と孫文の思想をめぐる覺書　史觀　51・3

久保田文次　孫文の「中國の現狀と將來」について　日本女子大學紀要（文學部）　51・3

横松　宗　中國近代のナショナリズムと國際理解——孫文と魯迅のナショナリズムについて——　九州大學比較教育文化研究所施設紀要　52・2

近藤邦康　民國革命の思想　「原典中國近代思想史」　岩波書店　52・2

山田辰雄　第一次國共合作形成過程における孫文　法學研究（慶應大學）　52・9

思想の變化と展開—一九一九年—一九二五年—池田　誠　孫文における反帝國主義路線の確立　立命館法學　53・2

—孫文の民族主義理論の展開—

久保田文次　孫文の平均地權論　歷史學研究　55・12

池田　誠　孫文の「以黨治國」論について　立命館法學　56・2
—「權」と「能」の均衡による「全民政治」への期待—

水元誠致　孫文の國家資本主義　ふびと（三重大學）　56

伊原澤周　日中兩國におけるヘンリー・ジョージの思想の受容　史林　59・9
—主として孫文、宮崎民藏、安部磯雄らの土地論をめぐって—

酒井忠夫　辛亥前後における五族共和論　史學雜誌　16・7

佐藤三郎　日清戰爭の中國に及ぼした影響について――當時の中國人の時局論を中心として――　山形大學紀要　25・3
永井算己　興中會をめぐる一考察　信州大學紀要　28・5
高橋勇治　中國におけるブルジョア民族解放運動の本質と限界　社會科學研究　29・2
高橋勇治　中國におけるブルジョア民族解放運動の本質と限界　「中國人民革命の研究」弘文堂　32
永井算己　庚子惠州の役について　史學雜法　29・12
永井算己　庚子惠州の役――孫文の動きを中心として――　歷史教育　30・9・10
岩村三千夫　孫文時代の中ソ關係　歷史教育　34・1
大隅逸郎　興中會から同盟會の成立に至る政治過程――辛亥革命への序曲――　同志社法學　36・2

宇野重昭　國共合作問題と中國ナショナリズム　外務省調査月報　39・9

S・L・チブインスキー　伊藤秀一譯　辛亥革命と孫文　中國史研究　40・6

横山　英　清末の變革における指導と同盟——辛亥革命研究ノート——　史學研究　41・8

安藤彥太郎　孫文と現代中國　「現代中國と孫文思想」講座社　42・2

坂本德松　孫文とベトナム　「現代中國と孫文思想」講座社　42・2

池田　誠　孫文と國共合作　「現代中國と孫文思想」講座社　42・2

小野川秀美　興中會の起源　立命館文學　42・7

吉澤　南　孫文の晩年の革命活動と中國共產黨　月刊アジアアフリカ　44・4・5

（上、下）　研究

池田誠編譯　孫文とロシア革命（上、下）　立命館文學　45・11・12

清水　稔　萍瀏醴における革命蜂起について——洪江會を中心として——　東洋史研究　46・3

波多野善大　孫文北上の背景——孫文の晩年における「和平會議」の構想——　名古屋大學文學學部研究論集　46・3

波多野善大　孫文北上の背景——孫文の晩年における「和平會議」の構想——　「中國近代軍閥の研究」河出書房新社　48

狹間直樹　共和制と帝制——辛亥革命における革命派の認識と行動——　東方學報　47・3

池田　誠　臨時總統の「讓位」における孫文の立場　立命館法學　47・3

同山寬夫　廈門事件と惠州事件　中央經濟　49・7・10

向山寛夫	厦門事件と惠州事件	國學院大學大學院紀要	50・3
池田　誠	孫文の革命理論における軍閥觀 ——孫文における一九一九年の意義——	立命館法學	50・12
池田　誠	〈工兵〉的裁兵〈平民〉的裁兵 ——孫文の護法運動と裁兵問題——	立命館法學	51・2
横山宏章	廣東政權の財政逼迫と孫文政治 ——商團軍の反亂をめぐって——	社會經濟史學	52・3
松本英紀	中部同盟會と辛亥革命 ——宋敎仁の革命方策——	「辛亥革命の研究」 筑摩書房	53・1
永井算己	或る黃興書簡——民元前三年十一月初七日	信州大學人文科學編集	53・3
藤井昇三	辛亥革命、孫文の國際的評價	「講座中國近現代史」 東京大學出版會	53・6

久保田文次	中國同盟會成立の場所	辛亥革命研究	56・3
松本武彦	孫文の革命運動における興中會の意義——特に華僑の問題と關連して——	近代中國	56・6
小島淑男	中華國民會と辛亥革命	辛亥革命七〇周年記念東京シンポジウム報告集	56・10
松本英紀	中華民國臨時約法の成立と宋教仁	立命館史學	56
宇野精一	中國古有の思想と三民主義	三民主義と中國シンポジウム ASIAN REPORT	56・11
朱堅章	三民主義と中國の傳統思想	三民主義と中國シンポジウム ASIAN REPORT	56・11
王曾才	三民主義と現代	三民主義と中國シン	56・11

ポジウム　ASIAN REPORT

山村文人　辛亥革命の歴史的意義　三民主義と中國シンポジウム　ASIAN REPORT　56・11

陳鵬仁　孫文先生と日本　三民主義と中國シンポジウム　ASIAN REPORT　56・11

李守孔　清朝留日學生と辛亥革命　三民主義と中國シンポジウム　ASIAN REPORT　56・11

陳三井　臺灣の志士と辛亥革命　三民主義と中國シンポジウム　ASIAN REPORT　56・11

頭山統一　日本人と辛亥革命　三民主義と中國シンポジウム　ASIAN REPORT　56・11

李國祁　孫文の政治理論の形成及びその中國に對する影響　三民主義と中國シンポジウム　ASIAN REPORT　56・11

笠原正明　三民主義と中國　三民主義と中國シンポジウム　ASIAN REPORT　56・11

楠瀬正明　南京臨時政府について　「中國における權力構造の史的研究」　57

稻葉君山　支那革命の再審——排滿と容滿——　近代中國研究委員會報　23

日本政府の「民報」發行停止に對する章炳麟の反駁

菊地貴晴　唐才常の自立軍起義——變法、革命兩派の交流を中心として——　歷史學研究　29・4

永井算己　清末の立憲派と革命派　歷史學研究　31・12

野原四郎　「民報」の停刊について　思想　33・6

野村浩一　革命派と改良派の思想　「講座近代アジア思想史——中國篇」　35・12

野村浩一　革命派と改良派の思想　「近代中國の政治と思想」筑摩書房　39

有田和夫　改良派と革命派——新民叢報と民報の論爭——　東京支那學報　40・6

手代木公助　戊戌より庚子に至る變法派と革命派の交渉——當時の日清關係の一斷面——　「近代中國研究」　41・12

永井算己　清末における在日康梁派の政治動靜（一—三）　信州大學人文科學論集　41・12

堀川哲男　「民報」と「新民叢報」の論争の一側面——革命は瓜分を招くか——　「田村博士頌壽記念東洋史論集」　43・5

永井算己　民報封禁事件　東洋學報　47・12

坂出祥伸　梁啓超の政治思想——日本亡命から革命派との論戰まで——　關西大學文學論集　48・12

永井算己　民報續刊をめぐる二、三の問題　信州大學人文科學論集　49・3

堀川哲男　民生主義をめぐる民報と新民叢報の論争（上、下）　東洋史研究　49・6

有田和夫　再び新民叢報と民報の論争について　「宇野哲人先生白壽祝賀記念東洋學論集」　49・10

寺廣映雄　革命瓜分論の形成をめぐって——保皇、革命兩派の對立——　「辛亥革命の研究」　筑摩書房　53・1

菊地英夫　廖仲愷と第一次國共合作——孫文をめぐる人人——（上、中、下）　アジア經濟旬報　41・5

荒木　修　孫文、魯迅——毛澤東の思想的軸とその回轉エネルギー——　現代中國　42・7

近藤邦康　章炳麟と孫文——德と知——　「近代中國の思想と文學」大安　42・7

山田辰雄　孫文獨裁下における汪精衞の役割——一九二四年一月～一九二五年三月——　法學研究（慶應大學）　43・8

竹之內安巳　孫文革命の展開と何香凝（一—三）　鹿兒島經濟大學論集　44・2

市古宙三　國父孫文の遺稿と汪兆銘の「國事遺書」について　海外事情　45・11

吉田富夫　魯迅と光復會の革命家羣像　現代の眼　47・6

波多野善大　孫文と陳炯明　「田村博士頌壽記念東洋史論叢」　43・5

波多野善大　孫文と陳炯明　「中國近代軍閥の研究」　河出書房新社　48

久保田文次	辛亥革命前における章炳麟と同盟會との對立	「木村正雄先生退官記念東洋史論集」	51・12
宇野重昭	現代中國の革命と政治文化——毛澤東と孫文——	展望	52・4
渡邊京二	孫文と宋教仁——辛亥革命における民族派の問題	歷史公論	54・4
久保田文次・博子	孫文と宋慶齡の結婚の時期について	辛亥革命研究	56・3
久保田博子	若き日の宋慶齡女史と日本	中國研究月報	56・6
久保田博子	宋慶齡と孫文の出會いについて——中國革命における宋慶齡の位置づけと關連して——	「中島敏先生古稀記念論集」（下）汲古書院	56・7
高橋良知	中華革命黨結黨時における孫、黃決裂の意味について	名古屋大學文學部東洋史研究報告	56・10

久保田博子　宋慶齡關係略年譜稿　辛亥革命研究　58・3

中村　義　孫文と黄興の初會見の仲介者は滔天か　辛亥革命研究　58・3

岩村三千夫　孫文から毛澤東へ　展望　24・2

中山　優　孫文論　師友　28・11

野澤　豊　革命いまだ成功せず――孫文とその時代――　「世界歷史講座」三一書房　29・6

前田幸太郎　孫文と毛澤東　横濱大學論叢6別册　29・12

野澤　豊　戰爭中の孫文像　思想　32・6

野澤　豊　新聞に描かれた孫文　思想　32・6

新島淳良　日本左翼の孫文理解「現代中國の革命認識――中ソ論争への接近――」　御茶の水書房　39

竹内　好　孫文觀の問題點　「竹内好評論集」第三巻　筑摩書房　41

野原四郎　民本主義者の孫文像　「アジアの歷史と思想」　41

山口一郎　孫文（一八六六—一九二五）「人間の　大阪教育圖書　33・10
教師、東洋編」
荒木　修　孫文（一八六六—一九二五）「中國の思想家」下　38・7
勁草書房
中　太一　ソビエトにおける中國ブルジョア革命　社會科學研究　40・11
運動史の研究
——エス、エリ、チフビニスキー著「
孫逸仙」を中心として——
木下彪（譯、註）孫文傳記（一—十七）　外交時報　41・1
守田藤之助　私の見た「孫文と辛亥革命」　中國　41・11
高木健夫　革命なお未だ成功せず　「現代中國と孫文思想」　講談社　42・2
宮崎龍介　孫文回想　「現代中國と孫文思想」　42・2

松永安左ェ門	孫文ちんとの對話「現代中國と孫文思想」	講談社	42・2
北山康夫	孫文略傳「現代中國と孫文思想」	講談社	42・2
宮崎世民	日中友好の實踐者「現代中國と孫文思想」	講談社	42・2
松野昭二	「孫文」二報告への問題提起	現代中國	42・7
野澤　豊	羅家倫主編「國父年譜初編」	東洋學報	44・2
野澤　豊	孫文「中華帝國の崩壞」	世界文化社	44・10
加藤正春	世界史における人物主題學習——孫文を例として——	歷史學と歷史教育	47・4
太田宇之助	孫文と私——一老記者の回想——	中央公論	50・12
池田　誠	レーニンにおけるアジア民主主義革命	立命館法學	55・9

論──レーニンの孫文論を中心として──
菊地貴晴　華僑と革命事業の推移　歷史教育　31・2
安藤彥太郎　孫文の故鄉──中國通信(23)(24)　大安　41・7
山口一郎　東南アジアの旅にて（二、三）　中國　43・7
──孫文と華僑
光岡玄　荒廢にまかす孫文記念館（荒尾市）　日中　47・10
──忘れられた日中連帶史の斷面──
木下繁太郎　孫文の食物觀　中國研究　48・2
中山義弘　孫文と婦人問題　北九州大學外國語學部紀要　49・10
川保澄夫　裁判にかかる孫文記念館　日中　50・7
──連帶の歷史を甦らせる道を求めて──
松本武彥　晚晴園──シンガポールの孫文關係遺跡──　辛亥革命研究　56・3

菊地三郎　孫文の「發財革命」　アジア　56・7

神谷正男　「中國革命思想の諸問題」要綱及び參考文獻　29
——孫文主義、蔣介石主義、毛澤東主義——

野澤　豊　日本における孫文關係文獻目錄　思想　32・6

現代中國學會　辛亥革命五十周年記念日中關係史料展示目錄　大安　36

近藤邦康　孫文についての最近の三册の本　アジア經濟旬報　42・2

山根幸夫　孫文と日本——批評と紹介——　東京女子大學論集　42・9

横山英、中山義弘　孫文參考文獻「孫文」　清水書院　43・4

山根幸夫(編)　辛亥革命文獻目錄　東京女子大學東洋史研究室　47・10

(無名氏)　既刊全集未收錄の孫文論文　Judical Reform in China. 辛亥革命研究　58・3

山根幸夫	新編，辛亥革命文獻目錄	東京女子大學東洋史研究室	58・11
陳鵬仁	孫文と南方熊楠	日本學報（臺北）	63・4
岩村三千夫	中國民族主義の形成と發展	歷史評論	22・8
岩村三千夫	三民主義と新民主主義	新中國	22・10
岩村三千夫	孫文三民主義の發展過程	中國研究	22・11
岩村三千夫	孫文三民主義の發展過程	新中國	22・11
山本秀夫	孫文思想と近代アナーキズム	中國研究	22・12
平野義太郎	「三民主義」とその邦譯について	中國研究	23・9
鷲尾義直	古島一雄	日本經濟研究會	25・3
高橋勇治	近代中國ルネサンス	社會科學研究	25・7
荒木修	三民主義の研究（一）	高知大學學術研究報	27・9
		告	29・3
阪上秀太郎	孫文の思想的基盤について	史觀	28・6

三上諦聽	カール・ラデック孫「逸仙の生涯とその事業」	史泉	28・7
山本秀夫	中國思想における實踐論の展開	思想	30・4 3
波多野善大	初期における孫文の平均地權について	社會經濟史學	30・5
安藤彥太郎	孫文研究の問題點	早稻田政經學雜誌	30・12
宮崎世龍	三民主義と孫文	ソ連研究	30・12
波多野善大	民國革命と新軍	名古屋大學文學部紀要	31・1
曾村保信	辛亥革命と日本輿論	法學新報	31・9
永井算巳	孫文における初期民生主義の形成について	日本歷史	31・9 11
淺野晃	孫文といふ人	日中文化	32・3
山田純三郎	孫文先生について想ふ	日中文化	32・3
野澤豐	孫文研究の流れを追って	日中文化	32・3

竹內好	孫文觀の問題點	思想	32・6
野村浩一	孫文の民族主義と大陸浪人	思想	32・6
野原四郎	民本主義者の孫文	思想	32・6
安藤彥太郎	孫文思想の形成と繼承	思想	32・6
安藤彥太郎	孫文年譜	思想	32・6
臼井勝美	日本と辛亥革命——その一側面	歷史學研究	32・5
臼井勝美	辛亥革命——日本の對應	國際政治	33・9
三上諦聽	孫文主義學會について——黃埔軍官學校における	龍谷史壇	33・12
井田輝敏	孫文における三民主義思想の形成——中國革命思想研究之書	政治研究	34・11
波多野善大	辛亥革命への動因	歷史學研究	34・11
藤井專英	中國における自由民主主義思想の展開	人文科學（岐阜大學學藝學部）	34・12

寺廣映雄　辛亥革命と北方の動向——呉祿貞を中心として　人文科學（大阪學藝大學紀要）　35・3

天野元之助　民國革命　東亞經濟研究（山口大學）　35・8
36　1
36　9

北山康　特集・辛亥革命期の指導者をめぐって　歷史學研究　36・10

同盟會時代の民生主義について　人文科學（大阪學藝大學紀要）　36・3

池田誠　內藤湖南の辛亥革命論　立命館法學　36・12

小野信爾　中國革命と日本外交　日本史研究　37・1

近藤邦康　章炳麟における革命思想の形成——戊戌變法から辛亥革命へ　東洋文化研究紀要　37・3

寺廣映雄　中華革命黨と孫文思想の形成について　人文科學（大阪學藝大學紀要）　37・3

中村義	辛亥革命史をめぐって——とくに戰後の研究動向	東洋學報	38・3
開高健	孫文・その悲慘と榮光——政治亡命者系譜	中央公論	38・5
高坂正堯	中國國民黨革命とアメリカの政策	法學論叢（京大）	38・7
			38・10
藤井昇三	野澤豐著「孫文」（書評）	史學雜誌	38・7
大隅逸郎	清末における婦人解放運動と女俠秋瑾		
李光燦他	孫中山の哲學思想（大隅逸郎譯）	同志社法學	37・11
			38・11
中村瑞子	辛亥革命と會黨	史論	38・11
大隅逸郎	辛亥革命の諸問題	日本政治學會年報	39
寺廣映雄	辛亥革命と西南邊境の動向——貴州における革命と反革命をめぐって	人文科學（大阪學藝大學紀要）	39・3

中山島太　中國革命における官僚資本主義の評傳――とくに一九三〇年代を中心として　アジア研究　39・10

近藤邦康　「民國」と李大釗の位置――辛亥革命から五四運動へ　思想　39・4

菊地貴晴　辛亥革命の性格によせて　歴史教育　40・1

陳鵬仁　孫文先生を偲ぶ　經濟往來

北山廢夫　魯迅と辛亥革命　人文科學（大阪學藝大學紀要）　40・2

山下米子　辛亥革命の時期と民衆運動―江浙地區の農民運動を中心として　東洋文化研究所紀要　40・3

陳鵬仁　孫文の民權主義思想と五權憲法（一―五）　現代評論　40・5・9

山根幸夫　辛亥革命より新民主主義革命へ　東京女子大學論集　41・9

狹間直樹　辛亥革命期における中國の社會主義　思想　41・5

			41・9
伊東昭雄	孫文における三民主義の展開——民族主義を中心に	歴史評論	41・12
山本四郎	辛亥革命と日本の動向	史林	41・1
宮崎龍介他	孫文の思い出（對談）	歴史評論	41・12
伊東昭雄	孫文における三民主義の展開・付記	歴史試論	42・3
野澤豐	辛亥革命と日本——立憲君主制か共和制か・アジア最初の共和革命の衝擊	エコノミスト	42・7
陳鵬仁	孫文の民生主義	師と友	42・7
安藤久美子	同時代における日本人の辛亥革命觀——吉野作造と北一輝を中心として	史潮	42・10
衛藤瀋吉	滔天と清國革命にどらして結びついたか	思想	43・3
山根幸夫	日本人の中國觀——內藤湖南と吉野作	東京女子大學論集	43・9

造の場合
田井正臣　辛亥革命と日本の對應　歴史學研究　44・1
藤井昇三　中國革命と第一次カラハン宣言　アジア經濟　44・10
波多野善太　孫文北上の背景——孫文の晩年におけ
る「和平會議」の構想　名古屋大學文學部研究論集　49・3
竹之内安己　孫文革命の展開と何香凝（何香凝「我
的回憶」（要約））　鹿兒島經大論集　44・2
44 7
44 10
狹間直樹　辛亥革命時期の湖北とおける革命と反
革命——江湖會の襄陽光復を中心とし
て　東方學報　45 3
永井算巳　清末における在日康梁派の政治動靜（
一）　信州大學人文學部紀要　41・12
升味準之輔　大陸浪人（二）　東京都立大學法學會　42・3

雜誌

小野川秀美　興中會の起源　立命館文學　42・7
山根幸夫　孫文と近代日本　東京女子大學論集　42・9
升味準之輔　大陸浪人（三）　東京都立大學法學會雜誌　42・10
波多野善大　國民革命期間における馮玉祥とソ連の關係について　名古屋大學文學部研究論集　43・3
中村哲夫　陳天華の革命論の展開　待兼山論叢　43・12
藤谷博　孫文の自治制論　大阪大學教養部研究集錄（人文社會科學）　44・3
初瀬龍平　內田良平と中國問題——一九一二年まで　アジア研究　44・10
西村成雄　東三省における辛亥革命　歷史研究　45・3
小野川秀美　光復會の成立　東方學報　45・3

市古尚三	國父孫文の遺稿と汪兆銘の「國事遺事」に思ろ	海外事情	45・11
彭澤周	日中兩國の初期民權思想と進化論	史林	46・3
初瀨龍平	內田良平と中國問題——第一次大戰期	アジア研究	46・1
西尾陽太郎	北一輝と辛亥革命に關する「電文雄」と「報告書簡集」について——內田家資料による	史淵	46・8
横山英	辛亥ブルジョア革命說の系譜（上）	史學研究	46・6
横山英	辛亥ブルジョア革命說の系譜（下）	史學研究	46・10
松本健一	北一輝，暗殺からの逃亡——支那革命への沒入の意味	現代の眼	46・11
藤田敬一	辛亥革命期における清朝政權と「滿洲問題」	岐阜大學教育學部研究報告	46・12
西尾陽太郎	北一輝の辛亥革命電文集について——	史淵	47・2

内田家資料によって
笠井清　孫文と南方熊楠（一）　甲南大學紀要（文學編）　47・3
片倉芳和　武昌起義と宋教仁（一）　史叢　47・3
寺廣映雄　張謇と野亥革命　大阪教育大學紀要（社會科學）　47・3
杉森正彌　「支那浪人」宮崎滔天のイメージ——「三十三年之夢」のこて　詩學文學　47・3
中村哲夫　華興會と光復會の成立過程　史林　47・7
吉村五郎　孫文自傳略解　東洋研究　47・9
笠井清　孫文と南方熊楠（二）—熊楠歸國後の交渉　甲南大學紀（文學編）　48・3
吉村五郎　孫文哲學　大東文化大學紀要　48・3
高田淳　辛亥革命の章炳麟　東洋文庫研究所紀要　48・3

著者	題名	掲載	年月
清水稔	湖南における辛亥革命の一断面について——黨會と立憲派を中心にして	東方學	49・1
堀川哲男	孫文の遺書をめぐって	人文（京都大學）	49・3
武田清子	アジアの革新にけるキリスト教——孫文と宮崎滔天	國際基督教大學學報	49・3
安藤久美子	孫文の民族主義と辛亥革命——その反帝國主義の意義について	歷史學研究	49・4
久保田文次	辛亥革命と孫文、宋教仁——中國革命同盟會の解體過程	歷史學研究	49・5
栃木利夫	辛亥革命と鈴木天眼——一人の對外硬論者の對，否	歷史評論（特集：近代アジアと日本）	49・11

〔明治の部〕

著者	題名	出版	年月
孫逸仙	支那現勢地圖	東方協會	35・6
宮崎滔天	三十三年の夢	國光書房	35・8
池亨吉	支那革命實見記		44・10
[illegible]清瀾	清國革命戰亂記	[illegible]	4・0

覆面浪人	現代支那四百余州風雲兒	成功雜誌社	44・10
伊藤銀月	孫逸仙と黃興	武藏野書店	44・12
小川運平	支那及支那人（附）支那革命の眞相	東亞堂書房	44・12
宮崎滔天	支那革命軍談	明治出版社	45・3

〔大正の部〕

中島瑞	支那分割の運命	政教社	1・10
酒巻貞一郎	支那分割論	啓成社	2・7
內田良平	支那觀	黑龍會	2・11
天津日本總領事館	支那革命記略	外務省政務局	2・1
內藤虎次郎	支那論	文會堂書房	3・3
現代叢書	新支那	民友社	3・11
奈良一雄	中華民國大事件と袁世凱	天津中東石印局	4・4
山路愛山	支那論	民友社	5・10
小寺謙吉	大亞細亞主義論	寶文館	5・11

吉野作造	支那革命小史	萬朶書房	6・8
波多野乾一 松本鎗吉	支那の政黨	東亞實進社	8・9
平川清風	支那共和史	春申社	9・9
波多野乾一	現代支那——解說と提唱——	支那問題社	10・1
吉野作造	第三革命後の支那	內外出版株式會社	10・2
北一輝	支那革命外史	大鐙閣	10・11
宇治田直義	支那研究共和以後	日本評論社	10・12
吉野作造加藤繁	支那革命史	內外出版株式會社	11・10
松井等	支那現代史	明善社	13・2
清水安三	支那當代新人物	大阪屋號書店	13・11
	黎明の支那	亞細亞學生會出版部	14・1
ラインバーガー 小田律譯	孫逸仙傳	日本讀書協會	14・8
滿鐵東亞經濟調查局	支那の社會運動	同上	15・3

孫文著長野朗譯	三民主義	支那問題研究所	15・10

（昭和の部）

水野梅曉	孫文の提唱せる三民主義の梗概	東亞研究會	2・4
長野朗	支那國民運動の指導原理	ジャパン・タイムス社	2・5
桑原隲藏	東洋史說苑	弘文堂	2・6
布施勝治	レーニンのロシアと孫文の支那	叢文閣	2・9
レーニン 北野道彥譯	支那に就て	〃	2・10
ウィットフォーゲル、三木猛譯	支那は眼覺め行く	白揚社	3・4
臺灣總督府官房調查課	支那の國民革命と國民政府	同上	一 3・5 二 3・8
神田正雄	謎の隣邦	海外社	3・10
大西齊	支那の現狀（朝日常識講座第3卷）	朝日新聞社	3・12
川田友之譯述	解說三民主義	大觀社	4・6

孫文　金井寛三譯	三民主義	改造社	4・8
アジアチクス　野村重夫譯	廣東から上海へ	上野書店	4・8
近藤達兒	孫文移靈祭の記（附）新支那旅行記	自家出版（非賣品）	4・9
ウィットフォーゲル　筒井英一譯	孫逸仙と支那革命	永田書店	4・11
ラインバーガー　賴貴福譯	孫文と支那革命	平凡社	4・12
橘樸	支那研究資料史（一）	支那研究會朝鮮總支部	5・3
村田孜郎	支那の左翼戰線	萬里閣書店	5・4
慶應義熟望月基金支那研究會編	支那研究	岩波書店	5・6
安倍源基	國民黨と支那革命	人格社	5・9
吉野作造	對支問題	日本評論社	5・12

プロレタリア科學研究所編	支那大革命	共生閣	5・12
孫文沈覲鼎譯	日文三民主義	國民黨中央執行委員會宣傳部	5・
	支那問題講話	プロレタリア科學研究所	6・3
濱田純一	現代大支那	同刊行會	6・4
武田凞	支那革命と孫文主義	大同館書店	6・8
室伏高信	支那は起ちあがる	新潮社	6・11
王樞之（鈴江言一）	孫文傳（偉人傳全集22）	改造社	6・11
日華實業協會	支那近代の政治經濟	外交時報社	6・12
宮脇賢之助	現代支那社會勞動運動研究	平凡社	7・2
內田良平	日本の亞細亞	黑龍會	7・12
鵜崎熊吉	犬養毅傳	誠文堂	7・12
中山優	再認識下の中國	平凡社	8・4

中山耕太郎	新支那讀本	讀書社	9・5
松井等	世界歴史大系9東洋近世史2	平凡社	9・7
佐藤慶治郎	革命途上の支那	光源塾	9・7
	孫中山先生逝世十年祭記念講演	日本文化連盟	10・3
	東亞先覺志士記傳	黑龍會	10・3
孫文 外務省調査部譯	孫文主義		11・1
孫文 金井寛三譯	三民主義續篇	改造社	11・2
矢野仁一	現代支那概論——動かざる支那——	目黑書店	11・3
橘樸	支那思想研究	日本評論社	11・8
風間阜	近世中國史	叢文閣	12・3
室伏高信	支那論・支那遊記（全集7）	青年書房	12・8
吉岡文六	現代支那人物論	第二國民出版部	12・10
サファロフ 早川二郎譯	近代支那社會史	白揚社	12・11

長野朗	國民革命全史	坂上書院	12・12
內藤湖南	支那論	創元社	13・5
孫文 吉田龍次郎譯	三民主義に就いて	白揚社	13・10
井上哲次郎	東洋文化と支那の將來	理想社	14・2
	アジア問題講座（一）政治軍事編(1)	創元社	14・3
宇田尚	對支文化工作草案	改造社	14・4
	東亞の現勢（東洋文化史大系7）	誠文堂新光社	14・5
周佛海 犬養健譯	三民主義解說	岩波書店	14・6
森田正夫	汪兆銘	興亞文化協會	14・9
淺野利三郎	三民主義思想之淵源及其發達	現代社	14・9
戴季陶 中山志郎譯	孫文主義の哲學的基礎（東亞問題別冊第一）	生活社	14・10
高橋勇治	三民主義概說	東亞研究會	14・10

松井等	支那近代史	明善社	14・10
滿鐵調査部	抗日民族統一戰線運動史		14・10
グスタフ・アマン 高山洋吉譯	三民主義（孫文遺囑）	育生社	14・11
草野心平	支那點々	三和書房	14・12
佐野袈裟美	支那近代百年史	白揚社	15・1
河野密	孫文の生涯と國民革命	日本放送出版協會	15・2
淺野利三郎	三民主義思想發達史	現代社	15・3
	支那精神（世界精神史講座二）	理想社	15・5
林桂圃 中山志郎譯	孫文主義國家論	生活社	15・5
高田眞治	支那思想と現代	大日本圖書	15・7
信濃憂人譯編	新支那の出發（附）孫文「大亞細亞主義」	青年書房	15・7
常田力	日支共存史	山梨毎日新聞社 千葉毎日新聞社	15・7 15・11

アントーノフ	三民主義と支那革命	東亞研究所	15・7
小竹文夫	現代支那史	弘文堂	15・8
池崎忠孝	新支那論	明治書房	15・8
中國現代史研究委員會石川正義譯編	近代支那民族運動史	生活社	15・8
佐藤俊三	支那近世政黨史	大阪屋號書店	15・11
細川嘉六	アジア民族政策論	東洋經濟新報社	15・12
萱野長知	中華民國革命秘笈	皇國青年教育協會	16・2
津田元德	支那事變秘史	大阪屋號書店	16・6
藤原定	近代支那思想	中央公論社	16・6
山浦貫一	東亞新體制の先覺森恪	高山書院	16・7
東亞研究所	國民黨支那の教育政策		16・9
外交問題研究會編	汪主席聲明集	日本國際協會	16・9
今中次暦	東亞の政治的新段階	日本青年外交協會	16・11

中保與作	大東亞共榮圈の基本理念	高原社	16・11
孫文　米田祐太郎譯	支那の產業建設	教材社	17・2
能勢岩吉編	支那の反英興亞運動（附）孫中山の大亞細亞主義	聯合出版社	17・2
	支那問題辭典	中央公論社	17・3
孫文、芳賀雄譯	支那の國土計畫	日本電報通信社	17・5
實藤惠秀編	近代支那思想	光風館	17・6
鈴木善一	興亞運動と頭山滿翁	照文閣	17・10
大林重信	中國文明史物語	富山房	17・11
滿鐵上海事務所	孫文の支那近代化構想		17・
津久井龍雄	日支國交史論	日本政治研究室	18・6
橘樸	中華民國三十年史	岩波書店	18・7
波多野乾一	中國國民黨通史	大東出版社	18・8
高木陸郎	日華交友錄	救護會出版部	18・12

石井壽夫	孫文思想の研究	目黒書店	18・
大亞文化會	孫文革命戰史	聯合出版社	18・
出石誠彦	東洋近世史研究	大觀堂出版部	19・3
矢野仁一	清朝末史研究	大和書院	19・4
高橋勇治	孫文（東洋思想叢書）	日本評論社	19・8
平野義太郎	大亞細亞主義の歴史的基礎	河出書房	20・6

〔戰後の部〕

能瀬岩吉	革命鬭爭四十年(付)孫文、中國の革命	勞務行政研究所	29
小野川秀美（編譯）	孫文、毛澤東（世界の名著）	中央公論社	44・7
堀川哲男	孫文――救國の熱情と中國革命	清水書院	48・8
貝塚茂樹	孫文と毛澤東（貝塚茂樹著作集11卷）	中央公論社	53・1
安藤彥太郎	革命いまだ成功せず――孫文傳――	國土社	55・8

堀川哲男	孫文（人類の知的遺產）	講談社	57・9
横山宏章	孫中山の革命と政治指導	研文出版	57・10
池田　誠	孫文と中國革命——孫文とその革命運動の史的研究——	法律文化社	57・11
實藤惠秀	中國人日本留學史稿	くろしお出版	35・45
曾村保信ほか	日本外交史研究——日中關係の展開——	日本國際政治學會	36・3
立野信之	茫茫の記——宮崎滔天と孫文——	東都書房	41・11
笠井　清	南方熊楠	吉川弘文館	42・9
渡邊龍策	日本と中國の百年——何が日中關係を狂わせたか——	講談社	43・11
山口一郎	近代中國對日觀の研究	アジア經濟研究所	45・8
實藤惠秀ほか	日中關係とは何か	朝日新聞社	46・11
南方熊楠	南方熊楠全集全十卷・別卷二卷	平凡社	46
戴天仇著 市川宏譯	日本論	社會思想社	47・3
臼井勝美	日本と中國——大正時代——	原書房	47・9
たねとうけい	日中非友好の歷史	朝日新聞社	48・1

松本健一ほか　近代日本と中國（上）　朝日新聞社　49・6

任卓宣、胡秋原、陳鵬仁　中國の悲劇　世界情勢研究會　51・4

山口一郎　中國と日本　潮出版　51・6

小島晉治ほか　中國人の日本人觀——百年史——　自由國民社　51・10

渡邊京二　評傳　宮崎滔天　大和書房　51・4

山根幸夫　論集近代中國と日本　山川出版社　51・2

渡邊龍策　近代日中政治交涉史（歴史選書）　雄山閣　53・1

野原四郎　中國革命と大日本帝國　研文出版　53・9

車田讓治　日中友好秘錄　六興出版　54・4

三好　徹　革命浪人　孫文と滔天　中央公論社　54・11

阿部洋（編）　日中關係と文化摩擦　巖南堂　57・1

頌之（編）（寺廣映雄、片岡忠一譯）　中國近代留學小史　大阪教育大學、東洋史研究會　57

臼井勝美　中國をめぐる近代日本の外交　筑摩書房　58・9

衞藤瀋吉許淑眞　鈴江言一傳　東京大學出版會　59・4

古井哲夫（編）	日中戰爭史研究	吉川弘文館	59・12
北輝次郎	北一輝著作集第二卷	みすず書房	34・7
竹內好（編）	アジア主義（現代日本思想大系シリーズ）	筑摩書房	38・8
葦津珍彥	大アジア主義と頭山滿	日本文教社	40・4
竹內 好	日本とアジア（竹內好評論集第三卷）	筑摩書房	41・4
竹內 好	新編現代中國論（竹內好評論集第一卷）	筑摩書房	41・6
野原四郎	アジアの歷史と思想	弘文堂	41・8
角田順	滿洲問題と國防方針（明治百年史叢書シリーズ）	原書房	42・6
渡邊龍策	大陸浪人——明治ロマンチシズムの榮光と挫折——	番町書房	42・6
利根川裕	北一輝——革命の使者——（近代人物	人物往來社	42

（叢書シリーズ）

大江志乃夫　近代日本とアジア（三省堂新書）　三省堂　43・5

長谷川義記　鈴木迪夫　北一輝（紀伊國屋新書）　紀伊國屋書店　44

倉島昇　日本・アジア革命論　亞紀書房　45・6

高木健夫　夢と爆彈——中國革命史談——　番町書房　47・10

堀田善衛ほか　討論日本のなかのアジア　平凡社　48・8

戴國煇　日本とアジア　新人物往來社　48・10

長谷川義記　頭山滿評傳——人間と生涯——　原書批　49・9

河原宏　近代日本のアジア認識（レグルス文庫）　第三文明社　51・3

小島晉治　アジアからみた近代日本（亞紀現代史叢書）　亞紀書房　53・11

野村浩一　近代日本の中國認識——アジアへの航跡——　研文出版　56・4

馬場明　日中關係と外交機構の研究——大正、昭和期——　原書房　58・10

平野健一郎（編）　近代日本とアジア：文化交流と摩擦　東京大學出版會　59・4

臼井勝美ほか　日本外交史研究——大正時代——　日本國際政治學會　33・9

小野川秀美　清末政治思想研究（增補版）　東洋史研究會　35・3
みすず書房　44・1

東京教育大學アジア史研究會（編）　中國近代化の社會構造——辛亥革命の史的展望——　教育書籍　35・8

波多野善大　中國近代工業史の研究　東洋史研究會　36・5

外務省　清國政變（辛亥革命）（日本外交文書第四四、四五卷別册）　日本國際連合協會　36

池田　誠　中國現代政治史　法律文化社　37・10

山中峯太郎　實錄アジアの曙——第三革命の眞相——　文藝春秋　38

吳玉章　辛亥革命の體驗——老革命家の認識と回想——　弘文社　39・1

野村浩一　近代中國の政治と思想　筑摩書房　39・9

桑原武夫（編）　ブルジョア革命の比較研究　筑摩書房　39・12

島田虔次　中國革命の先驅者たち（筑摩叢書）　筑摩書房　40・10

池田誠ほか　中國革命史——太平天國から人民公社へ——　法律文化社　40・11

菊地貴晴　中國民族運動の基本構造——對外ボイコットの研究——　大安　41・12

小島淑男　近代中國農村社會研究　大安　42・7

竹内好、野村浩一（編）　革命と傳統（講座中國Ⅰ）　筑摩書房　42・9

臼井勝美ほか　朝鮮、中國の民族運動と國際環境（筑　筑摩書房　43・2

學叢書）

衞藤瀋吉　近代中國政治史研究　東京大學出版會　43・3

岩村三千夫　中國革命史（現代中國教室シリーズ）　青年出版社　43・11

狹間直樹　中國革命（講座現代中國2）　大修館書店　44・9

永井算己ほか　中華帝國の崩壞　世界文化社　44・10

市古宙三　中國の近代（世界の歷史20）　河出書房新社　44

山口一郎　現代中國思想史　勁草書房　44・8

菊地貴晴　現代中國革命の起源——辛亥革命の史的意義——　巖南堂書店　45・7

小野川秀美　民報索引（上、下）　京都大學人文科學研究所　45・47

島田虔次、西順藏（編）　清末民國初政治評論集（中國古典文學大系58）　平凡社　46・8

市古宙三　近代中國の政治と社會　東京大學出版會　46・52

藤井昇三ほか	中國革命の展開と動態	アジア經濟研究所	47・3
小野信爾、狹間直樹	革命論集（中國文明選15）	朝日新聞社	47・3
里井彥七郎	近代中國における民衆運動とその思想	東京大學出版會	47・6
北山康夫	中國革命の歷史的研究	ミネルバ書房	47・6
近藤邦康	辛亥革命——思想の形成（紀伊國屋新書）	紀伊國屋書店	47・9
栗本祐平	辛亥革命（物語歷史文庫34）	雄山閣	48・3
橋本高勝	清末における西洋文物の導入と反應	啓文社	48・6
野澤豊（編）	中國國民革命史の研究（歷史學研究叢書）	青木書店	49・5
青年中國研究者會議（編）	中國民衆反亂の世界	汲古書院	49・8
狹間直樹	中國社會主義の黎明（岩波新書）	岩波書店	51・8

西順藏ほか（編）　原典中國近代思想史（第三卷）——辛亥革命——　岩波書店　52・2

横山　英　辛亥革命研究序説　新歴史研究會　52・3

尾鍋輝彦　辛亥革命（二十一世紀シリーズ3）　中央公論社　52

小野川秀美、島田虔次（編）　辛亥革命の研究　筑摩書房　53・1

野澤豊、田中正俊（編）　講座中國近、現代史（3）辛亥革命　東京大學出版會　53・6

中村義　辛亥革命史研究　未來社　54・1

寺廣映雄　中國革命の史的展開　汲古書院　54・2

山田辰雄　中國國民黨左派の研究　慶應通信　55・6

ジェローム・チン　守川正道譯　袁世凱と近代中國　岩波書店　55・8

陳鵬仁　三民主義とは何か　自由新聞社　55・57

堀川哲男	中國近代の政治と社會	法律文化社	56・4
近藤邦康	中國近代思想史研究	勁草書房	56・12
丸山松幸	中國近代の革命思想	研文出版	57・6
横山宏章	孫中山の革命と政治指導	研文出版	58・10
永井算己	中國近代政治史論叢	汲古書院	58・12
有田和夫	清末意識構造の研究	汲古書院	59・1
孫文研究會	孫文選集（三卷）	社會思想社	60・5
陳鵬仁	私のアメリカと日本	水牛出版社（臺北）	64・1
蔣介石	中國の命運	日本評論社	21・2
波多野乾一譯			
吳主惠	三民主義的理論與解說	新世紀出版社	21・5
孫文	三民主義及自傳	增進社	21・7
魚返善雄譯			
出口勇藏	孫文の經濟思想	高桐書院	21・12

朝日新聞社東亞部　新段に立つ中國政治　月曜書房　22・9
日華國交論　吉野作造博士民主主義論集　新紀元社　22・10
中國革命史論　同前論集　新紀元社　22・
井出季和太　三民主義と中國の革命　六興出版部　22・10
岩村三千夫　中國民主革命　彰考書院　22・11
山本秀夫　三民主義の理論的基礎　現實社　22・
高橋勇治　中國國民黨と中國共產黨　白日書院　23・2
熊野正平　現代中國思潮講話　櫻門出版社　23・6
小野則秋　孫文　大雅堂　23・8
稲田正次　中國の憲法　政治教育協會　23・9
高橋勇治　中國憲法　有斐閣　23・10
鄒魯　亞東協會譯　中國國民黨史略　23・10

孫文著沈覲鼎譯	三民主義	日本評論社	24・2
岩村三千夫	三民主義と現代中國	岩波書店	24・4
古一念會	古島一雄	日本經濟研究會	25・
橘樸	中國革命史論	日本評論社	25・1
小島祐馬	中國の革命思想	弘文堂	25・3
岩村三千夫	民國革命（社會構成史體系）	日本評論社	25・8
古田忠德	港の關守	大藏財務協會	26・
仁井田陞編	近代中國の社會と經濟	刀江書院	26・5
重光葵	昭和の動亂（上）	中央公論社	27・8
小田嶽夫	中國革命の父　孫文	偕成社	28・7
中谷英雄	初期中華民國史研究資料	桐蔭高根紀要5	28・7
竹內好、山口一郎、齊藤秋男、野原四郎	中國革命の思想	岩波書店	28・9

平野義太郎	中國大革命	ナウカ社	28・11
吉田東祐	新中國史	洋洋社	29・1
岩村三千夫、野原四郎	中國現代史	岩波書店	29・11
福井康順	現代中國思想	早稻田大學出版部	30・3
ジョルジュ・パルデビイユ 後藤・白鳥譯	近代中國史	白水社	30・7
樂孟源 中國研究所譯	現代中國史	大月書店	30・10
レーニン大學、齊藤譯	中國民主革命運動小史	和光社	30・10
田村實造監修	中國史3（アジア史講座3）	岩崎書店	30・11
朱伯崑外大偶譯	中國近代思想史	三一書房	31・2

孫文　三民主義　上、下　岩波文庫　32・3
安藤彥太郎譯

曾村保信　日本と中國　內山書店　35・3

野澤豐　孫文──革命いまだならず　誠文堂新光社　37・

中華民國國父　孫文先生選集　40・6
百年誕辰紀念
會

島田虔次　中國革命之先驅者たち　筑摩書房　40

野澤豐　孫文と中國革命　岩波書店　41

Tikhvinskiy,　孫逸仙　刀江書院　41
S.L.

孫文の研究──とくに民族主義理論の　勁草書房　41・4
發展を中心として

外務省譯　孫文全集　原書房　42

岩村三千夫等　現代中國と孫文思想　講談社　42
編
貝塚茂樹　孫文と日本　講談社　42
横山英　孫文——中山義弘　清水書院　43
武田泰淳　秋風秋雨人を愁殺す　筑摩書房　44
Farjenel,　辛亥革命見聞記　平凡社　45
Fernand　石
川湧・布美譯
奥村房夫　國際政治とアジア（第四章第十三節孫　前野書店　46
文の政治ナショ——ナリズム）
宮崎龍介小野　宮崎滔天全集（第一卷）　平凡社　46・7
川
秀美編

宮崎龍介小野川秀美編　（第二卷）　平凡社　46・12

野澤豐　辛亥革命　岩波書店　47・2

宮崎龍介小野川秀美編　（第三卷）　平凡社　47・6

宮崎龍介小野川秀美編　（第四卷）　平凡社　48・11

車田讓治　國父孫文と梅屋庄吉　文興出版　50・4

宮崎龍介小野川秀美編　宮崎滔天全集（第五卷）　平凡社　50・10

中村新太郎	孫文から尾崎秀實へ	筑摩書房	50・5
葦津珍彥	中華革命とロシア革命	サクラ書店	33・5
萱野長雄	孫文をめぐる人人	松澤書店	33・6
實藤惠秀	中國人日本留學史	內山書店	35・3
孫　文	ロンドン被難記	筑摩書房	36・6
宮崎滔天	三十三年の夢	○摩書房	36・7
桑原武夫	日本の名著	中央公論社	36・7
竹　內　好	アジア主義	○摩書店	37・8
宮崎滔天	三十三年の夢	平凡社	42・10
寺田彌吉	中國革命と日本の反省	日華文化協會	43・10
藤原謙兒著 小島麗逸編	革命搖藍期の北京	社會思想社	49・10

國父旅日年表

旅日期間年、月、日	活動狀況及其他	交往之日本人	住所	日本內閣	資料頁數
(1) 一八九五、十一、十二～同年同月	○十月，廣州起義失敗，被命出國五年。 ○十一月十二日到達神戶。 ○同月十七日抵橫濱，定居該市。 ○創立興中會橫濱分會。 ○鄭士良歸國，陳少白留日本，國父剪辮赴夏威夷。 ○此間，國父將早年在夏威夷結識之菅原傳介紹與陳少白認識（其後，陳少白透過菅原傳之關係，開始與曾根俊虎、宮崎滔天交往）	菅原傳	橫濱、山下町五十二番地，文經印刷店	第二次伊藤內閣	國父年譜（增訂本）七三～七四 中華民國革命秘笈 三八～三九 開國前革命史第一冊 三〇三
(2) 一八九七、	（一八九六年十月倫敦蒙難→英、美→日本）			松方內閣	國父年譜 九四～二一九

八、二～一九〇〇、六、十七	○一八九七年八月十六日抵橫濱。宮崎滔天與平山周在橫濱與國父會晤（渠等係自中國歸來，中途於橫濱下船訪問陳少白，時國父已抵日，下榻陳少白寓所）同年九月，國父抵東京，訪問平山。平山將國父介紹與犬養毅，託其協助採取善後對策。 ○當時之外務次官小村壽太郎，極力反對國父留日。犬養對大限外相進行活動，至十月二日始承認其開市場外之居住。於是國父遂以受僱於平山之名義在東京住於平山之寓所。 因接近中國公使館，故不久遷至早稻田鶴卷町，平山與可兒長一同住。與犬養之來往更見便利。國父之生活費，依犬養之介紹，由平岡浩太郎負責供給。	宮崎滔天 平山周 犬養毅	麴町區平河町五丁目三十番地 遷至早稻田鶴卷町	外相大限	三十三年之夢 一九四～二〇五 中華民國革命秘笈 五九～六七 東亞先覺志士記傳中卷 六一九～六三一 犬養木堂傳 七一一～七一二 七二〇～七二七 七八二～七九三 革命逸史初

○藉犬養之介紹，開始與日本之政、財界人士交往。

○爲華僑子弟設立中西學校。成立之際，國父雖向校長推薦梁啓超被拒，但接受所贈之「大同學校」名稱。

一八九八年春，宮崎滔天奉犬養之命，擬聯合中國維新各派之志士。

○同年夏，由於不獲國內之連絡，故國父命宮崎滔天與平山周前往中國（二人在中國內地除與三合會交往外，並勸康有爲參加聯合，但爲康拒絕）。

大隈重信、大石正巳、尾崎行雄（外務省參事官）、副島種臣、頭山滿、秋山定輔、平岡浩太郎（赤池煤礦老板、玄洋社長）、中野德次郎、鈴未久五郎、安川敬一郎、犬塚

一八九八、一、十二第三次伊藤內閣成立。

一八九八、六、三〇、大隈內閣。

集 四八~五〇

一八九八年夏，橫濱山下町

信太郎、山田良政、久原房之助、寺尾亨、萱野長知、菊池良一、副島義一、坂本金彌、山田純三郎、山座圓次郎（政務局長）、小池張造（政務局長）、柏原文太郎

○因平山赴中國，一人獨居不便，遂遷至橫濱。

○九月戊戌政變，康有爲、梁啓超亡命日本（康與宮崎、梁與平山同返日本）。十月二十六日，犬養、寅藏欲從中調停，使孫、陳、康、梁會談，但遭康之拒絕。康、梁成立保皇會，出刊機關報「清議報」。國父赴日本各地遊說。

一八九

仍寓橫

援助菲律

一八九八年底至一八九九年初，菲

律賓獨立軍委員彭西(Mariano Ponce)與國父、犬養三人舉行會談。在此以前，一八九八年六月，彭西到日本之際，曾在橫濱與國父會晤，結成相互援助之盟約。國父託宮崎、平山協助購買武器，二人與犬養計議)

○一八九九年七月，布引號沉沒事件。犬養託政治商人中村彌六購入武器，其中之一部，託布引號輪船載運，中途沉沒。

　雖準備另予援助，但獨立運動失敗，剩餘武器均讓與國父。

○一八九九年九月，趁康有為赴美期間，與梁啓超等保皇會分子協議合作，並進入組織化之階段，復因康之反對而告中止。

○同年秋，指導中國內地之組織宣傳。例如中國日報之發行。史堅如、

獨立之有關人員：宮崎、平山、犬養、中村雄次郎（陸軍次官）、川上操六（參謀總長）、內田良平、頭山滿、平岡浩太郎及其弟常次郎、中村彌六。

濱山下町

八、十一、八第二次山縣內閣成立

畢永年、鄭士良等之會黨工作等。
○同年十一月，成立興漢會。該會係以史堅如等會黨工作者爲中心而組織者，推國父爲會長。
○?月，唐才常於起義之前，在東京與國父、梁啓超等人，就合作舉義事，進行協議。
○一九○○年六月十七日，自橫濱乘船赴香港。
　除援助菲律賓獨立運動時之剩餘武器外，更獲得兒島哲太郎三千元，中野德次郎五千元，及內田良平領導之三百名壯士之支援，在準備舉兵期，發生義和團事件，此外復因接獲劉學詢之密函（勸告與劉坤一、張之洞、李鴻章等之東南互保計劃合作），乃與鄭士良、陳少白、楊衢雲、宮崎、平山、清藤幸七郎等人一同出

兒島哲太郎、中野德次郎、清藤幸七郎

	發。在廣東登陸時幾遭逮捕，乃逃往西貢。更至新加坡與宮崎等人會合，但遭驅逐，返回香港，亦不見容於港府，於是又再度返回日本。				
(3) 一九〇〇、七？～九？	○七月二十日，自香港赴神戶。停留日本，完成舉兵準備。 ○八月？日，雖起程赴上海，但因是時發生自立軍起義事件（八月九日），受其影響，各處搜查嚴緊，未能登陸，立即返回橫濱。 ○九月，依山田良政之連絡，急赴臺灣與臺灣總督兒玉源太郎、民政長官後藤新平會晤。兩者合作，約定給予軍人，武器彈藥之援助。 （十月八日惠州三洲田起義。菲律賓獨立軍讓與之彈藥，受中村彌六之詐欺，未能送出；又，取代山縣之伊藤內閣，改變對華政策，禁止	山田良政		第二次山縣內閣 十月十九日，第四次伊藤內閣	國父年譜 一二二～一三六 三十三年之夢 二五四～二五五 二三九 二七七～二八二 總理全集 五二八～五二九 東亞先覺志

	對其實施援助）			閣成立	士記傳中卷 四五五 中華民國革命秘笈 六二~六七
(4) 一九〇〇、十一、十六 ～ 一九〇二、一、十八	○一九〇一年一月二十六日，舉行楊衢雲追悼會（楊因惠州起義失敗，一月十日被刺殺） ○二月十四日至和歌山再度會晤南方熊楠（一八九六年國父在倫敦被清國公使館監禁時，南方任職於大英博物館，為有名之菌類學者。獲釋後，國父至大英博物館研究，一八九七年三月十六日，經該館東洋圖書部主任•道格拉斯爵士之介紹，與南方結識，遂成莫逆之交） ○同年春，往返於東京橫濱之間，與亡命志士（章炳麟、秦力山、程家檉等）交往。更與馮自由等廣東籍	南方熊楠	橫濱前田橋（與尤列同住）	第四次伊藤內閣	國父年譜 一三六~一四一 革命逸史初集 九八

	旅日學生接近，援助彼等，組織廣東獨立協會。興中會員之黎炳垣、溫炳臣、陳和等人亦與彼等交往，此後廣東獨立協會與興中會開始合作。			一九〇一年六月二日桂內閣成立	
。一九〇二、一？～一九〇三、一、七	○一九〇二年一月十八日，離日赴港，停留六天，重返日本。 ○同年四月二十六日，召開中夏亡國紀念會。發起人章炳麟、秦力山、馮自由、馬君武等十人。章請求國父贊成，獲得承諾。然而日本政府令警察總監予以解散。發起人士是否知悉此項命令雖不得而知，但當日仍有數百人於預定地點上野精養軒集合，國父亦率華僑十餘人，自橫濱趕來參加。是夜，在橫濱召集同志，於永樂樓補行紀念會。 ○一九〇三年一月七日，經香港赴安		橫濱	桂內閣	國父年譜初稿 一四一～一五〇 革命逸史初集 五七～六〇

	南。				
(6) 一九〇三、七、二二～同年九、二六	○七月下旬，由安南經西貢至橫濱。 ○當時，橫濱興中會會員減少，往來者僅十餘人。然而自抗俄義務軍，國民敎育會成立後，各省之留學生、相繼發行雜誌（例如：湖北學生界、遊學譯編、江蘇、浙江潮、新湖南等，均以發揚民族主義標榜）此外，國父透過馮自由之關係，自一九〇一年以來，與留學生取得連絡，往來者達數十人。 ○一九〇三年八月一日，在「江蘇」第六期中，發表「論中國之保全分割合論」。 ○於青山成立革命軍事學校。 由於日本政府加強對留學生之管理，乃有該校之設立，以作爲對策。依犬養之協助，獲得日野熊藏（步兵上尉，有名之軍事學家	犬養毅 日野熊藏	橫濱山下町本牧橋（國父住二樓廖翼朋與黃宗仰住樓下）	桂內閣	國父年譜 一六四～一六五 革命逸史初集 一三二～一三四

	）之協力，以彼爲校長，並獲得其友人小室友次郎（騎兵少校）之教授。第一期學生十四人。（然而國父離日後，不到半年即告解散）。 ○九月二十六日，爲籌募款項而赴夏威夷。	小室友次郎			
(7) 一九〇五、七、十九 ～ 同年 十、七	○七月十九日到達橫濱。 ○七月二十八日，在東京二十世紀之支那社，與宋教仁、陳天華等會談。是時，國父主張各省之革命勢力應互相連絡。 ○七月二十九日，宋教仁、陳天華等華興會員，討論是否與國父合作。 ○七月三十日，於東京赤坂區檜町三番黑龍會（內田良平宅）召開中國革命同盟會籌備會。除無留學生之甘肅外，十七省代表共七十餘人參加。通過「驅除韃虜、恢復中華、	日本人參加者：宮崎滔天、內田良平、末永節	？	桂內閣	國父年譜一九四～二二三 革命逸史二集一四六～一五八 中華民國革命秘笈八一～八六 六〇

創立民國，平均地權」之誓詞。	等十人		三十三年之夢 三一四～三一六
○八月十三日，東京留學生於麴町富士見樓擧行歡迎國父大會，聽衆逾千人以上，盛況空前。國父以「中國應建設共和國」爲題發表演說。	宮崎、末永亦發表演說		東亞先覺志士記傳 三八八～三八九
○八月二十日，於赤坂區靈南坂之坂本金彌住宅，擧行中國革命同盟會成立大會。制定章程，選擧負責人員，推國父爲總理。	坂本金彌（議員）	同盟會成立同時，於牛込築土八幡租屋一幢，懸掛高野長雄名牌。	
○八月二十八日，日本政府禁止「二十世紀之支那」發行。九月改稱「民報」。此後，在中國內外各地，組織分會。			
○日本人同志之中，宮崎、平山、萱野三人，特准加入同盟會。其後萱野之友人和田三郎與池亨吉，亦	日人加入同盟會者：宮崎、		

加入同盟會，為會務而努力奮鬥。板垣退助，經和田之介紹，與國父會晤。

萱野介紹三上豐夷。

其後，國父於神戶之三上寓所住宿，講解時事。此時，北一輝亦經介紹加盟。

同盟會成立前後之費用，由鈴木久兵衛捐助。

古賀廉造為「民報」租借牛込區新小川町房屋之保證人。

○十月七日。為籌募款官，偕萱野赴西貢。

途徑長崎時，依金子克已（黑龍會分子）之安排，與俄國革命黨員尼古拉・拉塞爾會晤（中、俄兩國革命派開始發生連繫）（以此為轉機，宮崎、萱野、和田、北、池、清藤等發行「革命評論」。）

平山、萱野、和田三郎、池亨吉、板垣退助、三上豐夷（神戶航業巨子）、北一輝、鈴木久兵衛、古賀廉造（警保局長）

(8) 一九〇六、四、？～同年五、？	○由南洋至日本，又返回南洋。			西園寺內閣	國父年譜二一三～二一五
(9) 一九〇六、一〇、九～一九〇七、三、四	○一九〇六年十月九日，由西貢抵日本。 ・一九〇六年十一月十五日夜，與宮崎滔天、平山周、池亨吉、和田、萱野、清藤等人，在自己寓所與俄國流亡人士吉爾約尼（越獄後前後歐美途中，在日本東京停留一日）澈夜會談。（國父主張，為建立新共和政體，應採取五權分立）。 ○一九〇六年十二月二日，於神田錦輝館舉行民報周年慶祝會。國父發表演說，題目為「三民主義與中國民族之前途」。 ○一九〇七年一至二月間，制定革命	宮崎滔天、平山、池、和田、萱野、清藤 平山、宮崎滔天發表賀辭	牛込區築土八幡（懸掛高野長雄名牌）	西園寺內閣	國父年譜二一七～二三四 中華民國革命秘笈五〇～五七、八六 三十三年之夢三一五～三二一 東亞先覺志士記傳

方略。

○同年二月十七日，早稻田等大學，應清廷之請，開除與革命黨有關之留學生三十九人。

○同年二月二十五日上午與海軍軍官富澤會晤。

同日下午，與章炳麟、劉師培、胡漢民、宋教仁等人，於三河屋與內田，宮崎、清藤、和田等人會談、飲酒。

○同年三月四日，赴新加坡。

由於一九〇六年十月萍醴之役，清政府要求日本政府驅逐國父出境。日本政府資助五千元，勸國父離去。國父不得已乃率胡漢民、汪兆銘等人離日。

鈴木久五郎不滿政府之處置，贈金萬元。

海軍軍官

富澤

內田良平

鈴木久五郎

四三五～四三七

中華民國開國前革命史(1)

二〇一

⑽	一九一〇、六、一五～同年六、二五	○六月十五日，到達橫濱，不顧日本禁止入境之命令，秘密登陸。化名 Dr. Alaba 前往東京，但仍爲日本政府探悉，加以清朝亦提出要求，故要求國父離境。 ○六月二十五日，赴新加坡。	宮崎滔天	小石川區原町三十一番地、宮崎滔天住所	第三次桂內閣	國父年譜三一三～三一四 三十三年之夢三二二 總理全集一六五～一七三
⑾	一九一三、二、一三～同年三、二五	○二月十三日於長崎登陸，十四日抵東京，在東京停留至三月五日。 ○先後與桂太郎會談兩次，約十五、六小時——對桂太郎中日德聯盟以驅逐英國之主張，至表同感。又爲實現鐵路政策，至長崎、神戶、大阪、東京、橫濱各地訪問，視察鐵路、工廠，並與實業家接觸。 ○二月二十日，出席在三井物產所舉行之爲設立中國興業公司之第一次	桂太郎		一九一三、二、十一大正政變 二、二十山本內閣成立	國父年譜四九四～五〇三 東亞先覺志士記傳五〇八 東京朝日全集三卷一二〇～一三一

發起人會議（設立中國興業公司之際，由山本條太郎主持，尾崎敬義透過大藏次官勝田主計，向大藏省進行活動，另方面三井社員森恪、高木陸郎、與國父進行折衝。國父亦與參與此事之澁澤榮一不斷會晤。）

○二月二十二日，出席丁未俱樂部、中華留學生會館幹部、日華協會、中國協會中國協會及其他中日兩國學生共同舉辦之歡迎會。

○二月二十三日，對留日學生講演。講題爲「學生須革命精神努力學問」。

○三月十三日，出席神戶國民黨交通部之歡迎會。講題爲「黨爭乃代流血之爭」。

○?、日、於福岡與玄洋社社長進藤喜平太、寺尾亨、島田經一、藤井

森恪、高木陸郎、澁澤榮一

進藤喜平太、寺尾亨、島田

年代	事蹟	日方人物		日本內閣	出處
	種太郎、宮崎　、金子克已、中田猪十郎、菊池良一等人會晤。 ○?於長崎訪問東洋日乃出新聞社社長鈴木天眼，並與其夫人、西鄉四郎、福島熊太郎、濱田盛之助、野中右一、丹羽翰山、金子克己等人會晤。 ○獲悉宋教仁遭暗殺（三月二十日），三月二十五日立即赴上海。	經一、藤井種太郎、宮崎　、金子克已、中田猪十郎、菊地良一　鈴木天眼、西鄉四郎、福島熊太郎、濱田盛之助、野中右一、丹羽翰山、金子克己			
一九一三、(47)	○第二革命失敗，與革命黨主要人物黃興、胡漢民、柏文蔚、李烈鈞、			山本內閣（至	國父年譜 五三〇~

八、九～一九一六、四、二七	張繼等人亡日本。 ○八月九日抵神戶，由臺北赴日本途中，在船上以電報通知犬養、頭山、萱野等人。另方面，袁世凱要求日本政府，拒絕國父於日本登陸，總理大臣雖下令警察當局在神戶港實施檢查，但爲船長隱匿，未被查獲。秘密登陸後，住於神戶之松方別墅。 不久之後，經犬養與日本政府交涉之結果，默認國父居留日本。 十八日，到達東京赤坂靈南坂之海妻猪勃彥寓所。住於該處，受隣居頭山之掩護。 ○八月二十六日，訪問「精神團」主持人飯野吉三郎。以期利用飯野與陸軍內部有力分子之密切關係，由陸軍方面購買武器。 ○同年九月二十一日，經飯野之介紹	犬養毅、頭山滿、萱野長知、船長那寬四郎、三上豐夷、松方幸四郎（川崎造船所所長）	神戶之松方別墅 赤坂靈南坂海妻寓所	一九一四、三、二四）	六三四 中華民國革命秘笈 東亞先覺志士記傳 外務省文書

，與陸軍經理局長辻村會談。然因資金籌措不繼，乃放棄武器之購入。	
○另方面，以獲得借款之目的與實業家會晤。	
一九一三年八月二十九日，與山本條太郎、益田孝、森恪密談。	山本條太郎、益田孝、森恪
同年九月十八日，與澁澤榮一會晤。	澁澤榮一
同年十月六日，再與澁澤會晤，要求對討袁予以援助，但遭拒絕。	
一九一四年五月十一日，與大倉喜八郎會晤。	大倉喜八郎
但均告失敗。	
○安川敬一郎（築豐煤礦之有力煤礦業者）受頭山之託，負擔三年流亡期間之生活費及其他費用。	安川敬一郎、寺尾、內田

○西本願寺之中國布道僧水野梅曉，設立收容流亡革命黨員子弟之浩然學舍，給與援助。	水野梅曉		
○寺尾亨任收容革命分子之政法學校校長。			
○內田良平，一面與革命派保持連絡，一面企圖由陸軍軍人出兵。			
○預備役海軍上尉郡司成忠，向國父表明願率部下一千五百人參加革命軍之意志。	郡司成忠		
○一九一四年五月十一日，致大隈書簡——希望日本對革命黨予以支持與援助，並以對日本開放中國市場，作為廢除領事裁判權之條件。	宮崎滔天、犬養、寺尾、頭山等人朝夕相處。	赤坂區靈南坂之頭山滿寓所	一九一四、四、一六、第三次大隈內閣
○一九一四年六月二十三日於東京舉行中華革命黨選舉大會，當選為總理。			
○七月八日，於築地精養軒召開中華革命黨成立大會。參加者三百餘人			

，國父就任總理。本部設於青山。發行「民國雜誌」作爲機關誌。

○同年八月二十三日，中華革命黨發出通告，禁止黨員自由行動。並對各省支部，派遣支部長。

○同年九月一日，發表中華革命宣言，並制定革命方略。

○同年九月二十日起，於頭山寓所，先後共舉行十七次會議，討論革命方略。

○同年十一月二十五日，與宋慶齡結婚。

○一九一五年一月十八日，對華提出二十一條要求。

十二月發生第三革命。

○十二月十六日至十八日，與入江熊次郎等人在青山革命黨本部舉行秘密會議（提議在九州募集義勇兵）

入江熊次郎（藥種商人，幫助革命黨

	○一九一六年三月二十九日、四月十六日、四月二十六日，三次與福田會談。 在此前次接受本庄之訪問。 ○二月二十日，依秋山定輔之斡旋，由久原貸款七十萬元。日本政府雖不公然援助，但採受默認民間援助之方針。 ○四月二十七日赴上海。鑒於第三革命之發展，認為革命黨須獨立從事活動，因之不但自己歸國，同時亦要求海外之同志歸國。	員之生活） 福田少將（參謀本部第二部長） 本庄中校（參謀本部） 久原房之助（久原鑛業）			
⒀ 一九一八、	（一九一八年五月四日，向非常國會辭去大元帥職務）			寺內內閣	國父年譜 七三一～

六、一～同年、同月	曾一度抵日，然因鑒於日本外交政策之方針，判斷在日本之活動將有困難，復以眼疾需要治療，乃立即返回上海。				
(14) 一九二四、十一、三三～同年十二、二	（十一月十日，北上宣言，十三日自廣東出發，十七日到達上海，十九日在上海招待記者，發表對時局之主張） ○國父雖欲立即北上天津，但據報上海、北平間之交通，因軍事行動而告斷絕，故決定乘船經日本至天津。 ○十一月二十一日，偕夫人與李烈鈞、戴傳賢等人，自上海出發。 ○十一月二十二日，在船中招待日本記者，就「中日親善」與「北上目的」，發表談話。 ○十一月二十三日，到達長崎，受到約二、三百人之歡迎。			加藤高明內閣	國父年譜 一一五九～一一六六 東亞先覺志士記傳 七六九 總理全集（二集） 五五四～六一五

在船上招待記者——不要外債、打倒軍閥、打破列強之干涉。
對長崎之留學生演說——提倡國民會議、解決中國內亂、廢除不平等條約、收回海關、租界領事裁判權。

○十一月二十三日，夜長崎出發，二十四日到達神戶。受到四五千人之歡迎。招待記者——中國內亂之原因，在於不平等條約。日本應援助中國之廢除不平等條約運動。

○十一月二十五日，仍留神戶。與日本各界人士會見，不斷提出廢除不平等條約及中日親善之主張。

○在東京、大阪、神戶國民黨歡迎大會中演說，講題為「中國內亂之原因」。

○十一月二十八日，在神戶演講「大亞洲主義」。

頭山滿、望月小太郎、古島一雄、大見之道（床次政友黨總裁代理）等人

（係應神戶商工會議所等五團體之要求，於神戶高等女學校所發表者）

同日夜，在東方飯店講「日本應助中國廢除不平等條約」。

○十一月三十日神戶出發。

○十二月一日抵門司。

○十二月二日門司出發。

○十二月四日到達天津。

陳鵬仁先生的著書及譯書

書名	出版書店	出版年份
三民主義概說（日文）	東京中華民國駐日本大使館	一九六五年
富士山頭雜感集	臺北帕米爾書店	一九六六年
小泉信三評論集	臺北幼獅文化事業公司	一九六九年
決定日本的一百年	臺北學術出版社	一九七〇年
扶桑論集（日文）	東京日本教圖株式會社	一九七〇年
千金流浪記	香港旅行雜誌社	一九七二年
現代政治學	臺北鑽石出版社	一九七二年
紐約・東京・台北	臺北鑽石出版社	一九七二年
亞當斯密與經濟學（二版）	臺灣商務印書館	一九七二年
孫中山先生與日本友人（二版）	臺北大林出版社	一九七三年

戰後日本思想界的逆流　臺北正中書局　一九七四年
英國的國會（二版）　臺北幼獅文化事業公司　一九七四年
我對馬克斯主義的批評　臺北國防部總政戰部　一九七四年
中國的悲劇（日文）　東京世界情勢研究會　一九七六年
戰後日本的思想與政治　臺北幼獅文化事業公司　一九七六年
宮崎滔天論孫中山與黃興（三版）　臺北正中書局　一九七七年
紐約・東京・臺北（上、下）（二版）　臺北正中書局　一九七七年
美國總統選擧與政治（二版）　臺北水牛出版社　一九七七年
世界近代史（三版）　臺北水牛出版社　一九七七年
宮崎滔天與中國革命　高雄三信出版社　一九七七年
戰後日本的政黨與政治　高雄大舞臺書苑出版社　一九七八年
論中國革命與先烈（二版）　臺北黎明文化事業公司　一九七九年
日本華僑問題分析　臺北天馬出版社　一九七九年
千金流浪記（增訂版）　臺北大林出版社　一九七九年

三民主義とは何か（三版）	東京自由新聞社	一九八〇年
私のアメリカと日本	東京世界情勢研究會	一九八一年
鐵蹄底下的亡魂	臺北黎明文化事業公司	一九八一年
宮崎滔天書信與年譜	臺灣商務印書館	一九八二年
我殺死了張作霖	聚珍書屋出版社	一九八二年
日本的作家與作品（上）	黎明文化事業公司	一九八三年
日本侵華內幕	黎明文化事業公司	一九八六年
近代日本外交與中國	水牛出版社	一九八六年
近百年來中日關係（中日文對照）（二版）	水牛出版社	一九八七年
私のアメリカと日本	水牛出版社	一九八七年
張作霖與日本	水牛出版社	一九八七年
中國之悲劇（中日文對照）	水牛出版社	排印中
芥川獎與芥川龍之介	水牛出版社	一九八七年
日本的作家與作品（下）	黎明文化事業公司	一九八七年

石射猪太郎回憶錄	水牛出版社	一九八七年
日人筆下的九一八事變	水牛出版社	排印中
冷眼看中國大陸	水牛出版社	一九八八年
田中義一內閣的對華政策	水牛出版社	排印中
日本的作家與作品（中日文對照）	水牛出版社	一九八七年
三十三年之夢	水牛出版社	一九八八年
國父在日本	商務印書館	一九八八年
中華民國的遠景	中央日報社	一九八八年
中日外交史（北伐時代）	水牛出版社	一九八八年
中日關係史（一九一二—一九二六年）	水牛出版社	一九八八年
日本華僑概論	水牛出版社	一九八八年
經濟大國日本的優點與缺點	經濟部國貿局	排印中
蔣經國先生傳	中央日報社	排印中
日本的商社	國貿局出版	排印中

日本經濟的基本知識　國貿局出版　排印中

中國與日本　商務印書館　排印中

國家圖書館出版品預行編目資料

近代中日關係研究. 第三輯：孫中山先生與日本友人 / 陳鵬仁著. --初版. --
臺北市: 蘭臺出版社, 2024.11
冊；公分 --(近代中日關係研究第三輯：5)
ISBN 978-626-98677-0-7(全套：精裝)
1.CST: 中日關係 2.CST: 外交史
643.1　　113006866

近代中日關係研究第三輯5

孫中山先生與日本友人

編　　著：陳鵬仁
主　　編：張加君
編　　輯：沈彥伶
美　　編：陳勁宏
校　　對：楊容容、古佳雯
封面設計：陳勁宏
出　　版：蘭臺出版社
地　　址：臺北市中正區重慶南路1段121號8樓之14
電　　話：(02) 2331-1675 或 (02) 2331-1691
傳　　真：(02) 2382-6225
E - MAIL：books5w@gmail.com或books5w@yahoo.com.tw
網路書店：http://5w.com.tw/
https://www.pcstore.com.tw/yesbooks/
https://shopee.tw/books5w
博客來網路書店、博客思網路書店
三民書局、金石堂書店
經　　銷：聯合發行股份有限公司
電　　話：(02) 2917-8022　傳真：(02) 2915-7212
劃撥戶名：蘭臺出版社　帳號：18995335
香港代理：香港聯合零售有限公司
電　　話：(852) 2150-2100　傳真：(852) 2356-0735
出版日期：2024年11月 初版
定　　價：新臺幣12000元整（精裝，套書不零售）
ISBN：978-626-98677-0-7

近代中日關係史

一套10冊，陳鵬仁編譯　定價：12000元（精裝全套不分售）

精選二十世紀以來最重要的史料、研究叢書，從日本的觀點出發，探索這段動盪的歷史。是現今學界研究近代中日關係史不可或缺的一套經典。

第一輯

ISBN：978-986-99507-3-2

9 789869 950732　12000

第二輯

ISBN：978-626-95091-9-5

9 786269 509195　12000